当代中国高等教育改革口述史丛书(第一辑)
编委会

顾 问
柳斌杰　第十二届全国人民代表大会教育科学文化卫生委员会主任委员
　　　　原国家新闻出版总署署长　国家版权局原局长
　　　　清华大学新闻与传播学院院长
章开沅　著名历史学家、教育家　华中师范大学原校长

主 编
周洪宇　第十三届全国人民代表大会常务委员会委员
　　　　湖北省人民代表大会常务委员会副主任
　　　　中国教育学会副会长　华中师范大学教育学院教授

学术协调人
刘来兵（华中师范大学）

编 委（按姓氏拼音排序）
蔡三发（同济大学教授）　　　　申国昌（华中师范大学教授）
操太圣（南京大学教授）　　　　沈　红（华中科技大学教授）
陈洪捷（北京大学教授）　　　　石中英（清华大学教授）
程方平（中国人民大学教授）　　眭依凡（浙江大学教授）
程斯辉（武汉大学教授）　　　　熊庆年（复旦大学教授）
杜成宪（华东师范大学教授）　　熊贤君（深圳大学教授）
刘海峰（厦门大学教授）　　　　徐　勇（北京师范大学教授）
陆根书（西安交通大学教授）　　张传遂（湖南师范大学教授）
欧七斤（上海交通大学研究馆员）

湖北省学术著作出版专项资金资助项目

当代中国高等教育改革口述史丛书(第一辑)

顾问 柳斌杰 章开沅　　主编 周洪宇

谋与敢
朱九思口述史

朱九思　口述
陈运超　整理

华中科技大学出版社
http://www.hustp.com
中国·武汉

图书在版编目(CIP)数据

谋与敢:朱九思口述史/朱九思口述;陈运超整理. —武汉:华中科技大学出版社,2019.8(2024.5重印)
(当代中国高等教育改革口述史丛书.第一辑)
ISBN 978-7-5680-4781-4

Ⅰ.①谋… Ⅱ.①朱… ②陈… Ⅲ.①高等教育-教育史-中国-现代 Ⅳ.①G649.29

中国版本图书馆 CIP 数据核字(2018)第 294443 号

谋与敢——朱九思口述史　　　　　　　　　　　　　　　朱九思　口述
Mou yu Gan——Zhu Jiusi Koushu Shi　　　　　　　　　陈运超　整理

策划编辑:周晓方　杨　玲　周清涛
责任编辑:章　红
封面设计:原色设计
责任校对:李　琴
责任监印:周治超

出版发行:华中科技大学出版社(中国·武汉)　　电话:(027)81321913
　　　　　武汉市东湖新技术开发区华工科技园　　邮编:430223
录　　排:华中科技大学惠友文印中心
印　　刷:湖北金港彩印有限公司
开　　本:710mm×1000mm　1/16
印　　张:23.25　插页:6
字　　数:329 千字
版　　次:2024 年 5 月第 1 版第 2 次印刷
定　　价:188.00 元

本书若有印装质量问题,请向出版社营销中心调换
全国免费服务热线:400-6679-118　竭诚为您服务
版权所有　侵权必究

◆ 战争年代朱九思一家

◆ 朱九思与夫人（摄于1947年）

◆ 1958年，华中工学院田径队成立，副院长朱九思向田径队授旗

◆ 1958年，华中工学院机械厂成功自主生产出152台C618型全齿轮传动车床，支援地方农业生产

◆ 1961年1月，中共湖北省委通知，中央批准朱九思任学院党委书记，增调邱静山任副院长兼教务长，黄先任党委副书记。后增调朱民亲任副院长。左起熊小村、邱静山、朱九思、彭天琦（时任武汉市委第二书记）、查谦、朱民亲、刘乾才

◆ 1977年，开办力学师资班（本科）。1978年，设置工程力学专业，专业方向主要为固体力学，首位系主任为李灏教授（右一）。专业设置后，钱伟长教授（左二）来校讲学一个月

◆ 1978年在全国科学大会上，华中工学院有31项科研成果获奖，荣获"全国科学研究先进集体"称号。图为学院获奖教师合影

◆ 1982年，湖北省省长陈丕显（中）视察学院

◆ 校领导向来宾介绍学院建校30年来的变化

◆ 1983年，朱九思会见慕尼黑工业大学校长格里古尔

◆ 1983年，设立新闻学专业，成为"新闻界的新闻"。1985年6月，学院首次毕业的102名新闻学专业专科生，成为我国工科院校新闻系的第一批毕业生。图为朱九思与新闻学专业负责人汪新源教授（左）探讨学科建设

◆ 1984年，学院与美国威斯莱大学签订校际交流合作协议

◆ 87岁的朱九思

◆ 90岁的朱九思和夫人

◆ 朱九思90岁生日庆典，参加者（左起）：孙文、李培根、朱九思、朱玉泉、杨叔子

◆ 90岁时朱九思携夫人与9位博士弟子合影留恋

总 序

一

"记忆的需要就是历史的需要。"[①]

历史是有目的的人的活动。这是自有人类记忆以来传统总是被口耳相传和文字记述的原因,也是今天学者们通过不同的历史课题探究过去的原始驱动。记述往往与客观现实有所偏差,使得部分历史学家不满足于从正统的史书和典籍中发现过去,热衷于从笔记、小说等私人叙述空间中寻找历史。在当代,越来越多的历史学者不再只是枯守故纸堆,而倾注时间走向更为广阔的生活空间,留心于观察、倾听、访谈,用声音和影像来保存历史,是为口述历史的实践。

20世纪80年代以来,中国处于一个前所未有的改革大时代,教育改革是社会变革的重要组成部分,并在一定程度上影响和推动了中国的社会变革。在这个过程中,涌现出一批思想解放、视野开阔、勇于改革、善于创新的高校校长,成为勇立时代潮头的弄潮儿。他们大都是中国高等教育改革的亲历者、参与者、组织者、实施者、推动者、见证者,他们或重教学改革或重科学研究,或重社会服务或重文化引领,或重国家需要或重大学自主,或重人文社科或重自然科学,或重行政改革或重教师作用,或重本科教学或重研究生发展,或重顶层设计或重基层创新,或重本土联盟或重国际合作,

---

[①] [法]皮埃尔·诺拉主编:《记忆之场:法国国民意识的文化社会史》,黄艳红等译,南京大学出版社2015年版。

以高等教育改革家之风范,从高等教育不同层面入手,披荆斩棘,大刀阔斧,为推动中国高等教育的改革和发展发挥了重要的奠基和垂范开拓作用。本套丛书以当代中国高等教育改革为主题,以当面访谈聆听 20 世纪 80 年代以来一批高等教育改革家的高等教育改革的亲身经历和体会,同时将这些一手资料整理成书,传于后人,具有重要性、必要性和紧迫性。

组织编写出版本丛书是一件很有意义的事情。现代口述历史先驱、英国历史学家保尔·汤普森(Paul Thompson)认为,口述历史的基本重要性在于给了孩子们、学生们,或者说年轻人,一个理解过去发生的事情的机会。2017 年是恢复高考 40 周年,社会各界和人士通过不同的方式举行了纪念活动。恢复高考是国家的英明决策,于国于民都影响深远。那么,高考是如何恢复的?恢复之后大学的办学是如何逐步恢复并发展的?其中都离不开大学校长在此间的努力。本套丛书所邀请的校长便是这一重要历史活动的亲历者与主持者,他们能够提供作为历史参与者的视角与声音。2018 年是改革开放40 周年,教育作为社会系统中的重要组成部分,能反映社会整体变革的内容。1977 年,邓小平在科学和教育工作座谈会上提出:"我们国家要赶上世界先进水平,从何着手呢?我想,要从科学和教育着手","不抓科学、教育,四个现代化就没有希望,就成为一句空话"。他明确把科教发展作为发展经济、建设现代化强国的先导,并将其摆在中国发展战略的首位。在教育系统中,高等教育的地位举足轻重,尤其是对于中断高考十年之久的国家来说,急需一批年富力强的青年骨干承担起建设现代化国家的重任。本丛书的出版对回顾过去 40 年来高等教育改革发展与社会经济变革具有重要意义,既是缅怀过去,也是总结现在,还能展望未来。

编撰出版本丛书为回顾中国特色社会主义高等教育制度发展历程提供口述历史资料很有必要。口述历史的必要性关涉的是历史本质、功能与意义的讨论。历史是什么?谁是历史的叙述者?怎样的档案资料才能呈现最客观的历史?在历史学的研究中,此类问题的解答通常被视为专业的缄默知识体系构建。口述历史研究者认为人民应该享有话语权,通过人民的声音,把历史交还给人民。正如意大利历史学者克罗齐所言,"一切历史都是当代史",口述历史的基本功能在于留存当代历史参与者的口述档案资料。收集口述历史资料的必要性在于:一是能提供档案资料的补充与印证,弥补档案资料中某些重大事件过程与细节的缺失;二是口述历史资料可以发挥历史研究和社会教育功能,那些重要历史事件的决策者、参与者通过口述历史能够提供更为丰富的历史细节,而对于一般公众来说,通过阅读这些口述资料更具有社会教育意义。本丛书是口述历史在当代高等教育研究领域的一次尝试。新中国成立以来,我国一直在探索建立中国特色社会主义教育制度,尤其是高等教育发展经历了起步、发展、挫折、中断、恢复、改革与腾飞的多样化的发展阶段,我国当代对教育改革发展历程的研究是当代教育史研究的重要组成部分。

本丛书编撰出版具有紧迫性。20世纪80年代以来,中国高等教育改革与发展经历了几个不同的发展阶段,不同时期均涌现出杰出的大学领导者。第一批引领高等教育改革的校长们有的已经辞世,大多已进入耄耋之年,本丛书的编撰有抢救性保护之意,是为这批勇立改革潮头的中国高等教育改革领军人物留下智慧以指导未来我国高等教育进一步改革创新。本丛书编撰的初衷之一便是考虑到曾担任华中工学院(现华中科技大学)党委书记兼院长的朱九思先生已年近百岁,为他整理完成口述史实属迫在眉睫。遗憾的是,我们在整理朱九思教育口述史的过程中,先生于2015年6月13日因病医治无效逝世,他指导的博士生、现为重庆工商大学副校长的陈运超教授在博士学位论文基础上,凭借朱九思先生生前谈话、师门集体回忆,以及朱九思先生系列著述,费时数年完成该书的整理工作。因而,当面访谈聆听20世纪80年代以来一批高等教育改革家的高等教育改革的亲身经历和体会,同时将这些一手资料整理成书,传于后人,已经成为一件具有重要意义和急迫的事情。

二

口述历史不同于学术著作,相比学术著作而言口述历史的读者受众更加广泛。我们在编撰本丛书的过程中,结合口述历史的特点考虑本丛书所追求的风格、特点和定位。

力求复原史实、保全史料、深化史学。要做好口述历史研究工作,应明确"历史"的三层含义,即客观的事实(史实)、主观的记载(史料)和主客观结合的研究(史学)。与传统的单纯以文献为依据进行的历史研究不同,口述史研究是史实、史料和史学三层历史的融合。口述者叙述的是史实,但首先是属于口述者自己认定的事实,还需要通过记载的史料去印证,整理者通过比对口述材料与文献材料也能得到最终的口述历史作品。口述历史必须恪守真实、客观、中立的基本原则,必须厘清访谈者与口述者之间的关系。左玉河教授认为历史研究者与历史当事人是口述历史研究的双重主体,但两者在口述访谈中充当的角色及所尽的职责是不同的。作为访谈者的历史研究者,是口述历史访谈的策划者和引导者;作为口述者的历史当事人,是口述历史访谈不可缺少的主角。口述历史访谈的过程,是访谈者与当事人通过口述访谈的方式共同回忆和书写某段历史的过程。本套口述史丛书力求做到以史为据、论从史出、史论结合、述多议精,求信、求实、求真,为后世存信史,为学术做积累,为改革指正路。

力求形式与本质的结合。口述历史作为一种史学实践在近年来颇为兴盛,源于社会大众对历史的关注热情显著增强。大众在获得一定的物质保障之后,会转向对精神、文化的追求以提升自身的素养,人们开始去关注历史的、过去的、传统的东西,而不只是当下的日常生活。口述历史能很好地满足大众对当代社会生活中某些重要事件的了解。这套口述史丛书,"口述"是形式,是特色,"历史"是本质,是根本。既要遵从口述的"形式"和"特色",更要坚持历史的"本质"

和"根本",使之与一般历史著作区别开来,具有口述历史的风格和追求。

力求口述文本鲜活、生动、可读。口述者有自己的语言风格,善述者引人入胜。作为大学领导者,卓越的演讲能力是其胜任领导职位的基本能力之一。然而,口述历史与平常的对话不一样,需要整理者在前期做好一定的准备,把要了解的内容提前告知口述者,口述者需要一定的时间去回忆,甚至是查阅资料去印证。对话的过程要尽可能做到问题有来由、事情有曲折、过程有细节、结果有悬念、语言口语化。问题有来由强调的是口述历史有自己的主题,是带着问题开展的研究工作,而不是日常生活中的漫谈。问题可以是整理者在前期准备的,也可以是口述者根据主题自我提出的。事情有曲折强调重要历史事件的发生发展均是螺旋式前进的,其过程大多循环反复,通过不懈的坚持与努力才能最终取得成功。过程有细节强调的是在事件的重要节点与关口,某些重要决策与行动使事件的发展方向发生根本性转变,在此结果之前所发生的细节过程仅仅是少数参与者才知晓的,而这也正是需要通过口述历史公之于众的。结果有悬念强调的是叙述能引人入胜,而不是故作惊悚,是增加可读性,使人们意识到任何一次成功的改革实践均是特定时期不同主体博弈的最终结果。语言口语化强调的是口述历史不是文本写作,是日常生活中口述者的自我呈现,这种表述更容易被大众所接受。

力求处理好共性与个性的关系。本套口述史丛书以当代中国高等教育改革为主题,每一位大学领导者均以个人主导大学改革为主题开展口述史的整理工作,每一本口述著作既要反映时代和改革的共性问题,也应体现传主的个别应对及其个性特征。共性指不同高校教育改革的普遍性质,个性指每一位大学领导者推进教育改革的特殊性质。教育是社会系统中的组成部分之一,教育改革离不开整体的社会变革系统的支持,也受制于一定时期的社会改革氛围。同一历史时期的不同高校的改革,所面临的时代和改革背景是一样的,具有共性的时代烙印。不同的大学领导者具有不同的改革思路与领导方式,即使在共性的改革背景下也会呈现出不同的改革实践。从纵向来看,不同时期的大学改革实践更是如此,因而,对每一位大学领导者的个性呈现是本丛书的特色所在。

力求处理好重点与非重点的关系。口述历史的叙事风格在追求可读性、鲜活性、生动性的同时,必然以付出较多的篇幅为代价,甚至是事无巨细的情节交代,在此过程中如何在有限的篇幅中呈现重点的内容,而不至于被其他非重点内容所掩盖,是本丛书在编撰时一直强调要处理好的问题。我们认为,重点不在于篇幅的"多",更是思考的"深",只有篇幅的"多"而没有思考的"深",那是"流水账",要避免写成"流水账",力争成为"沉思录"。而要成为"沉思录",需要做到"国际视野、中国特色、问题意识、改革导向"。国际视野是叙述中国高等教育改革的发生被置于国际高等教育发展趋势的观照之下。毋庸置疑,中国高等教育改革发展有自己的道路与模式,然而西方国家建设高等教育的经验应该成为我们建设中国特色社会主义高等教育制度的借鉴。中国特色是指我国高等教育改革是在中国特色社会主义教育制度内进行的,尽管有借鉴西方国家高等教育办学经验,但坚持社会主义办学方向是永不动摇的根本。问题意识是指以问题为中心论述大学改革的主要思考与举措,这些问题能反映大学改革的困境与突破以及决定未来走向,在推进大学改革这一过程中遇到哪些困难以及如何克服这些困难并有哪些经验和启示。改革导向是指这套口述历史丛书不是个人的生活史、活动史,而是以 20 世纪 80 年代以来中国大学改革为主线的口述史。在叙述的过程中要把个人生活史与改革史结合起来,个人的日常生活与后来的主持大学改革是有内在关联的。

应处理好经验与教训、正面与负面的关系。任何一项改革都不是一帆风顺的,其过程必然是反复曲折而最终达成的。20 世纪 80 年代的中国高等教育经过拨乱反正后,在思想解放的大潮下获得快速发展,但在80年代末也遭受了西方势力侵蚀后的挫折,影响了一些大学改革的步伐,因而,该时期中国高等教育改革既有良好的经验,取得了积极的改革成效,也有深刻的教训。进入90年代尤其是21世纪之后,中国高等教育迎来理性的快速发展,逐步走向以中国特色的办学道路并入全球高等教育发展的轨道。因而,口述传主在对改革进行总结时应坚持客观理性的态度,认识到个体在整体中的作用是有限的,不宜只写传主如何"过五关斩六将",还要写其"走麦城",敢于自曝其短。这不仅反映历史的真实,体现人格的境界,而且也会给后人更多的启示。

力求处理好学校与个人的关系。一所大学改革的成功离不开校长的改革思路与实践以及协调各方关系的人格魅力,但不能完全归功于校长一人,与学校整体的改革环境也有密不可分的关系。正如曾任华中科技大学校长的中国科学院院士杨叔子所形容的,两者是"山"与"老虎"的关系,没有学校这座"山",就没有校长展示治校智慧与能力的舞台,所以说"山与虎为",而没有校长的治校智慧与能力,学校也难以实现跨越式发展,在这个意义上,可以说"虎壮山威"。两者不可或缺,相辅相成。因而,在口述的过程中,如何以大学领导者为核心,探讨学校在某个时期的整体发展环境,是很有必要的。

力求处理好大学自身办学规律与少数非学术、非教育因素但带有中国现阶段特征的关系。教育的发展离不开社会系统的支持,受政治、经济、文化的制约。大学发展同样如此,坚持社会主义办学方向,必须在社会主义制度内设计我国大学的改革方向。大学改革发展史,既有大学自身的办学规律,同时也要考虑到非教育因素、非学术因素的制约与影响。然而这部分的影响因素如何评判,不是短期内能够给予的,历史毕竟需要一定的时间才能看清背后的事实,这就要充分依靠传主和整理者的人生智慧。口述者应该谈出正能量,给人以温暖和力量,谈出未来,谈出希望。

三

　　本丛书最初的构想可以追溯到 2008 年初春，彼时刚好是恢复高考 30 周年，也是我们 77 级大学生 30 年前刚刚踏入大学校园的日子。犹记 1978 年 3 月初，我从湖北荆门姚河公社新华大队知青点取回行李，在家歇息几天后，便赴华中师范学院京山分院报到注册，正式成为华中师范学院历史系的一名新生，由此走上"知识改变命运"的人生之路。可以说，我个人命运的转折是以国家发展步入正轨为前提的，首先是整个民族发展的春天，其次才会有个人发展的春天。1978 年这个特殊的年份，无论是对我个人而言，还是对中国来说，都是一个重要拐点，具有里程碑意义。作为 77 级大学生，自己又是从事中国教育史研究的学者，组织编撰出版一套反映中国高等教育改革口述史丛书的想法便涌上心头。2008 年底，我在与新进入我们门下攻读博士学位的刘来兵讨论他的博士学位论文选题时，与他交流了做大学校长口述史选题的想法，想借此机会推动当代中国高等教育改革口述史丛书的撰写工作。他在做了一番准备工作之后，随着个人研究兴趣的转移，改做教育史学理论研究，此事便搁置下来。2014 年，我早年指导的硕士生、现在华中科技大学出版社工作的周晓方找到我，与我沟通策划组织出版丛书选题事宜。周晓方所在的华中科技大学作为全国高等教育改革重镇，系高等教育研究人才荟萃之地，在学术研究、人才培养方面已经形成独有的特色和优势，具备较高地位和重要影响。我立即想到将已搁置数年的中国高等教育改革口述史丛书交由该出版社出版是最佳选择，此事已是迫在眉睫，且刘来兵博士现已留在华中师范大学教育学院工作，可以协助我完成组织出版工作。周晓方编审向华中科技大学出版社汇报了本选题，得到出版社的大力支持，将本丛书列为重点出版支持计划，并于 2015 年获得湖北省出版基金的资助。

四

在选题确定之后,我们分头联系国内几所高校已经退下领导岗位的校长们,主要有华中科技大学前校长朱九思、杨叔子,华中师范大学前校长章开沅,厦门大学前校长潘懋元,湖南师范大学前校长张楚廷,西安交通大学前校长史维祥,北京大学前常务副校长王义遒等,他们作为本丛书第一辑的口述传主先行出版口述史,另有其他数位前高校校长也已参与到本口述史丛书出版工作中来,他们的口述史作为本丛书的第二辑也将陆续出版。他们对本丛书出版计划给予了充分的肯定与支持,尽管他们年事已高,但仍坚持著书立说,发表对中国教育的真知灼见。他们的智慧与思想无疑对今后中国高等教育发展起到启迪作用,他们的肯定与支持使我们信心倍增,促使我们更加坚定地、全力以赴地完成本套丛书的编撰与出版。

在得到这些具有时代大学改革鲜明特色的校长们的认可与支持之后,我们又分别与校长本人以及校长们的学生进行了单独的沟通交流,并逐一确立了各口述史著作的整理者。我利用在北京参加会议之机,与原国家新闻出版总署(现国家新闻出版广电总局)署长柳斌杰沟通本套高等教育改革口述史丛书的选题情况,邀请其担任丛书顾问,并联系全国各所大学的从事高等教育研究的学者担任本丛书的编委会成员。有关丛书的编写体例,前期我与策划编辑周晓方编审和编委会秘书长刘来兵副教授进行了多次讨论,第一辑出版计划确定后,我们又征求了各位校长及各位口述整理者对编写体例的意见。考虑到本丛书中校长们的身体状况各不相同,无法保证每一位校长都能完全以口述加整理的方式完成书稿著述工作,故根据具体情况具体组织编撰,总体上保持口述历史的风格即可。随后,我们积极申报各级出版基金资助项目,现已获得2015年湖北省学术著作出版基金资助项目,并为争取获得国家出版基金项目资助做积极准备。

　　2017年2月17日，为推进本丛书的撰写工作，统合在撰写过程中的不同意见，华中科技大学出版社专门组织召开当代中国高等教育改革口述史丛书(第一辑)审稿会。华中科技大学总会计师湛毅青教授、北京大学原常务副校长王义遒教授、华中科技大学教育科学研究院院长张应强教授，以及本丛书主要口述历史整理者来自华中科技大学、西安交通大学、厦门大学、同济大学、华中师范大学、重庆工商大学的专家学者相聚武汉，交流本丛书参与写作的具体情况，共同回顾与展望中国高等教育的改革发展。

　　与会的专家学者一致认为，策划出版当代中国高等教育改革口述史丛书，还原高等教育改革家在高等教育改革领域的思想理念、真知灼见、践行历程，给时代留下真实的记录，为后来改革提供有益经验，传承后世，具有前车之功。与此同时，在党的十九大即将召开之际，借中国高等教育发展的大好时机，对老一辈高等教育学家的高等教育改革理论与实践进行梳理，对中国高等教育发展进行回顾与展望，这对实现"推动一批高水平大学和学科进入世界一流行列或前列，提升我国高等教育综合实力和国际竞争力，培养一流人才，产出一流成果"的宏伟目标具有重大意义和推动借鉴价值。2017年10月，党的十九大报告中指出要优先发展教育事业，加快高等教育内涵式发展，推动一流高校与一流学科建设，加快我国迈入教育强国行列的步伐。这充分说明本丛书的选题与编撰出版非常契合当前国家大力发展高等教育事业的需要。2018年，时值改革开放40周年，我们推出本丛书，希望能为总结改革开放40年来中国特色社会主义高等教育建设提供历史的借鉴。

　　本丛书在编撰过程中得到了国内多所高校以及大学领导者的大力支持，尤其是各位愿意参与本丛书计划的老校长们，在此一并致谢。参与口述史整理工作的诸位学者与我们结成了当代中国高等教育改革口述史丛书编撰团队，他们敬业的精神、严谨的态度、深厚的学术底蕴为本丛书的出版提供了保证。华中师范大学教育学院刘来兵担任本丛书编委会秘书长,协助处理日常具体事务与联络工作,华中科技大学出版社策划编辑周晓方等老师为本丛书的出版给予了极大的支持和帮助,在此谨表示衷心感谢。

今年是中国改革开放40周年,仅以此套丛书的出版隆重纪念改革开放40周年,向40年来为中国高等教育改革发展创新做出过巨大贡献的先驱者、探索者致以崇高的敬礼!

2018年元月
于武汉东湖之滨远望斋

代　序

历史的回顾
——关于华中工学院的办学历程[1]

　　Ruth Hayhoe（女，中文名许美德）是加拿大多伦多大学安大略教育研究院资深教授，专门研究中国的高等教育。1992年5月，Hayhoe教授来我校做学术访问，朱九思同志应她的请求，与她进行了长达7个小时的谈话。主要谈"文革"后期到1984年底我国高等教育的情况，但也涉及"文革"前"十七年"的主要问题，从这一点上说，这篇谈话基本上是朱九思同志对1953年以后华中工学院[2]办学历程的总的回顾。

　　Hayhoe教授请我谈一谈在华中工学院办学的一些情况。今天就着重谈从"文化大革命"后期到1984年底我从学校领导岗位上退下来之前这一段时间内的一些想法和做法。

　　先声明以下两点。一是既然要谈想法和做法，就要用第一人称，较多地谈到自己，但这绝不是夸耀自己。在长期的革命斗争中，很多

---

[1] 该文全面回顾和总结了朱九思治理华中工学院的历史轨迹，以此文代序，希冀读者能于此概括了解朱九思治理华工的基本演进脉络。原文刊载于：《高等教育研究》（武汉），1992年第4期，1-13页。本书有适当修改。——整理者

[2] 华中工学院即现在的华中科技大学。

人,包括我过去熟识的一些战友,在革命战争中牺牲了。我们这些人不过是革命战争中的幸存者,没有什么值得夸耀的。还要特别说明的是,我在20世纪70年代办学的一些做法,当时在学校主持工作的军代表一把手主要负责人刘崑山同志都是赞成和支持的。如果得不到他的支持,那什么事情也办不成。就这一点说,应该肯定刘崑山同志对于那一个时期我们学校的工作是有功劳的。二是我们现在来研究历史,总要谈到过去工作中的一些问题。我们不应该离开过去的历史条件,用现在的观点来苛求过去,甚至否定过去。过去高等教育成绩很大,培养了千百万人才。如果不是这样,我国几十年来成绩的取得是不可想象的。

下面就开始谈当时我是怎么想的和怎么做的。

一、我的一些想法

"文革"后期按照毛泽东主席的指示,解放干部。我于1970年6月被"解放",从当时搞"斗批改"的咸宁县马桥镇回到学校。当时没有多少工作,非常清闲,校园也非常安静,很自然就想得很多。当时想的也并不系统,现在归纳起来,有下面一些内容。

◆ (一) 毛泽东的两句话引起的思考

当时毛主席有一个指示:"大学还是要办的,我这里主要说的是理工科大学还要办……"(见1968年7月21日《人民日报》)我想毛主席说这话是有针对性的,看来是有人认为不要办大学了。1969年底,我们学校的绝大多数师生职工都搬到咸宁县去搞"斗、批、改",就有人猜测,今后这所大学可能不办了。据说当时国家某部的一个单位,就曾打算搬到我们学校来。武汉市的一个工厂(武汉市半导体厂)就已经搬到学校里来了。搬来的时候还说由学校和武汉市共管,是为了便于教学实习。搬进来以后,并不是那么一回事,就是来学校占了一栋大楼、一栋宿舍,还有食堂等。在这种情况下,毛主席讲这两句话,我当然感到很重要,使我们看到了曙光。

1971年3月,国务院科教组召开全国教育工作会议,到会的主要是一些大学的负责人。我们学校,当时刘崑山确定我和赵旭(军宣队的一位副指挥长)两人去参加会议,并且指定我负责。这个会议的规模较大,大约有600人,中央各个业务部门都有人参加。会议拖拖拉拉开了3个月。会上,四机部等部门的人来找我,希望我们学校设置一些新专业,当时提出来的有激光、无线电通信等七八个专业,还有一机部提出要设置光学仪器专业。总共提出要我们设置10个新专业。这就说明,大学还是有用的。我们是来者不拒,当场就决定办。当时接受办这么多新专业的,只有我们学校。回到学校以后,刘崑山同志很支持。他只提出办雷达专业不容易,需要军用设备,对其他专业,他都同意。所以,除去雷达专业未办,其余9个专业我们都办了。当时也不像现在,办专业上面没有怎么管,不要报请审批。

◆ (二) 院系调整引起的思考

"文革"中对学习苏联破除了迷信,开始是有所怀疑,后来,怀疑的成分增加了。

我想,1949年以后,特别是1952年以后,为什么要学习苏联?有多方面的原因,但我认为最主要的是政治上的原因。从教育科学来看,找不出原因。在当时情况下,政治上的原因是主要的,但这又是完全可以理解的。

我又想,1952年实行院系调整对不对?我认为,一部分对,一部分不对。说一部分对,是因为当时全国205所大学中,私立大学不少,办得好的只有极少数,如南开大学,是张伯苓办的,办得很好。在抗日时期,与北京大学、清华大学一起,在昆明组成了西南联大,培养了一批高质量的人才。但是多数私立大学办得不怎么好,少数办得很差。如中华大学,就在武昌粮道街,当时人们是瞧不起的。另外,有相当一部分各省办的大学,有些办得还好,有些办得也不怎么样。还有21所教会大学,教学质量一般还比较好。例如武汉有一个华中大学,规模很小,在外面也没有什么名气,但是办得不错,后来调整到华中师范学院,成为华中师范学院前身的一部分。还有燕京大学、金陵大学、岭南大学、湘雅医学院、圣约翰大学等,都是办得比较好的。但是这些大学毕竟是教会办的。因此,这3类学校在当时情况下必须调整。说一部分不对,是当时的国立大学,如能冷静考虑,是可以不调整的。当时国立大学很少,全国不过十几所,而且都办得不错。1952年调整时,这些大学本身都应该保留。例如北京大学,在蔡元培主持以后,办得很有生气,很有影响。院系调整时,为什么要把北京大学的农学院、医学院分开独立出去,以至于把生物系和农学、医学分开呢?我看这样做没有什么科学依据,大可不必。又如,清华大学在梅贻琦主持下,办得也很好,但在1952年的院系调整中却被肢解了,理科、文科调整到了北大,清华变成了一所工科院校,这有什么理由?直到现在,清华许多老校友和在校的许多老教师,对此意见很大。据说,清华的校史现在只写到1949年,以后的尚未写,因为很难写。前几年,清华已开始重新办理科和文科,但是要办到过去那样的水平,谈何容易?梅贻琦主持清华大学,办得很好。抗战时期,西南联大由北大的蒋梦麟、清华的梅贻琦、南开的张伯苓三位校长组成联大常务委员会。蒋梦麟、张伯苓经常不在学校,日常校务工作主要靠梅贻琦主持,在当时艰苦的情况下,很不容易。再如浙江大学,竺可桢当校长,办得很有特色。原来浙大的校长是郭任远,因为"一二·九"时镇压学生运动,被学生轰得待不下去了。浙江是蒋介石的家乡,他很重视浙大,特邀竺可桢出任校长。竺可桢原在当时的中央研究院气象研究所任主任(所长),蒋介石要他当浙大校长,他向蒋介石提出要拨足经费,要允许他自主地聘请教员,蒋介石都答应了。竺可桢主持浙大工作后的第二年,全面抗战爆发。由于敌人进犯,在竺可桢带领下,浙大硬是搬迁四次,师生上千人长途跋涉,最后到了贵州才安顿下来,十分艰苦。就大学说,这是抗战期间绝无仅有的。有个电影《流亡大学》,就是描写浙大搬迁的故事。在那样困难的条件下,竺可桢团结了一批教师,保存了浙大的元气,而且越办越好。像浙大这样的大学,本来应该保留下来,但在1952年院系调整时,它的理科和文科的主要部分调整到复旦大学。所以前几年复旦得到重点投资,浙大没得到,浙大的同志们有意见。除去北大、清华、浙大,当时的国立大学还有交通大学、武汉大学、中山大学、天津大学(北洋大学)、南京大学(国民党时期的中央大学)、厦门大学、山东大学、四川大学、重庆大学等,总共不过十几所。院系调整时一刀切,以致全国没有一所真正的名副其实的综合性大学,这是没有多少道理的。

  关于专业的口径太窄,当时还没有想到。还有学习苏联的集中统一管理的体制,学校没有自主权,教学计划就是法律,过分集中,在"文革"后期也还未考虑到。至于我们当时办那么多新专业,是由于"文革"中的混乱状态,上面没有人管。

  1952年院系调整后,高校的地区布局有了一些好的变化,我是认同的。但是如果不经过院系调整,而通过行政办法也是可以解决的。1956年中央决定交通大学迁到西安,就是一个例子。

  50年代前期,教育工作特别是高等教育工作正是强调学习苏联经验的时候。当时中央文委和高教部负责人有一句很重要的话,叫做"学习苏联先进经验要与中国实际相结合"。意思是要学习苏联的先进经验,不是不先进的经验,还要与中国的实际相结合。这句话完全正确,讲得也比较多。话虽这样讲,但是在实际工作中几乎是全部照搬。特别是我们工科院校,是百分之百地照搬。通过院系调整,学校的专业设置、教学计划、教学大纲,乃至于教材等,文科、理科我不清楚,工科可以说是完全照搬。到1958年,我们国家提出了"大跃进",虽然主要是指经济工作,但也波及各个方面,包括教育工作,特别是高等教育工作,实行"教育革命"。当时提出"大跃进",毛泽东同志的意图是要在社会主义建设中摸索出一条中国自己的道路。但在"大跃进"过程中,很多事情做得很不对头,造成的恶果很快就暴露出来,事与愿违,因此1961年、1962年进行调整。尽管"大跃进"做得不对头,这一点中国共产党中央已经在《建国以来党的若干历史问题的决议》中做了明确的结论,但是就破除苏联的框框、走中国自己的道路这一个愿望来说,却是好的。例如当时有一部分高教部直属的工科院校,包括我们学校在内,办了一些理科专业,用历史的观点来看,用教育科学的观点来看,都是对的,因为理和工的关系太密切了。但是到1961年、1962年调整时,把新设的专业包含理科专业停办了。当然办过了头的应该停办,但是也要区别对待,已经办起来的非常少的理科专业就不一定停办。而当时却一律停办,说到底还是受全盘学习苏联的思想所支配。在高教部原来所属学校中,只有一个学校没有停办,就是浙江大学。浙大和我们学校一样,原来都是高教部直属学校。到1958年,在"大跃进"气氛下,把很多原来高教部直接管的院校下放到省管。但到1961年、1962年调整时,又收回去,还是由高教部直接管。当时浙江大学的校长是浙江省副省长周荣鑫兼任,于是由省出面,坚持浙大仍由省里直接管。在这种情况下,浙大办的6个理科专业没有停办。因此在我们这种类型的工科院校中,现在理科专业办得最强的算浙江大学,因为它办的时间长。这虽是历史上的个别事件,但很能说明问题。

杨秀峰同志1983年去世,就在两三年前,不知谁编了一本《杨秀峰教育文集》正式出版,是他当部长时的一些讲话。我从报上看到对这个文集的介绍,其中突出了这样一点,说杨秀峰在1949年之后,特别在1952年之后,他的教育思想,最主要的是主张学习苏联的先进经验要与中国的实际相结合。我觉得这篇介绍说过了头。不错,那些话是他讲的,而且一再地讲,但表现在实际工作上却不是那么一回事。在他生前,包括我在内,大家对他都非常尊重,身后出这样一本教育文集当然很好。但是作为我们了解历史情况的人看了以后,觉得不一定要这样介绍。当然这绝不能责怪杨秀峰以及其他有关的负责人,前面已经讲了,当时之所以全面学习苏联,我认为主要是政治上的原因。而在那样的一种历史条件下,又是完全可以理解的,如果不出现那种情况,也许是奇怪的。

这件事使我联想到北京大学有位老教授,1987年以九十高龄去世的曹靖华。他20年代初期与末期,两次去苏联留学,所以不但俄语很好,而且其苏联文学造诣很深,对苏联国情也很了解。他与鲁迅有非常密切的交往。正是他,1936年通过鲁迅转告上海有关的共产党员,将著名共产党员女作家丁玲,从南京国民党政府监视控制的苦海里拯救出来。他50年代担任北大俄语系主任期间,针对当时照搬苏联教学计划与教学大纲的情况,他说:"我们是中国人,是北京大学,不是苏联人,不是莫斯科大学,也不是基辅大学,应该考虑中国的需要与实际。"这些话讲得多好啊!这是一种科学态度,对就对,有问题就有问题,不是那么含含糊糊的。当然苏联的高等教育也有某些优点,例如对实践性环节就很重视,问题是不应全盘照抄。

值得重视的是,毛泽东在1956年有个讲话。这时正是我国在共产党领导下从社会主义改造转入社会主义建设时期,1956年开了党的第八次全国代表大会,提出了要进行社会主义建设,确定的方针、路线都是正确的。当时毛主席听取了国务院所属、与经济建设有关的几十个部的工作汇报,然后在1956年4月25日做了一次讲话,后来给加上题目,叫《论十大关系》。这十大关系中的最后一个就是讲中国和外国的关系,他说:"我们的方针是,一切民族、一切国家的长处都要学,政治、经济、科学、技术、文学、艺术的一切真正好的东西都要学。但是,必须有分析有批判地学,不能盲目地学,不能一切照抄,机械搬用。他们的短处、缺点,当然不要学。"紧接着他又说:"对于苏联和其他社会主义国家的经验,也应当采取这样的态度。过去我们一些人不清楚,人家的短处也去学。当着学到以为了不起的时候,人家那里已经不要了,结果栽了个斤斗,像孙悟空一样,翻过来了。比如,过去有人因为苏联是设电影部、文化局,我们是设文化部、电影局,就说我们犯了原则错误。他们没有料到,苏联不久也改设文化部,和我们一样。有些人对任何事物都不加分析,完全以'风'为准。今天刮北风,他是北风派,明天刮西风,他是西风派,后来又刮北风,他又是北风派。自己毫无主见,往往由一个极端走到另一个极端。"这些话不用解释,非常清楚。但是我们在1952年,不仅高等教育照搬照抄苏联的,连中小学也是如此。苏联规定小学生7周岁才能入学,本来我国传统,不说是6周岁,5周岁就可以入学。这是中国流传下来的,习惯叫"虚岁数",5岁就算6岁。苏联小学是5年一贯制,我们也把6年改成5年。诸如此类照搬,后来特别是"文革"后,7周岁入学的规定才打破了。说来也很有意思,戈尔巴乔夫1985年上台后不久,他倒是做了个决定,把7岁入学改成6岁入学。

◆ (三) 出国之方向引起的思考

对我影响较大的是1979年教育部根据联合国教科文组织的安排,由教科文出钱,我们国家派两个高等教育考察团出国访问,一个到美国、加拿大、日本,一个到西欧的西德、英国可能还有法国。我参加的是访问美、加、日三国的团,指定由我负责,一共5人。3月16日从北京起飞,5月底回到北京,一共是两个半月。其中在美国待的时间最长,37天;在加拿大17天;日本19天。

到3个国家访问之后,对我思想上影响最大的是以下两件事。

第一件是大学的教学工作和科学研究工作并重,结合得很好。当然还有个社会服务,但特别是教学与科研结合得很好,结果是教学质量与学术水平都高,甚至很高,这个印象很突出。当然,就我国来说,1958年的"大跃进"中已开始重视科研。苏联的大学以教学为主,因此我们学苏联也是以教学为主,50年代前期对科研几乎是不闻不问,但1958年突破了这一点。一些学校,特别是我们这类学校,觉得很有必要搞科研。这时高教部也觉得大学应该搞科研。1959年,当时副部长蒋南翔同志在上海召开了一次小型科学研究方面的会,说不搞不对,但毕竟还是刚刚起步。1977年邓小平同志恢复工作以后,8月上旬在北京饭店召开会议,到会的是教育界的15名教授、科学院系统的15名研究员,开了几天座谈会,最后邓小平同志讲话。其中有一点讲到,像我们这样的重点大学,必须是两个中心,既是办教育的中心,又是办科研的中心,非常明确。同时,1972年以后,我们也大抓了科研工作。尽管如此,出去一看,感受就大不一样。这些发达国家的大学,教学和科研结合得很紧,不仅对大学的提高好处很大,更重要的是对国家有很大贡献。特别是这些国家有个共同点,就是不像我国学习苏联建设了一个庞大的科学院。

现在,中国科学院下面研究机构有一百几十个,遍布全国。

在这些国家中,尽管国防部门和其他某些部门以及少数大的企业里有些研究机构,但国家的基础研究和若干尖端科学技术研究还是放在大学。特别像美国,设立了国家科学基金会,把大量经费给一些办得好的大学,从事高水平的基础研究和高科技的研究,作用非常之大。还有一些非常重要的实验室,也是国家给钱,由大学管。像麻省理工学院的林肯实验室,规模很大,全部是国家的有关部门投资,由学校负责。又如伯克利分校的劳伦斯实验室,规模也很大,全部是国家有关部门投资,交给学校管,像这样的例子还有一些。这样做的结果是学校水平提高了,培养出的人的水平也高了,也解决了国家需要解决的重大课题,集中起来使整个国家的国力强大了,形成良性循环。但是,我国学苏联分成两个体系,既办了许多大学,又建立了一个庞大的科学院,分散了大量的人力、物力和财力,很不合理。这就是访问以后第一个突出的感受。

另一个突出的感受是,几乎所有的著名大学都是综合性的。出访之前,对美国少数著名大学的历史已有所了解。访问37天,又有了进一步的了解。它们开始建立时,一般都不是综合性的,而且规模很小,学科很少。像麻省理工学院,1861年建立时,办的是机械学科,只有15个学生,后来逐步发展,增加学科。1930年学校董事会聘请物理学家康普顿担任院长以后,开始办理科,也重视文科。他任院长将近20年,把学校办得大有名气。基里安原任副院长,是学工的出身,1948年接任院长,又进一步加强文科,把学校办得更好。又如美国的许多州立大学,特别是1862年《赠地法案》通过以后建立的土地赠予大学,开始创办时一般都是两个内容,一是农业,二是机械。

有一所大学,就是得克萨斯大学,尽管现在已是规模很大的综合性大学,但还是用100多年前古老的名字,叫"得克萨斯农业与工程大学"。包括哈佛大学在内,美国一般知名大学这种从小到大、从单科或者学科门类很少到综合性大学的发展过程,归根结底,反映了美国整个国家在过去200多年当中不断发展的需要。也可以说,这是一种不以人们意志为转移的客观规律。这是给我的第二个突出的印象。

在日本期间,我们访问了东京工业大学,这是一所水平很高的工业大学,也是国立的。访问时校长介绍说,第二次世界大战以前,东京工业大学完全是工科,但二战结束以后,开始办理科。为什么?因为需要,感觉到只办工科不办理科,不论是对国家的需要还是对学校的发展,都不适应。他介绍以后,我说我们的情况跟他们相反,原来理科和工科结合在一起,现在倒是起了变化,1952年以后理和工分家了。因为我们是工科院校,所以这件事给我的印象非常深,也可以说受了一种刺激。这就是在我思想上发生影响的第三点。

◆ (四)中学教育给我的影响

这个说起来似乎很有点奇怪,但我反复考虑后觉得并不奇怪。尽管在大学工作了30多年,但青少年时代所受的中学教育对我的一生都有影响,对我"文革"结束前后办大学的思想影响更大。

我很幸运，青少年时所在的中学是当时很好的一所中学。我是江苏扬州人，学校叫江苏省立扬州中学。这个学校好到什么程度呢？当时的社会舆论是"北有南开，南有扬中"。就是说，北方办得最好的中学是张伯苓办的南开中学，南方就是我的母校。我在这个学校受了6年教育。这个学校也有不少扬州以外的学生，主要是江苏省内的。但我有一个同班同学叫谢义炳，湖南人，他竟来扬州中学读高中。他还健在，是北大的教授，也是科学院学部委员。

这个学校好在什么地方呢？第一，教师水平高，教书教得好。学校的校长叫周厚枢，美国留学，在麻省理工学院取得了硕士学位，是学化工的。他最大的功劳就在于聘请了一批好教师，不但聘本地的，还从江苏的南部聘请，因为不论是经济上、文化上，长江以南比江北要好，比较发达。第二，课程设置有特点，首先是文理并重。现在中学重理轻文，使学生容易形成偏废，很不好。尽管我们那时考大学报工科的比较多，因为有个饭碗问题，扬州中学毕业生也不例外，但在课程设置上还是文理并重。语文（那时叫国文）和英语当然重视，但中外历史和中外地理也同样重视，内容很充实。相比之下，现在中学史地课的内容相当单薄，学生又偏科，从长远看，实在令人担忧，因为史地教育实质上是爱国主义教育。课程设置的另一个特点，概括地讲，就是比较丰富。例如英语，各校都一样，但校长请了一位英语教师，叫叶长青，苏州人，燕京大学毕业，除教普通英语外，他又提出要开"英语修辞学"，校长同意，讲得非常好。其实这是大学英语系的课，但是我们中学竟然安排了。又如，植物学、动物学、矿物学，开出这3门独立的课程，在一般中学很少，因为既要增加课时，又要有教师讲。但我们这个中学每门课讲一个学期。虽然学时很少，每周只讲两堂课，但硬是3门课独立。此外，生理卫生课学1年，讲的还要多。我们都是青年人，生理方面很多知识不懂，学1年，对我们帮助非常大，懂得很多生理上的基本知识。这位教师叫朱白吾，也是我们的班主任，课也讲得好，连男女生殖器官都讲，有点接近于现在人们倡导的性教育。他严肃地讲,同学们也严肃地听,绝不在课后借此开玩笑。这也说明学校的风气很好。再如,在高三,数理化除去基本课以外,还设选修科。这在中学虽不能说是绝无仅有,但很少很少。另外,用英文教材,从初中三年级就开始用英文教材。我们中学不是教会学校,但在初三时就用英文原版教材《立体几何》,高中数理化就更不用说了,完全是英文版教材。这对于英语的巩固和提高好处极大。另外,学校走廊上张贴报纸给大家看,除中文报纸,还有一份英文报纸,是当时上海出版的《大陆报》,下课后我们在那里看看,哪怕看看标题也好,总能增加一些有关词汇嘛。学校很重视实验,这在中学是应该的,但当时限于财力,不少中学是困难的。不仅要房子,更要有基本的设备,于是就难了。我们开始在大楼里做物理、化学实验,后来专门盖了一幢房子,前面是科学馆,和后面的礼堂连在一起,叫"树人堂"。中国有句古话,叫"十年树木,百年树人"。那时盖那种钢筋混凝土结构的房子很不简单,很有点气魄。前面的科学馆是四层楼,除去物理、化学实验室,又增加了生物实验室。学校也重视图书馆。当然用大学的眼光来要求中学是不现实的,但相对而言,学校还是重视图书馆的。因为我很喜欢看课外的书,喜欢看中外小说,自己买没那么多钱,图书馆有。还有其他的书,特别是商务印书馆出版了一套"万有文库"丛书,包含的内容很丰富。买来也很花钱,但学校有。现在我的母校还是办得不错,七八年前又盖了新的实验楼。

今年是我的母校建校九十周年,正在盖图书馆,政府给100万元,学校还想再好一点,要花120万,差的20万元向校友募捐。学校也很重视体育,体育教师在扬州聘请不到好的,就到外地聘请,初中、高中的体育老师都是外地的。美术老师是从上海附近某县请来的,叫吴人文,颇有造诣,大礼堂主席台上方的浮雕就是他的作品。音乐老师李崇祜是20年代从事中等教育的著名教育家李更生的女儿。正因为有如此种种情况,1930年从扬州中学毕业的胡乔木同志(那时名叫胡鼎新)去年11月的题词是:"扬州中学,我亲爱的母校,我青春的摇篮,愿你永葆美妙的青春,在社会主义大道上,发扬光荣的传统。"

我们的校长还很有些想法,1931年,他又办了土木工程科。一个普通中学办土木工程科,现在并不奇怪,类似职业高中的做法。但那时中学办土木工程科,恐怕是全国唯一的。而且教师也请得好,办得不错。现在我的家乡有个扬州工学院,机、电、土木都有,但办得最好的是土木工程系,因为它的老底子就是当年扬中的土木工程科。现在我们的总书记江泽民同志是扬州人,他高中时代就是这个土木工程科的学生,1991年12月,他为扬州中学的题词是:"怀念前贤,激励后昆,继往开来,团结奋进。"此外,我的母校1935年接受国立同济大学的委托,办了普通科德语班,毕业后可直升同济。1937年,又办了机电工程科。

那时我们学那么多课程,但负担并不感到重,还看了很多课外的书,照样参加体育活动。考试前当然要准备,但并不很紧张,原因就在于教师教得好,加上实验等措施,教学质量是高的。每年高中毕业3个班150人左右,少数人跟我一样,因家庭经济状况不好,没有考大学,找工作做。大多数都考大学,全部是国立大学。报考私立大学只有一家,就是南开大学,对其他大学根本看不起。教会大学因收费很高,一般不去。我1935年在扬中毕业后,通过熟人在浙江大学找了个工作,当职员。到1936年春,哥哥来信说:你当小职员不是办法,还是考大学,哪怕家里喝稀饭也供给你读大学。于是这年6月,我把铺盖一卷,离开了浙大,就是说不准备再回到浙江大学干了,丝毫没想到万一考不取怎么办。当时找工作也并不那么容易,但无形中认为这不成其为问题,考大学一定会成功。这在我们学校形成了一种风气,只要考大学没有不成功的,就是这么一种程度。那时考武汉大学也并不简单,各科考试科目与考题完全一样,平均是5个取1个。这不是讲我个人如何如何,而是讲我很幸运地进了那么一所中学,学校的学风和教学质量就是那样好。正由于我有那么一段难忘的中学时代,这就不能不使我回忆起往事,并且联想到现在的工作。我想:那时是国民党统治,现在是共产党领导;那是一所中学,现在办大学,而大学的条件,要比中学优越得多,几十年前,可以把一所中学办得那样好,现在为什么不可以把一所大学办好呢?我在"文革"后期特别是"文革"之后,提出一些办学的做法,无疑受到某些大学的影响,受到去国外访问的影响,但确实也有当年扬州中学的影响。可以说,长期潜伏在我思想深处的扬州中学是我的第一个榜样。

二、我的一些做法

下面谈一谈做法,主要是"文革"后期特别是"文革"之后,一直到 1984 年底离开校长岗位之前,这段时间内的一些做法。

◆ (一) 扩大与加强教师队伍

一个学校要办好,教师队伍很重要。一个中学或是一个大学的负责人,如果不懂得教师的重要性,就等于不懂得办学校,当然也办不好学校。历史的事实充分证明了这一点。蔡元培 1917 年到北大当校长,为什么能在短短的 7 年当中把一个相当腐败的旧北大改造过来呢?有多方面原因,譬如说教育方针很重要,但他最重要的一项措施是聘请了一批好的教师。同样,张伯苓办南开中学、办南开大学,私立学校要聘请比较好的教师,是很困难的。但是他想尽一切办法解决经费问题,聘请好教师。竺可桢也是如此。至于说清华大学,有其独特的历史,是用美国退回的一部分"庚子赔款"办起来的,因此,第一钱多,第二清华早年就是留美预备学校,在美国的留学生多,回来后有些就在清华教书。这一点在我国是独一无二的,哪一个学校也无法与之相比。但是,蔡元培、张伯苓、竺可桢,当年的处境并不如清华，他们之所以能把学校办好，尽管有各种原因，但最重要的就是聘请了一批好教师。

从"文革"后期开始，在当时具体情况下，我们尽可能地充实教师队伍，我采取的第一个措施是从1973年开始，特别是"文革"之后，从外面引进教师。当时知识分子不被重视，因此从校外找教师比较容易。

第二个措施是"文革"一结束，就办了一个"回炉班"，将"文革"中没有学满5年毕业的一批学生，特别是1968—1970年毕业的，5年只学了两三年，甚至只学了一年，仍然发了大学文凭，但实际业务知识并没有达到毕业的程度，让他们回校再读两年，好像把一个烧饼再放到炉子里重新加一加温，所以叫"回炉班"。这倒不是来自上面的通知，是我们自己定的。那时上面不管，我们就自己干。来这个班学习的大约有200人，我们的目的是想从中留一批教师。其他学校是否有这个做法，我没调查，可能有也不多。后来我们留下来其中大约一半的人。那一时期，"文革"中没有读完5年的学生，在毕业时，留了200多人当教师，后来也集中补课两年多，再加上留下"回炉班"的一批人，这就有利于教师在年龄上有了连续性。

"文革"后期，按全国统一规定，招收工农兵学员，办了5届。也是为了年龄的衔接，工农兵学员每届毕业都留了一定的数量，既注意政治条件，确实也壮着胆子注意业务条件。留下的这批工农兵学员，现在有不少人已在搞党政工作，仍在教研室搞业务的也不错。这批人中，过去10年有些到外国去学习，也很不错。我们留下的一批工农兵学员虽然比较好，但在"文革"中所受教育很不够。这不是学生的问题，而是特定情况下出现的问题。"文革"后就将他们集中起来补课，进一步培养提高。

1977年恢复高中毕业生报考大学的招生制度，77级、78级这两届学生很不错，毕业时我们下决心多留了一些。这批人有的下过乡、当过工人、当过兵，等等，经受了锻炼，学习也不错。79级、80级这两届又继续留了一些,这样我们的教师队伍就不断扩大了。究竟从外面调进来多少人,我没有要人事部门统计过,只能这样估计,"文革"开始全校教师是1100人左右,到1984年教师已达2600人。除了从1968—1970年毕业生、工农兵学员、77级以后留校的和原有教师中调走和去世的,大约从四面八方调进600多人。从全国来看,可能只有我们一个学校这样做。

在扩大教师队伍的同时,大力抓教师的培养提高,要求教师补外语、补数学。"文革"后,很多教师到图书馆看外文期刊有困难,一是外语差,二是人家用了大量的数学方法,看不懂。所以号召大家尽可能参加补课。同时,把留校的1968—1970年毕业生、工农兵学员集中起来,主要加强基础,补数学、物理,进行了两年。从1980年开始,每年暑假期间,聘请十几名外籍语言教师(大多数是英语,还有两三名日、德语教师),集中办教师外语学习班。教师的外语水平有了提高,就想办法派出国学习。从1979年开始尽量往外派,派教授、副教授出去当访问学者,讲师、助教也可以出去短期进修,或者去读学位。我在领导岗位那几年,从教育部外事局了解到我校派出的人数在各高校中是较多的。为了提高英语教师的教学水平,还给些特殊照顾,给资料室多拨点钱,多买点外文书刊。英文的《中国日报》我看很不错,词汇很丰富,特别是有些新出现的单词字典上找不到,报上经常出现,光靠教材是无法知道的,于是给每个英语教师订一份《中国日报》。那时财务部门有点意见,觉得有些浪费,我装着没有听见,花这点钱非常有限,但对教师帮助很大。

第三个措施是职称的评议。国外叫学衔,"文革"前就停了,说这是修正主义的,要不得。"文革"后恢复,但是怎样评呢?我觉得胆子要大一点。"文革"后有些同志心有余悸,因为"文革"很厉害,心里很怕,一个活生生的人没有思想顾虑不可能。比如,1977年开班让中老年教师补外语、数学,当时我们党委有一位副书记就说这件事是不是晚一点,做早了目标太大。职称评议我主张胆子大一点,因为中断了十几年,积压了很多问题,如果不在原则范围内多提一点就不可能解决问题。这样做校内没有什么意见,但来自主管部门的压力很大,同全国各地一比就议论,说我们把副教授提多了(教授要经过全省评定)。他们打电话问北京、上海,你那里教授、副教授提了多少,问得很具体。又说武汉这里,哪怕是重点大学,也不能超过北京、上海。我觉得,武汉为什么要看别人的脸色而不按自己的情况办事呢?我认为不能让步。事实证明,当时我们这样做是对的。最近杨叔子当选为学部委员,他在很多场合都讲,他之所以能成为学部委员,当然最主要的是学术水平要高,但职称也很有关系,"文革"后1978年,第一批就将他从讲师提为副教授,1980年(他47岁)紧接着就提为教授(按一般规定,要隔5年才能提教授),这对他成为学部委员也是起作用的,因为提升教授以后,在外面参加学术活动所起的影响就大不一样。

上面这些做法得到以下几点好处。第一,适应了学校发展的需要。那几年,学校发展相当快,专业增加很多,学生人数也增加了,特别是还有些新的学科,如不增加教师怎么能适应需要呢?第二,基本上解决了"断层"问题,补充了一批30到40岁的教师,"断层"问题在有些学校很严重。第三,对避免"近亲繁殖"起了点微弱的影响。特别是我国的重点大学,都是留自己培养的人,"近亲繁殖"现象很严重,多少年来都是这样。影响虽然微弱,事实证明有些好处,有些中年教师很不错,是从外面调进来的。去年评职称,年龄在45岁以下破格提为教授的有10人,其中有几人就是当年从校外调进来的。如:计算机系研究数据库的冯玉才,现在在国内已处于第一流地位,他是哈尔滨军事工程学院毕业的;又如图像识别研究所的李德华,是武大数学系毕业的;低温工程的带头人郭方中,现在是教授,当年是哈工大本科毕业,后在清华大学研究生毕业,就是过去调进来的,现已50多岁;计算机科学教研室主任黄文奇,现在54岁,北大毕业的,研究成果水平高,我鼓励他申请博士点。像这样的例子还有不少。"文革"后期,武汉机械学院的一部分与我校合并,大约来了六七十位教师。

◆ **(二)增加新专业,改造学科结构,使学校转变为理、工、文、管相结合的综合性大学**

"文革"开始,1966年学校共设有18个专业。从"文革"后期到80年代初,先后三次增设新专业。第一次是1971年全国教育工作会议期间,增设了9个专业;到"文革"结束以前,又陆续增加了一些专业,其中包括从武汉机械学院合并过来的制冷、压缩机和焊接3个专业。第二次是1978年到1980年,增设了系统工程、生物工程、建筑学、建筑结构、物资管理、工业管理等专业。第三次是1980年以后陆续增设的文、理科,因不是工程性专业,很费周折,大约延续了四五年之久,来之不易。另一方面,"文革"结束不久,停办了两个专业,即电真空专业和电器专业。原因是:电真空已落后,已经到了集成电路时代,电子管只有范围很窄的特殊用途;电器专业面太窄。这两个专业的教师大部分转到激光专业。现在激光专业的李再光、丘军林原是电器专业的,李适民原是电真空专业的。加上那几年调进的教师特别是物理教师有少数人安排在激光,这就使激光专业的力量大大增强。另一个变化是将自控专业和工业企业电气化专业合并,这两个专业有很多共同点。后来因教师之间有意见,1986年又分开了,这种做法不一定好,也是积习难改。到1984年12月我不任校长时,全校有51个专业,比"文革"开始时增加了183%。专业数增加了,结构上呈现综合化。

办文科和理科难度较大,除去调进一些教师,还采取其他办法。如数学系,当时请吉林大学的徐利治教授来兼任系主任,作为学术带头人。又如中文系,带头人严学宭,是中南民族学院的副院长,1980年主动找我谈办中国语言学科,我很赞成,建立了中国语言研究所,后来发展成汉语言文学专业,建立了中文系。如果没有严学宭教授带头,那么比办数学系还难。数学系原来还有一批中老年教师,中文系是一点底子也没有。严教授已于去年底以 81 岁的高龄去世了。建筑学是一个既古老又特殊的学科,我国历来把它划在工科类,很不恰当。我看它是一个艺术与技术相结合的综合性学科,很不好办。为办好建筑学系,除调进黄兰谷和其他一些教师,又请清华的周卜颐教授来兼任系主任,请黄康宇、蔡德庄、童鹤龄、张良皋等几位老先生和清华的美术老教师华宜玉来兼职。为办好文科和理科,第二个办法是 80 年代初期办了一些文、理科方面的刊物,想借此与学术界建立关系,一共办了 9 种刊物,包括《新建筑》和《高等教育研究》在内,得到外界的许多帮助。

◆ (三) 在困难情况下尽可能改善办学条件

当时是"文革"结束前后的几年,最大的困难是经费紧张,但还得想办法改善办学条件。首先是实验室,值得谈的有这么几点:一是船舶与海洋工程系,船舶设计与制造是基本专业,需做船模试验,要建一个船模试验水池。我们在"文革"前就想建船池,到"文革"后期感到不建不行了,于是下决心建。我们的船池 175 米长、6 米宽、5 米深,终于建成,比较实用。再一个是计算机,我们一直没有。买进口的没外汇,又很贵。当时国内只有一种型号叫做"121"的过了关,是贵州凯里某厂生产的,售价 40 多万元。但用的不是集成电路,而是晶体管,很快就要过时。尽管如此,老等着也不行,还是咬紧牙关买。有了这台机子,我们的教师就有了用武之地。大约到 1982 年、1983 年,大家都不愿用这台机子了,因为速度太慢。我建议保留下来,让后人了解历史,知道是怎么过来的。后因房子不够,拆了,很遗憾。另外,花了 18 万元买了一台上海产的电子显微镜,还是没有外汇,买不起国外的,只好买这台唯一的国产试制品。还有一件事,前面说了,1979 年出国访问,在美国访问快结束以前,住在纽约我国驻联合国代表团总部。一算账,教科文给我们的 25 000 美元只花了不到 10 000 美元,估计到加拿大和日本也不会超过 10 000 美元。大家商量,用节余的钱,买3台微处理机,每个学校1台,很高兴,总算有了微型计算机。我生怕放在箱子里压坏了,就提在手上,从美国一直提到加拿大、日本和北京。回来给有关教师一看,才知道不是正规的微型计算机,是简单的单板机。回过头来看这是笑话,但当时就是如此困窘。现在大不一样了,全校已有微型计算机将近1 000台,大多数是用科研经费买的。另外1980年有一个新的机遇,我们与国家物资总局建立了协作关系,建立物资管理专业,为他们培养学生,纳入国家计划;同时为他们培训在职干部,作为专修科学3年,都不收费,条件是希望物资总局给一笔钱,我们从国外买一台性能较好的小型计算机。他们同意,问要多少钱。一天晚上,我特地挂国际长途电话,向美国麻省理工学院从事计算机研究的李凡教授请教,因为他父亲在武汉大学是我的老师。他很内行,建议买美国有名的数字设备公司(简称DEC)的PDP-11小型计算机,35万美元一台。物资总局给了100万元人民币,我们请省里支持,将这笔钱换成35万美元,买了一台PDP-11小型计算机,真是如获至宝。

  第二个办学条件是图书馆。如果办大学只懂得找教师、建实验室,而不懂得图书馆的重要性,还是有很大的缺陷。我看湖南教育出版社出版的《斯坦福大学》一书,有一件事使我很感动。1884年斯坦福未满16岁的儿子去世了,为了怀念他的儿子,斯坦福办了以他儿子名字命名的大学,我国习惯上称之为斯坦福大学。不久,斯坦福本人也去世了。尽管有一大片土地,斯坦福生前说过不准卖,那时也没有想到将土地出租,解决经费困难。为解决图书馆买书的经费,斯坦福夫人将自己的首饰变卖,真了不起。尽管"文革"以后那几年,经费紧张,但为了办好图书馆,图书经费还是逐年增加。到1984年,图书馆经费占学校总预算的5%左右,特别注意购买外文杂志和外文科技书,因为经"文革"10年,对国外的情况很生疏。国家规定,买国外书刊都要经北京中国图书进出口总公司,国家给它一笔外汇,各单位只需付给总公司人民币,所以经费有一大半给了总公司,买外文书刊。

1980年成立湖北省外文书店,开幕时,中国图书进出口总公司来了一位副总经理,他在会上讲话,说全国大学买外文书刊最多的,一是北京大学,二是华中工学院。我们感到这样做对教师帮助很大。我们新办的数量经济学专业,是一个新兴的学科,我问林少宫有何要求,他说要订5种国外刊物。国家规定,订国外刊物每年只能递增3%,这时我们的递增数已经满了,正好中国图书进出口总公司来了2位工作人员,我跟他们说明新办专业的需要。他们很帮忙,不经过省里这道关,直接由总公司给我们增加5种。中国有句老话:"巧妇难为无米之炊。"没有充分的信息就等于"无米之炊"。另一个例子是王君健,原来教材料力学,后来教流体力学,1979年开始改行搞生物工程,头几年是生物力学,最近几年彻底改行搞生物技术。他很用功,天天到图书馆看这方面的书,我问他怎么样,他说很满意,想看的书图书馆都买来了。他这种刻苦钻研精神却很少为人所知。生物工程系也是全校最小的系,只有100名左右大学生、十几名研究生、20多位教师。他是名副其实的学术带头人。他是非常认真地在那里干,看得很远。由于生产力发展水平的限制,他说他从事的学科再过几年才能有所冒尖,对国家建设事业真正起作用。所以,目光短浅、急功近利的人,对他就毫无兴趣了。

第三个办学条件是盖房子。那几年,盖房子经费很困难。但人员增加了,总得有地方住。现在我校东区有一批房子是两层楼平顶房,很不好看,因为是平房改建的。那时基建计划控制很严,但改建房屋可以不算计划,这是没有办法的办法。大概是1979年,盖房子差50万元,只好找湖北省财政局局长韩鸿儒,请他帮助向银行说句话,借50万元。现在看50万元不在话下,但当时却是一道难关,而且不解决不行。

◆ (四) 大搞科学研究

1971年,学校的大批教师干部还在咸宁的向阳湖边办农场。

1972年99％的人回校了，开始招工农兵学员，但教学任务不多，许多教师没有具体工作，有时间搞科研。我们也认为应该搞科研。另一方面，从外界情况看，机械工业部、电子工业部原来直属研究机构的研究人员，"文革"期间都下放到五七干校，全部处于停顿状态。但生产中有些技术问题要解决，找到我们，要我们承担研究任务，他们给经费。因此，那时我们与电子工业部、机械部、水电部的关系很密切，1972年后学校研究工作出现了一个新局面。1976年"文革"结束，进一步开展研究工作。1977年暑假，组织一批教师查阅国外资料，了解世界学术动态。本校图书馆查不到的，就到北京、上海的情报所去查，要求每一个学科按专题写出调查报告，编印《国外科技动态》，每期一个专题，一共出了七八十期。这就叫调查研究嘛，不了解情况怎么干事？1978年下半年进一步出铅印本，每一期包含好几个专题，出了十几期。同时恢复出版全校性的学报。还办了《科技译报》，发动教师把国外各种期刊上与我校专业有关的好文章翻译出来，跟学报一样一期一期地出。《科技译报》共出了10期以上，给中国科技情报研究所（北京）寄了一份，他们很高兴，认为做得很好。《科技译报》在1979年下半年停办了，因为多数教师经过学习外语，可以直接看外文书刊了。

由于从1972年到1978年开科学大会以前，我们的科研工作发展较快，工作做得较好，解决了不少问题，发表了不少文章。1978年国家召开科学大会，我们受到表扬。大学只有我们和浙大受到奖励，得到奖状，写的是"科学研究先进集体"。会前要我准备在会上发言，我准备的发言稿题目是《科学研究要走在教学的前面》，这是比较新的观点。这篇发言稿送到教育部，引起教育部内部的不同意见，比较多的是不赞成，认为这把教学放到了次要地位。其实这是误解。科学大会主要是国家科委筹备，他们看了赞成这个观点，作为大会发言稿在会上印发了。这篇文章并不是轻视教学工作，而是说明教学和科研的关系，说明科研工作是"源"（起源、发源），教学工作是"流"。

就是说，教学工作总是传授在科研工作中取得成果进而总结出的间接知识，因而是"流"。教学与科研是密切相关的，而科研必须走在前面，是说明两者之间的关系，不是降低教学的地位。科研水平高，就会使教学水平也高。

正因为那几年科研工作做得较快较好，到了1980年国家颁发《学位条例》以后，1981年第一次和1983年第二次评议硕士、博士学位点，我校评上了13个博士点、37个硕士点。因此1984年我国首次在大学设立研究生院，我校是第一批设立的22个研究生院之一。当时设立研究生院的条件之一，就是博士点要超过10个。我们也有不足之处，就是在学科方面，在研究工作方面，属于高科技范畴的少了一点。在这一点上，我还要说几句我们的生物工程，它属于高科技。最初是生物力学，王君健在1986年逐渐感到生物力学虽是较新的学科，国际上发展也不超过30年，但继续搞下去发展前途不大，于是下决心改为生物技术，属高科技范畴。他今年60岁，但钻研精神很好，已从其他学科转过来6年了，情况不错，他很有信心。这学科涉及农业比较多，我国的农业总要出现新局面，要用到它。我认为办生物工程是我们下的一步特殊的棋，要有点眼光。邓小平同志今年视察南方时有个讲话，全世界都知道，其中有这么两句：一定要搞高科技，越高越好。这是国家的需要，我们学校怎么办？一定要重视高科技，生物工程已办了10年，还应办其他高科技学科。国际上高科技发展很快。发达国家不仅看到10年、20年之后，甚至看到50年之后，所以我们既要看得高，也要看得远。事在人为。

◆ （五）开展国际交流

今天我们在这里交谈，也是国际交流。我校从1978年起就开始起步，1979年和外国有关大学建立正式关系。建立关系最早的是美国南加州的圣迭哥加州大学，我们送去一批访问学者。我们很重视派送访问学者，派读学位的研究生已被校内外所公认。另外请外国学者讲学,其中水平高的聘为名誉教授。我当校长时,对我们帮助很大的一位是田长霖,现在是加州大学伯克利分校校长。他是我校名誉教授,1989年以前,先后回来四五次。从办大学来说,我们很谈得来,他提的一些意见,对我们很有帮助。例如,他说"近亲繁殖"很不好。他知道我国越是重点大学就越是"近亲繁殖",希望我们国家有那么一天下个决心,规定自己培养的博士生也好、硕士生也好,一个不准留,以免引起互相间的戒心,因都怕各校自己把好的留下了。从长远说,"近亲繁殖"害处太大。田长霖说伯克利分校还有个规定,凡是新来的青年教师选科研题目,不准和系里的任何一个教师相同,要另定新的科研课题。尽管我国现在还办不到,但这是经验之谈。另外,我们激光学科最初搞二氧化碳激光器,技术上被一个问题卡住了。我们请来一位美国教授,叫坎特罗维茨,是美国工程科学院的院士。他实践经验也很丰富,反复和我们教师讨论,最后解决了。其他来我校的教授对我们也有帮助。

再谈谈教学方面。当时对教学的日常工作很重视,加强了教务处,特别是将教学研究科的干部配备好,要求他们深入了解情况,及时反映上来,加以研究。曾经发现电类专业的学生不重视制图课,有些学生课外作业潦草,少数学生考试舞弊,个别教师评卷不够认真,等等,都一一严加解决。

那几年还着重抓了两件事。

一是试验用英文版教材,先从高等数学开始,其次是普通物理,再次是个别技术基础课。教材是英文的,但教师讲授还是用中文,可以用英文讲一些名词术语。而且原来的中文本教材照样参考。这样做的目的,显然是使学生既学了课程内容,又提高了英文程度。据了解,开始几周,学生很吃力,要查英汉词典,但几周以后就正常了,这些课程的英文语句一般不复杂,词汇翻来覆去就是那么一些,几周以后就熟悉了。当时,刘颖、陈挺、马毓义几位副院长都赞成,因为我们都是过来人。1988年夏天,我在北京访问航空航天部下属某研究所,遇到一位年轻的校友,他很高兴地告诉我,由于在校时用了3门英文版教材,再加上基础英语课,他的英文水平大为提高,因此所里办科技人员英语学习班,他成为一个"小教员"。我问他是否在中学时英语学得特别好。他说他是青岛某中学毕业,英语程度属中等。当然,某些教师对此是有意见的,这在预料之中,因为他们自己的英语就不大行,特别是习惯势力很厉害,人们总是希望驾轻就熟,省力嘛。但是世界上难道就有这样的事,可以不费多少力气而能轻而易举地获得成功吗?

二是着重抓教师的教学法,克服对学生"抱着走"的现象,以利于培养学生的思维能力。这一点道理很清楚,不多说了。

尽管如此,我认为最大的憾事,是离开校长岗位以前,没有来得及做好调整、改造专业这件有关学科建设的大事。50年代初期,照搬苏联的做法,专业数量很多,口径很窄,这在苏联的高等教育历史上,主要是与高度集中的计划经济相适应的产物。其实苏联50年代后期已发现这样做有问题,逐步有所改进,开始放宽专业口径。我们50年代那样依样画葫芦,与我们实行的计划经济还可以勉强适应。但严重的问题就在于"文革"以后,特别是进入改革开放的80年代,还是抓住50年代初期学来的那一套不放,在那个已经过时的老框框里跳不出来,这就非常不对头,很不适应经济体制改革与经济发展的新形势。本来1977年,教育部已经调集了一批人进行专业调查,我校的王嘉霖去了一年,准备调整。遗憾的是直到1984年底,还是"只听楼板响,不见人下来"。专业建设是学科建设的前提,不调整、不改造,学科建设是困难的,就好像生产关系束缚了生产力的发展一样。所以,直到今天,我还引以为这是我离开校长岗位以前极大的憾事。

目 录
CONTENTS

开篇语 / 1

第一章　笃定华工 / 27

教育奠基 / 27

革命生涯 / 32

转身新闻 / 39

筹办华工 / 44

调整提高 / 52

遭受批斗 / 65

希望之火：大学还是要办的 / 67

喜获"解放" / 75

率先突破 / 83

第二章　思想力量 / 86

"臭老九"：最重要 / 94

大学管理：面向教师、服务教师 / 110

现代大学：学科结构要综合化 / 125

学术自由：大学之真谛 / 138

科学研究：要走在教学的前面 / 150

创新人才培养：不能抱着走 / 172

严格管理：管理也是教育 / 188

第三章　改革维艰 / 207

唯实与唯上 / 208

　　　　　　　　　　　　　　　　　　　严下与求实 / 222
　　　　　　　　　　　　　　　　　　　执行与求效 / 241
　　　　　　　　　　　　　　　　　　　发动与推动 / 248
　　　　　　　　　　　　　　　　　　　垂范与权威 / 264

第四章　精神状态 / 277

　　　　　　　　　　　　　　　　　　　敢于竞争与追求卓越 / 284
　　　　　　　　　　　　　　　　　　　敢于转化与求真务实 / 289
　　　　　　　　　　　　　　　　　　　敢于探索与勇担风险 / 292
　　　　　　　　　　　　　　　　　　　敢于斗争与务实行动 / 296

第五章　研究大学 / 301

　　　　　　　　　　　　　　　　　　　学科开拓：鼓呼与躬行做表率 / 302
　　　　　　　　　　　　　　　　　　　学术研究：理论与实践求结合 / 306

结语　大学校长要努力成为政治家与教育家
　　　　——朱九思的实践探索 / 309

附录　访谈一览 / 321

后记 / 329

开篇语

　　新中国虽然建立的时间不长,但是高等教育在新中国成立后几十年的发展却是丰富曲折且极富反思意义。在一度高度计划、集中统一领导,以及极左思潮严重影响的高等教育系统中,大学校长只能在极其狭小的活动空间,极力发挥应有作用,推动新中国大学获得了迅速发展。从这个意义上说,在此历史大背景下,涌现出的一批成功而杰出的大学校长,他们探索的勇气与担当、取得的成就与意义,或许比世界其他国家和我国历史上其他时代的大学校长更加值得钦佩,他们的治校之道对于高等教育实践与研究更具研究与思索的价值。

◆ 一

　　新中国初创后,担任大学校长中的大多数人都具有相似经历。当他们青春年少之时,中国正经历着一场深刻的变革,而国力处于极度衰弱状态,国运不昌,内忧外困,每一个有志青年都在思索中国向何处去,并根据自己的判断选择自己的人生信仰和生活目标。有的远渡重洋,寻找科学教育报国之路;有的追寻马克思主义,投奔共产党领导下的革命解放事业,出生入死。革命的生涯,锻就了他们坚毅的性格和果敢的作风,烙上中国共产党体制性的领导作风和思想作风。新中国成立以后,他们投身新中国的建设与发展。其中一些接受过相对良好教育、并具有高度组织觉悟的人被组织委以重任,进入新中国的高等教育领域,认真地贯彻党的教育方针,改造、恢复和发展新中国的高等教育事业。丰富的人生阅历为他们的治校积累了难得的经验,奠定了他们在新中国高等教育史上留下浓墨重彩的重要基础。

在他们接受学校教育的青少年时期,正值封建王朝遗风正去、现代教育西风正来的年代,文化思想处于极度活跃状态,各种思潮荡涤华夏。几千年凝固下来的传统教育正在倔强地发生变革,现代教育裹着帝国主义的大炮、强权在中国大地孕育。他们当中的很多人既接受封建式传统教育,打下了很好的我国悠久传统文化的国学底子,对我们民族久远的历史文化有较好的理解;同时,他们又接受新式教育,开始直接接触西方教育——有的还接受过外国传教士传播的洋教育,有的去国外学习深造,奠定了较好的西学基础。因此,他们一般都具有良好教育背景,对中外教育与文化相对比较了解。这样的教育经历对他们后来的治校产生了重要影响。

与众多国外同行们比较,从战火中走出来的一批新中国的大学校长们中,因为连年战乱以及革命生涯,他们之中不少人在学术造诣方面并不算高深,但在政治上却忠贞可靠。在一度封闭的环境下,他们对世界科技发展的动态相对不熟悉,加之在激烈的战火中不可能有条件去了解世界高等教育的发展潮流,有的根本就对现代教育不熟悉甚至不了解,而是历史发展的偶然把他们推上了高等教育管理的位置。出于政治的需要和党的纪律,他们没有选择,全凭多年革命练就的卓绝精神,在党的领导下摸索着前进。尤其是新中国成立以后,一度在极左路线的错误指导下,关起门来搞建设。新中国大学校长们在极其封闭的条件下建设自己的大学,自然走了不少的弯路,也换来不少教训。他们没有世界科技和教育发展的信息可资了解,一切都是靠自己努力耕耘,从头学起。从熟悉的革命工作转移到办现代大学,从领导战争到领导实验室和课堂,逐渐了解大学,逐步学习与总结治校规律,探究高等教育规律与无产阶级政治需求间的有机结合,确保社会主义正确治校方向。他们这种摸索的精神和勇气,在新中国高等教育史写下了不朽的篇章。

与众多同行比较,新中国的大学校长们的阅历比较丰富,不但有一定的教育经历,而且还有丰富的革命经验,经受过风云变幻的政治考验,担任过较多的各类职务,完成过较多不同类型的任务。这样的经历对于他们治校颇有裨益,特别是对在中国共产党领导下的治校就更加具有意义。他们对中国共产党的领导体制、思想路线、组织方针、纪律作风都比较熟悉,使他们养成了善于从政治的高度把握高等教育发展方向、思考治校战略,同时也能够从全局识别什么是正确的政治方向,什么是真正的治校方向。所以,他们当中涌现出一批杰出的大学校长,当然也很遗憾地产生了一批唯书唯上、结果是没有多大作为和办学主见的大学校长。

任何人都是在一定时空中铭刻人生,充分体现出环境与人的辩证关系。环境对人产生制约,规定人的发展;同时,人又认识环境、适应环境,能动地利用环境、改造环境。

新中国大学校长所处的领导环境是一个非常特别的环境。这个环境与政党、政权、意识形态紧密相连。在这种治校环境中,大学校长要有所作为特别是要结出办学之硕果,更需要有敏锐的眼光、无私的胸襟、无畏的魄力和高超的领导艺术。

从国际上看,20世纪人类文明先后遭受两次世界大战的空前浩劫,给人类带来严重创伤。作为战争的一个重要"成果",形成以美国为首的北约和以苏联为首的华约两大不同意识形态阵营,并长期处于对峙的冷战状态。意识形态斗争一度成为国际政治斗争的一个重要主题,并深刻影响着各国发展。尽管这样,战后经济与社会发展仍得到极大的恢复,国际高等教育也因此获得快速发展——规模迅速扩大,精英化被不断地转换,大众化乃至普及化的进程加快,高等教育具有的经济、文化和政治效用在推动西方社会进步方面表现得淋漓尽致;这样,又反过来推动高等教育结构、体制机制、内容与方法等方面不断改革变化。大学通过人才的培养和知识的创造与应用更好地服务于社会,高等教育的多向度功能得到充分认识、拓展与发挥。

从国内看,1949年建立起新中国,"这是一个历史的转折点。这是蒋介石的二十年反革命统治由发展到消灭的转折点。这是一百多年以来帝国主义在中国的统治由发展到消灭的转折点。这是一个伟大的事变。"[①]新中国在对旧中国高等学校进行接收、改造的基础上,基本抛弃了近代高等教育、国民政府时期形成的高等教育和中国共产党革命根据地高等教育的好传统,因为意识形态的全面认同,我们全盘移植了苏联高等教育模式,建立起社会主义中国的高等教育体系。

这样的时代背景,反映在我国高等教育发展上具有以下四个明显的特点。

第一,基本上在处于封闭的状态下自我摸索着前进。国外敌对势力对新中国的孤立与封锁、干涉和挑衅,也由于我们自己在很大程度上的自我孤立,新中国及其高等教育在相当长的时间里处于封闭或半封闭环境中发展就成为一种历史必然,带来的结果不是幸运,而是拉大了与世界高等教育发展距离之不幸。直到改革开放之后,才逐渐改变这种封闭或半封闭的状态,走向借鉴与融合。

第二,受到来自政治的严重影响,特别是长期处于统治地位的以阶级斗争为纲的"左"倾思潮的影响,给高等教育发展造成极大损害。高等教育总与一定意识形态相关联,总要接受政党直接或间接的影响,尤其对于我们这个由中国共产党一元化领导的国家来说更是如此。在改革开放之前,以社会主义阶级与阶级斗争的错误理论为核心的"左"倾思想逐步系统化与实践化,并在中国共产党党内较长时

[①] 《毛泽东选集(第四卷)》,人民出版社,1991年,1244页。

间居于统治地位。这种在"左"的方针指导下的发展,给高等教育事业带来的伤痛更加酸楚和不堪回首。高等教育长期被作为为政治服务、开展政治斗争的工具,把大学办成"无产阶级专政的工具",学校变成了大搞阶级斗争和政治运动的舞台。政治对高等教育事业的不恰当甚至粗暴的干预,以致形成了按照政治思维模式来发展属于文化领域的高等教育的习惯,使得高等教育的发展不断失去自我,几乎完全依附于政治需要和阶级斗争形势而被长期地左右。

像我那一代新中国大学校长,他们作为老党员,经历过抗日战争、解放战争、新中国建设的风风雨雨,在党的培养下成长为一位革命干部、一位大学校长,其治校必然受到我国政党与政党制度的深刻影响。最主要有两个方面影响:一是来自中国共产党的体制特征方面的影响;二是来自中国共产党思想路线方面的影响。

中国共产党是一个以民主集中制原则作为根本制度建立起来的执政党,经历了由弱到强、由小到大、由幼稚到成熟的过程。新中国成立以后,其金字塔状的组织网络像神经一样遍布整个社会的方方面面,基层组织(支部)深入到中国社会的各个角落。古老的中国社会从来没有过如此程度的同一、如此程度的政治社会化。包括高等教育在内的社会发展各个方面都必须接受中国共产党的领导,受制于中国共产党政党体制。其体制具有以下四个特征:权力集中、强意识形态功效、组织结构高度一体化、纪律的刚性[①],并在这四个方面对大学校长的治校产生影响。

中国共产党体制的明显特征之一就是权力的高度集中。在这种体制下,大学校长作为党基层组织的一名党的干部(绝大多数是中国共产党党员),在领导风格上更多地会强调权力的集中,强调校一级权力的作用,整个学校的权力呈倒三角分布;同时,大学校长也会受

---

① 王邦佐、张承斌、邵春霞等:《中国政党制度的社会生态分析》,上海人民出版社,2000年,123-126页。

到极端时期个人崇拜传统的影响,不自觉地更加突出个人领导作用的发挥。

"意识形态是具有符号意义的信仰和观点的表达形式,它以表现、解释和评价现实世界的方法来形成、动员、指导、组织和证明一定的行为模式或方式,并否定其他一些行为模式或方式。"①意识形态与政党特别是共产主义政党之间有着天然的联系。它与资产阶级政党对抗的首要工具就是意识形态,意识形态更多地服务于政权建设。中国共产党在党的建设中总是把意识形态摆在突出的位置,始终坚持"四项基本原则"就是中国共产党与西方资产阶级政党分野的最鲜明标记。所以,新中国大学校长总是善于从政治的高度观察和思考问题,要把很多精力投向加强政治思想工作之上,保证党的意识形态入师生心、进师生脑,确保治校方向始终在政治正确的轨道之上。

由于中国共产党是建立在民主集中制的原则之上,因此,党的组织结构强调中央自上而下垂直式领导,全党形成了高度完整的结构特点。这直接决定了大学机构的建立,大学须在组织结构方面与党及其政府组织高度一体化。在行政机构的基础上,平行地建立一套相应的党组织工作机构。大学校长必须具有同时协调运作两套机构的能力,使之并行不悖地成为贯彻执行治校思想的有力武器。

中国共产党是一个具有高度组织性、纪律性的政党,这种纪律是整个阶级组织团结起来的保证。这在一定程度上规定了党员、党组织听从党指挥的重要特征。由于各级党组织构成大学组织的领导系统,因此这种纪律的刚性便于大学校长实施更强有力的指挥,便于大学校长高效而有力地运作,迅速实现治校目标。

我作为党培养的干部代表党执掌大学领导权,必须严格贯彻党的高等教育思想和执行党的方针政策,治校活动必须符合并严格受制于这种体制。在华工领导岗位上30余年,无论什么时期,治校风格

---

① 《布莱克维尔政治学百科全书》,中国政法大学出版社,1992年,345页。

都比较明显地打上了中国共产党上述四方面的印记。

在治校方向上,我始终要保证党的意识形态的严格落实,对于搞资产阶级自由化的思潮坚决反对,按照"四项基本原则"要求,坚决清除"精神污染"。在民主与集中的关系上,我更加强调集中的作用,认为没有集中的民主是没有用的民主。在领导集体成员的作用发挥上,我更加注重在工作实践中形成的个人领导权威的作用,强调领导的核心作用,强调领导就是要敢于负责,勇于负责。在干部队伍的建设上,我坚决按照党的纪律要求,从严治党,建立起了一支"敢于竞争、善于转化"、能吃苦耐劳的过硬干部队伍。在决策的方式上,总体上,我须按照党的组织原则和程序展开,强调党委对学校的集体领导作用。所有这些特点都主要来自于执政党的体制性规制。

同时,在创造性地贯彻党的教育方针和上级指示上,我又深受党的实事求是、一切从实际出发的思想路线的影响,特别注重把普遍的理论与具体实际紧密结合起来,而不是从本本出发。这种思想路线指导着我一生的治校实践和学术研究,我坚定实践理性,反对没有目标的空谈,批判缺乏针对性的理论,力戒"理论与实践两张皮"。这样的思想路线也是我能够取得一些成果的最重要的思想武器。

第三,照搬苏联模式建立高等教育系统并使之僵化而难以改变。"仅仅以政治和社会制度为标准"①,照搬苏联高等教育模式而建立起新中国的高等教育系统。这种模式在管理体制上,强调集中特别是中央的集中统一。学科被人为地分割,人才培养强调与产品或工艺直接对口的大一统培养模式,目标是培养现成的处方式专家。高等学校成为一个职能单一的教学机构,发展知识的职能由另外单独设置的庞大科学院系统承担。即使这样,拨乱反正时期,教育部门负责人仍然认为"学习苏联是正确的,只有不学英文改学俄文是不对的,

---

① 郝维谦、龙正中:《高等教育史》,海南出版社,2000年,123页。

教学质量恢复到'十七年'那样就很好"①。所以,苏联模式就被认为是真正的社会主义高等教育模式,并逐渐地变得僵化、坚硬,以致成为不适应改革开放后政治、经济和科技体制改革需要的"最后的堡垒"。如何对待并改革苏联模式成为那个时代大学校长不得不面对的挑战。

第四,知识分子曾一度受到不公正对待乃至严重的迫害,不但沦落为"老九",而且还要加上一个"臭"字。在新中国改革开放之前的一段时期,对于知识分子曾经有过正确认识和对待的时期,但总体上说,在方针政策上出现失误的情况更多。知识分子长期受到不公正对待,成为批判和改造的对象。学术批评与政治批判之间的界线被遮蔽、混同,学术批评被政治批判所代替。没有知识分子地位的高等教育,没有学术自由争鸣的高等教育,严重窒息着高等教育事业的顺利发展。直到改革开放不断深入之后,人才的观念才逐步得以接受与强化,学术讨论才得以开展与推进,知识分子的地位才逐步得以恢复与确立。

在这样的时代背景下办大学,可以想象:想有所作为的大学校长所受到的约束曾是多么之明显!系统论认为,只有与外界保持信息畅通交流的开放系统,才会处于一种动态平衡状态。可是,新中国高等教育系统几乎是一个封闭的系统,没有与世界同行保持最低限度的接触。大学校长治校完全是靠"自力更生,艰苦奋斗",在"黑暗"中自我摸索。而且,这种探索又是在极左思想指导下进行;同时,失去了办大学最基本的依靠对象——被批斗和改造的教师——的帮助,巧妇也难为无米之炊呀!

"文革"前期,竟然有差不多长达五年的时间,高校停止了招生,即使后来又简单而粗暴地恢复招生,也是按阶级斗争理论和"劳动人民"的政治标准来取得入学资格。因此,当大学没有了学生、没有了

---

① 朱九思:《往事重提》,载《高等教育研究》,1999年第1期,7页。

合格的学生,大学还是大学吗?大学校长还有何用?没有学术争鸣,没有最基本的学术自由,怎么会有学术水平的真正"跃进",更不会有宣称的"到处莺歌燕舞"般的学术繁荣。

出现这种局面是新中国大学校长的责任吗?是他们不懂得高等教育的一般规律吗?不是。而是时代带来的羁绊使他们处于难为的两难之中。如果新中国大学校长完全按照最高指示办成"政治大学",那么还需要大学校长干什么?这样的大学校长还有什么治校之道可言?有人质疑:新中国为什么没有培养出真正的教育家?我们原来不少的好大学,后来怎么与世界一流大学存在那么明显的差距?以至于一段时间以来还须急功近利地来建设世界一流大学。如果新中国大学校长违背"旨意",另搞一套,可能受到的处罚不是"下不为例",而是政治上的无端批判、攻击甚至迫害。所以,来自"左"的禁锢、苏联模式等传统势力的顽固影响,以及社会心理状态存在的担惊受怕、等待观望和思想混乱等方面的严重影响,给新中国大学校长按照教育规律治校带来巨大阻力。任何人想把大学办成一所名副其实的大学都非易事!这必须有石破天惊之胆量、一往无前之魄力,还要有超凡脱俗之领导艺术。

在这样的时代背景下办学,我们那一代大学校长,第一,思想上受到极大禁锢。由于"左"的指导思想长期居于统治地位,大学校长不得不按照一些"左"的、不符合教育规律的做法行使治校之权,留下深深的政治印记。即使有想法,也只能在很有限的范围内做出某些艰难的努力,而且所做出的努力还会遇到来自习惯性思想阻力的极大牵制。这是历史的遗憾,也是我们应该吸取的重要历史教训。第二,实践中会受到体制上的严重束缚。长期计划经济体制,高度统一的权力模式,严重束缚治校积极性和自主性的发挥,治校只能在极小条件保障和狭小活动空间里展开。因此,要有所为,他们必须有胆识与智慧——敢于突破既有框框的胆气与认识;善于突破既有框框的智谋与策略。

我在谈及自己的治校经历时总是说,"在'文革'后期以前我只是依样画瓢,完全按照上面的指示行事,谈不上什么治校。只是到了'文革'后期,我被'解放'出来之后,在家中的书籍都被抄走以后,反而获得了大量的空闲时间进行回忆与沉思,对学习苏联破除了迷信,开始有所怀疑,才开始做了一些事情。"[①]这说明,在铁板一块的时代,即使是有梦想的大学校长要做一点事情也不太可能或者也异常艰难。

只是后来经过认真地回顾与思索之后,与同时代的同行们比较,我试图奋力撕开紧箍着的时代的丁点缝隙,主动发掘到意外的治校机遇,在有限空间里,凭着自己的胆识与智慧,顶着各种来自内外部的巨大阻力与压力,在别人仍然关门一心批斗、还在徘徊犹豫、还在心有余悸之际,大胆地做了别人也许看到了但是不敢做的,也许别人根本就没有看到或没有预见到的,或者别人没有心思想看到想去做的,一些符合高等教育规律的事情,把一所典型的新中国成立以后才建立的工科院校发展成为一所具有显明现代大学特征的综合性大学,成为"新中国高等教育事业发展的一个缩影"[②]。办大学,按我自己的说法就是:要具有良好的"敢于竞争、善于转化"的精神状态。

这也是大学校长治校应该具备的胆识与智慧!

这也就是成功大学校长的最重要之处!

◆ 二

在这样的时代背景下治校,要求大学校长必须善于在手脚被捆着的情况下游泳,善于从时代的缝隙中抓住发展自己的机会。这既是人认识并改造环境能动性的反映,也是一个成功的大学校长的基本品质和良好的精神状态。

---

① 访谈,朱九思。
② 校史编写组:《缩影:华中理工大学的四十年》,华中理工大学出版社,1993年,ii页。

我从1953年华中工学院①建校时担任副院长、党组书记(即实际的负责人,1960年兼任党委书记)到1984年底从院长兼党委书记的岗位上退下来,前后有整整30年的大学领导生涯。这么长时间领导一所大学,无论对于大学本身,还是对于大学校长个人来说,在新中国命运多舛的高等教育史上都前所未有。在这30年当中,我国社会的发展可谓是曲折艰难,大学校长治校所付出的艰辛可谓言语难详,值得我们今天去研读与回味。

数字往往显得过于枯燥,但却是说明问题的最直观的方式。

我们看看表1、表2中的数据,可对与新中国一起成长的华中工学院等相似学校发展情况获得最直接的了解。这些数据表明:在30年里,新中国建立起来的这些新学校,从相当薄弱的基础起步,可以说是奋发有为,华工与这些学校一起都获得了来之不易的可喜进步。

表1 华中工学院在1953年和1984年基本数据对照(一)

项目\时间	教师			在校学生数		专业		学系数/个	研究所(室)/个	博士点/个	硕士点/个
	教授/人	副教授/人	总数/人	总数/人	研究生/人	数量/个	结构				
1953年	46	25	314	2673	0	8	工科	4*	0	0	0
1984年	81	402	2401	11508	800	46	工理文管	18*	21*	13	37

项目\时间	研究成果/项	年度研究经费/万元	图书资料		实验设备总值/万元
			图书(外文)/万册	期刊(外文)/册	
1953年	0	0	5.6(0.6)	330(30)	73.52
1984年	86	1278	100(30)	6700(3200)	6606.80

---

① 华中工学院,本文以下简称"华工",于1952年筹建,1953年正式建设,1988年更名为华中理工大学,2000年华中理工大学与同济医科大学、武汉城市建设学院合并成立华中科技大学。

续表

项目 时间	研究生院	主办学术期刊/种	校舍面积/万平方米	校园	院校类别
1953年	无	0	4.5	一片农田	普通院校
1984年	有	11	42	绿树成荫	重点大学

注：①此表是根据《缩影：华中理工大学的四十年》和《华中工学院》(1984年，内部刊物)整理而成。

②1953年设置的4个系是：机械制造系、内燃机及汽车系、电力系、动力系。

③1984年设置的18个系是：数学系、物理系、化学系、力学系、生物工程系、外语系、新闻系、建筑学系、建筑结构工程系、光学系、机械一系、机械二系、动力工程系、电力工程系、无线电系、自动控制和计算机工程系、船舶和海洋工程系、经济管理工程系。

④1984年设立的21个研究所(室)是：建筑设计研究院、机械工程研究所、激光研究所、力学研究所、图像识别和人工智能研究所、材料科学研究所、自动化研究所、电工研究所、计算机科学和应用研究所、水电能源研究所、工程物理研究所、船舶和海洋工程研究所、生物工程研究所、中国语言研究所、哲学研究所、经济研究所、数量经济研究所、社会学研究所、高等教育研究室、模糊数学研究室、历史学研究室。

⑤20世纪60年代初，大肆反对"修正主义"，教师的职称也被错误地认为属于"修正主义"性质，被命令取消，所以在17年中冻结了大量讲师。直到1977年按照邓小平指示才得以恢复。经过几次评议，副教授和教授才增加较多。

表2 华中工学院与同时代建立的同类大学的主要数据对照(一)

时间	学校	教师/人			学生/人	
		总数	教授	副教授	总数	研究生
1953年	华中工学院	314	46	25	2673	0
	大连工学院	439	70[1]	382[2]	3133	102
	华南工学院	347	81	30	2696	0
1984年	华中工学院	2401	81	402	11508	800
	大连工学院	1380	N	N	6822	610
	华南工学院	2451	75	321	9755	437

续表

时间	学校	学科				科学研究	
		专业数/个	结构	博士点/个	硕士点/个	获奖数/项	经费/万元
1953年	华中工学院	8	工	0	0	0	0
	大连工学院	12	工	0	0	0	0
	华南工学院	8	工	0	0	0	0
1984年	华中工学院	46	工理文管	13	37	86	1278
	大连工学院	38[3]	工理管	10	27	24	1000[4]
	华南工学院	43[5]	工理管	7	28	31	N

注：①表中所列的三所学校都是新中国成立后在院系调整中几乎同时成立的。

②表中的所有数据皆取自三校主编并公开出版的校史。

③1和2皆为1955年数据（《大连理工大学校史》，391页）；3为1989年数据（《大连理工大学校史》，257页）；4为1985年数据（《大连理工大学校史》，286页）；5为1985年数据（《华南理工大学校史》，241页）；N表示数据暂缺。

资料来源：1. 校史编写组：《缩影：华中理工大学的四十年》，华中理工大学出版社，1993年。

2. 孙懋德：《大连理工大学校史》，大连理工大学出版社，1989年。

3. 刘战：《华南理工大学史》，华南理工大学出版社，1994年。

在学校获得很大发展的同时，还赢得了广泛的社会认可以及"利益相关者"很高的满意度。① 现在看来，我们当时的一些治校思想以

---

① 当我们有机会徜徉在如今华工森林式校园里的时候，当我们听到或长或幼的人们谈论华工的时候，当我们看到今天华工喜人发展的时候，当在不同场合提到华工的时候，总会首先想到朱九思。而且，至今很多华工的"利益相关者"还对朱九思时代的华工费许留恋，不少熟悉或者并不熟悉但经过流传变得熟悉的人，对朱九思本人的一些轶事常常是以一种自豪或者肯定的态度加以传诵，特别是当学校或者时局变得并不令他们满意甚至失望的时候，他们往往会提及当年朱九思在位时的风采。朱九思在他们心目中的地位依旧。所以，朱九思在很大程度上与华工"嵌"在了一起。一个人的名字与他所在的组织融为一体绝非一件任何人都能实现的容易之事。同时，从整理者对校内外的35位重要"知情人"进行的专门访谈调查、对一些学校内外的各层次人员进行的随机了解，以及查询华工档案馆所有有关朱九思担任学校领导期间所获得的一手研究资料来看，都证实了大家对朱九思治校所持态度的高度肯定。华工因此成为那个时代被纷纷效仿的改革样板。——整理者

及所采取的那些治校措施大体是对的,引起了社会的关注、同行的注意与借鉴。华工成为那个时代改革先锋的代表、高等教育发展的缩影。

任何人的成功总是天时、地利、人和三方面因素共同作用的结果。相对于其他新中国的大学校长而言,我的治校也有以下几个不一样的地方。

第一,意外的三十年大学领导任期。

从大学本身的组织特性来看,大学校长的任期是一个影响大学校长治校的重要因素。美国等西方高等教育强国的大学校长任期一般较长[①],而我国的大学校长任期一般较短,尤其是在政治运动风起云涌的年代,大学领导人不是被频繁地更换,便是被无端地批斗,何谈任期,更何谈治校。

在新中国这样的高等教育发展进程中,如果说有人连续担任一所大学的领导三十年,恐怕会令任何一位不知道我履历的人感到无限怀疑、诧异甚至惊愕。在新中国成立之后,集中精力于国家建设的时间只有八年左右的短暂时间,其后就开始了绵延不断的政治运动,一直到1978年十一届三中全会以后,才缓慢地重回正确航向。在这段扑朔迷离的时期,大学领导因为政治上的信任走上了大学的舞台,也因为在一次又一次的政治斗争中不被信任而被"运动"了下来,被审查、被打倒、被关押、被撤换。频繁地调动、更迭大学领导人并不是什么令人惊奇的事情。一些大学校长甚至经历了不堪回首的人生遭遇与政治迫害。

总体上,我还算非常幸运。虽然在"文革"中被打倒了近五年时间,把领导大学的权力交给了一群"革命小将""革命群众",但是经历了这个短暂"闲居"和思索以后,碰上了一位开明的响应毛泽东号召进驻学校的军宣队指挥长,于1970年首获"自由",又重回大学领导

---

① 20世纪以来大学校长平均任期:哈佛大学为22年,MIT为9.57年,加州大学伯克利分校为6.43年。引自:刘秀丽、张君辉《中外大学校长任期比较研究及其启示》,载《外国教育研究》,2007年12期,72页。

岗位，并开始施展多年积蓄的治校能量。一直到1984年从领导岗位上退下来，我一直位处大学领导岗位。彭德怀在1938年9月29日至11月6日中国共产党六届六中全会上说："领袖的培养，是在坚决斗争中锻炼出来的，是由正确的领导而取得的。领袖不能委任，领袖也不是抢来的，领袖是在长期斗争中产生的。刘少奇说：领袖不是自称的、委任的，而要拥护。要使委任的领袖而为真正群众所拥护的领袖。"① 正是因为有了长期实践的机会，正是有了长期实践的成果，才可能赢得拥戴，才可能有所成就。

正是获得了这意外的长达三十年的大学领导权，我才有可能作为一位革命干部在治校长期实践中逐步积累经验，思索探究新中国大学校长治校之道，才有可能把经验和思考成果付诸实践，上升为理论，转变为办学思想指导下的治校成果。同时，也因为久居同一所大学的领导岗位，才对学校历史进程、建设情况有清楚理解，并在学校不断进步中通过"斗争锻炼"，建立起自己的治校权威；并在学校长期发展过程中发现、培养、任用一批知己知彼的干部队伍，建立起一个政令畅通的行政系统，使得治校方略能够比较顺利地获得迅速贯彻并最终实现。这些都是一位大学校长难得的治校有利环境。我意外地获得，是我个人的幸运，也是学校和事业的幸运。

第二，兼任湖北省委宣传部、文教部副部长。

大学校长尤其是一些著名大学校长总是有某些正式的或社会的兼职，这既是对其治校成就的某种认可，也给他治校增添新的契机。如果善于利用这类难得的机遇，那么大学校长治校会因此而获得新的动力、发生新的变化。

在我履历中，曾兼任湖北省委宣传部以及后来成立的省文教部副部长职务。这一职务的职责恰恰就是分管全省高等教育工作。在中国这样一个政治社会化、中国共产党居于执政党地位的国度里，担任

---

① 高新民等：《延安整风实录》，浙江人民出版社，2000年，54页。

党的重要职务就意味着具备了相应的运用与调配资源的能力。对于那些正直、有着强烈事业心的党的好干部来说，这种权力就预示着把自己远大抱负与祖国命运、党的事业有机地结合在一起的大好机会。

◆ 三

从华工发展的轨迹看，虽然在1966年之前华工有所进步。但是，华工的真正发展得益于"文革"中后期直到1984年我卸任的大约十四年的时间。

在这十四年里，大学校长有治校的机遇吗？表面上看，在一切"以阶级斗争为纲"、政治挂帅的"文革"中后期，在粉碎"四人帮"之后的拨乱反正时期以及后来的改革开放初期，大学校长们施展治校才能的机会确实太少。但是，对于具有良好精神状态的、有准备的大学校长来说，也确实存在跨越的机遇。只要有，哪怕是一丁点也要抓住不放。这就是我治校之秘诀。所以，这样的时代背景又对我的治校提供了某些积极因素：一是意外的办学自主权，二是意外的拓展空间。

要说明的是，意外办学自主权并不是上级赐予或者制度赋予的，而是因为权力链条的松动带来的，在客观环境中存在并通过努力才抓住得到的。

"文革"期间，由于踢开党委闹革命，一切领导机关受到严重冲击，正常办公秩序被严重打乱，社会处于一种奇怪的有政府的无政府状态。教育界在进行"斗、批、改"时，高等教育事业的最高领导机构——教育部——被"斗、批、散"。1968年7月27日，中共中央、国务院、中央军委、中央文革发出通知：中央决定对教育部实行军事管制，成立军事管制小组。① 1969年10月，教育部及其所属事业单位全体干部、职工共1258人，在教育部军管小组和驻教育部工人宣传

---

① 郝维谦、龙正中：《高等教育史》，海南出版社，2000年，90页。

队的带领下,统统下放到安徽凤阳县教育部"五七"干校劳动锻炼。在京教育部里仅留三五名军管人员做留守工作。① 1970年7月,根据周恩来指示,成立国务院科教组,主管原教育部和国家科委的工作。1975年1月17日,四届人大一次会议通过,撤销国务院科教组,恢复教育部。② 担任部长时间不到一年的周荣鑫即被打倒,最后竟以身殉。

领导机构的撤销,对于统筹全国教育事业的发展自然是一个极大的损害,特别是对于我们这样一个中央高度集权的社会主义国家来说,突然失去"婆婆"所带来的损害就更加明显。国家没有了教育事业的领导力量,高等院校的领导权只有下放给地方。1969年10月26日,中共中央发出《关于高等院校下放问题的通知》。其中规定,教育部所属高等学校全部交由所在省、自治区、直辖市革委会领导。国务院各部门所属的高等学校,设在北京的仍由各部门领导,设在外地的院校可交由当地省、自治区、直辖市革委会领导,与厂矿结合办校的也可交由厂矿革委会领导。③ 然而,这时的地方政府也与中央政府一样,哪有精力和能力来领导突然下放的那么多高等学校呢?只好听之任之,自由发展吧。这当然对整个高等教育事业的发展是非常不利的。但是对于有准备的、有远见的大学校长来说,这不正是梦寐以求的"大学自治"吗?

可惜的是,这个时候,大部分大学校长被错误地打倒了,被剥夺了治校之权力,没有机会一展才华,一显身手。要不,今天我们在研究新中国高等教育的发展时,可以从新中国大学校长中选择更多成功的、杰出的大学校长来仔细研究;要不,今天的高等教育会更加繁荣。

同样遗憾的是,当时被解放出来的极少数大学校长们不得不接受

---

① 郝维谦、龙正中:《高等教育史》,海南出版社,2000年,280页。
② 郝维谦、龙正中:《高等教育史》,海南出版社,2000年,90页。
③ 郝维谦、龙正中:《高等教育史》,海南出版社,2000年,279页。

驻校工宣队及其指挥长们的领导。受制于他们，大学校长也许有想法却不可能有做法，或许想法就不可能允许有。加之，经过多年连续的政治运动之深度洗礼，大学已经很难再有自己的思想，大多数大学校长已经习惯于不再思想。所以，即使客观上有了"大学自治"的环境，也难得有我们多年期盼的"大学自治"所带来的治校行为和结果。

华工与其他大学一样，建立之后就经历了领导体制的变化。建立不久就直属中央，在第一次"教育革命"之时曾下放湖北省管理。60年代调整回归教育部以后，又在1970年从中央再次下放到地方。可是这次下放并不像上一次那样。我已经有近20年左右的治校实践，不但积累了丰富的治校经验，更重要的是，在意外的闲暇中进行了认真思索，对苏联模式和时局的发展逐渐有了自己的判断与预见。

机遇总是偏爱有准备的头脑。这句话不但对于科学领域适用，对于大学校长的治校同样适用。恰恰就在这个时候，我获得了机遇——幸运地获得了首批"解放"，并幸运地得到了当时工宣队领导人（刘崑山）的信任和支持。我说过："'文革'后期，由于有刘崑山同志的开明与支持，对我来说，获得了一定的办学自主权。"[①]同时，我也就幸运地把握住了新中国发展进程中"有政府的无政府状态"带来的意外办学自主权。这是"文革"期间的情况。

"文革"结束后还会有从天而降的馅饼吗？按理说，随着"四人帮"的倒台和"文革"的结束，国家应该猛然醒悟，迅速步入正轨。但是，否定"文革"的过程却相当曲折。我曾回忆说："……事有凑巧，当时又正处于国家教育部虽已通知收回对学校的领导权，但又尚未完全落实的过渡状态，并且这种'过渡'意外地持续达六年之久，于是我和我的同事们就利用这个难得的机遇，……"[②]

[①] 朱九思：《我曾体验到具有办学自主权的好处》，见《竞争与转化·卷首语》，华中科技大学出版社，2001年，ⅱ页。

[②] 朱九思：《我曾体验到具有办学自主权的好处》，见《竞争与转化·卷首语》，华中科技大学出版社，2001年，ⅱ页。

这种意外的"过渡"竟然持续六年长的时间！是什么原因？

先看一看对"文革"有相当深入研究的一位研究者怎么评述"文革"结束之后中国实际的局面。"从实际结束到公开宣布'文革'结束(1977年8月十一大),用了近一年的时间；而从肯定'文革'的'辉煌胜利'到对它的彻底否定(1981年6月十一届六中全会),则用了整整五年光阴。至于彻底肃清'文革'的余毒和影响则可能需要几倍于'文革'的时间。"①这一评述比较准确地描述了"文革"结束后拨乱反正的艰难历程。其时间加起来也差不多六年左右。

按照我的记忆,"当时中央教育部刚刚恢复,人员逐渐配备齐了之后,又忙于理顺多年没有办公的内部办公秩序；加之,教育战线在'文革'中受灾最为惨重,需要恢复的工作实在太多。忙于拨乱反正的工作,无暇顾及高等学校很多具体的领导。"②事实的确如此,高教工作的拨乱反正任务实在太繁重。教育部把很大精力花在了揭批"四人帮"在教育战线上的罪行,恢复高等学校统一招生考试制度,参与准备全国科学大会和召开全国教育工作会议,彻底否定"两个估计"③和冤假错案的平反,落实知识分子政策等重要工作上。加之,当时"文革"并没有被彻底否定,教育事业的走向并不确定、明朗。自然,教育主管部门对于高等学校到底怎么发展还考虑较少,各所高等学校发展在很大程度上依靠大学校长们的自觉与自醒,尤其是在一些具体的问题上,大学校长们具有较大办学自主权与领导权。到"文

---

① 席宣、金春明:《"文化大革命"简史》,中共党史出版社,1996年。转引自：周全华：《"文化大革命"中的"教育革命"》,广东教育出版社,1999年,322页。
② 访谈,朱九思。
③ 1971年4月15日至7月31日,全国教育工作会议在北京举行。在会议通过并经毛泽东同意的、"四人帮"修改定稿的《全国教育工作会议纪要》中,提出了所谓"两个估计",即：新中国成立后十七年"毛主席的无产阶级教育路线基本上没有得到贯彻执行,资产阶级专了无产阶级的政"；大多数教师和新中国成立后培养的大批学生的"世界观基本上是资产阶级的"。从这"两个估计"出发,会议确定和重申了一整套政策,包括"工宣队"长期领导学校；让大多数知识分子到工农兵中接受再教育；选拔工农兵上大学、管大学、改造大学；缩短大学学制,将多数高等院校交由地方领导,等等。"两个估计"成为压在科技、教育头上的两座大山,使广大知识分子长期受到严重压抑。

革"被彻底否定,国家实行改革开放政策,把工作重点转移到以经济建设为中心的正确的轨道上之后,国家的一切管理才开始走上现代化的轨道。

从当时的社会心理环境来看。一方面,人们的思想仍然受到长期"左"的思想统治所导致的思想禁锢,仍然固守"两个凡是"[①]和僵化的社会主义模式,给改革和改革家造成巨大的习惯性阻力。另一方面,封闭已久的国门突然打开,各种国外思潮蜂拥而至,思想异常活跃。加之,"文革"之后一些人对共产党的领导产生了怀疑,对只有社会主义才能够救中国产生了动摇。社会上存在较长时期的"自由主义",以至于出现"民主墙"、20世纪80年代中期的学潮和末期的政治风波。思想上的高度活跃在一定程度上有利于国家改革步伐的加快、开放速度的提升。与此同时,经历十年动乱之后的中国人,对照西方国家的发达程度之后,幡然醒悟,从心理上希望国家能够尽快加大改革的力度,加快发展的步伐。那种急切的心情是过去从来没有过的。呼唤改革、拥护改革、支持改革,成为一股强大的社会力量,牵动着古老的中华马车奋力前行。这又为改革和改革家创造出一种有利、有力的氛围。

但是,怎么改呢?我们没有现成模式,也没有现成理论,只有无尽的探索。于是,当时各种各样的改革实验、大胆的改革探索、积极的改革思潮,如雨后春笋般涌现,给各种敢于改革、敢于探索的弄潮儿提供了广阔的表演舞台,也因此一批批改革家显露头角,他们成为街头巷尾讨论、争论的风云人物。

刚刚从"两个凡是"禁锢和"两个估计"枷锁中走出来的高等教

---

① "两个凡是"源于1977年2月7日的两报一刊社论《学好文件抓住纲》:"凡是毛主席作出的决策,我们都必须拥护,凡是毛主席的指示,我们要始终不渝地遵循。""两个凡是"有特定的指向,目的是高举毛主席的旗帜。1976年10月26日,当时党的领导人华国锋在听了中宣部的汇报时说:要集中批"四人帮",连带"批邓";"四人帮"的路线是极右路线;凡是毛主席讲过的,点过头的,都不要批评;天安门事件(四五事件)要避开不说。实际上提出了"两个凡是"的思想。

育,正积极探寻今后改革与发展的方向。在这种背景下,即使高等学校自主权被进一步集中,这种集中也只能局限在常规性领导权之上,而对于那些探索性改革措施等非常规性权力,只有留给那些敢于吃螃蟹的大学校长们。恰逢此时,许多资深大学校长纷纷恢复工作,重新走上大学领导岗位。经过新中国成立后二十多年的风风雨雨,他们以一种时不待我、要把失去的时间夺回来的精神状态,投身于松绑以后的高等教育事业,使得高等教育的改革浪潮在1980年代前后此起彼伏,生机勃勃,出现了思改革、忙探索的难得局面。我在华工、邓旭初领导上海交通大学、匡亚明领导南京大学、屈伯川领导大连工学院,等等,都在此时的中国高等教育界掀起股股改革巨浪,起着高等教育改革排头兵的推动和示范作用,为新中国高等教育事业的改革与发展做出了历史性的贡献,也因此被认为是新中国的高等教育家。遗憾的是,对于我们这样一个泱泱大国来说,这样的排头兵实在太少。

但是,为什么华工能够抓住"文革"以后难得的办学自主权呢?除开同事们的远见卓识等主观因素之外,当然也与华工的客观情况有关。

在劫难的年代里,一大批高等学校被迫搬迁、合并、撤销、下放,师资流失、设备失散、图书散落、校舍被占,哪里有建设的可能呢?这些学校重新组建时,又忙于恢复和清理"文革"的流毒,忙于推进正常的教学工作,很难有精力来考虑学校的改革和发展问题。但是,华工与其他一些幸运的大学一样,也许在"大学还是要办的,我这里主要说的是理工科大学还要办……"这一最高指示的"保护"下生存了下来,更幸运的是,它在这种混乱的状态中还获得扩张,武汉机械学院被并入,武汉测绘学院撤销时的部分师资被分配来此短暂工作。所以,曾经担任华工教务处副处长、研究生院常务副院长、华中理工大学的一位副书记这样说过:

"文革"对学校是一场劫难。1968—1970年全校到咸宁劳动。但在"文革",华工幸运的有三个方面。

1. 领导班子基本没变,仍然是朱九思、熊小村、邱静山等。

2. 教师队伍基本没有散。华工的"牛鬼蛇神"也集中在东北角的牛棚,但华工的教师受到的影响小得多。真是不幸中的万幸。

3. 实验设备没有烂。很多学校的实验设备被搬到工厂去了,学校没有设备怎么行呢?尤其是理工大学。①

确实,这三大幸事是难得的②,真是天佑华工啊!这成为后来很多大学谈及此事时非常羡慕的事。

当时,有不少大学的领导被打倒,受迫害。被迫害致死的高等学校主要领导干部就有:兰州大学校长江隆基、武汉大学校长李达、西安交通大学校长彭康、北京钢铁学院院长高芸生、北京工业学院党委书记兼院长魏思文、北京师范大学党委书记程今吾、重庆大学校长郑思群、南开大学党委书记高仰云、辽宁大学党委书记邵凯等一批经过多年锻炼,政治上比较成熟,思想理论水平比较高,办学经验丰富的领导干部,造成无法弥补的损失。③ 所以,许多大学的校长在新中国成立以后更迭频繁,缺乏举办大学所需的比较稳定的领导团队及一以贯之的治校思路。

一些学校的运气不佳,多次遭受撤并的厄运,损失巨大。1965年,全国的普通高等学校有434所。"文革"开始后不久,就有一些高等院校被撤并,到1971年全国教育工作会议召开前,全国有普通高

---

① 访谈,04(访谈时间、地点及关于访谈对象当时的情况简介见附录,以下同)。
② 1978年8月5日,从教育部统计的数据看,当时有这样的记录:"从设备基础较好的清华、北大看,这两所学校的设备、仪器只相当于世界50年代的水平。北大的设备,'文化大革命'前的固定资产3000万元,现在降为2600万元。清华竟从5000万元降为3400万元。"教育部:《高等教育事业要有一个大发展,大提高(未定稿)》,1978年8月5日。华工档案号:[78Ⅱ行综1-2,A3],9-10页。
③ 郝维谦、龙正中:《高等教育史》,海南出版社,2000年,325页。

等学校 417 所,减少 17 所。但是,会议决定调整高等学校之后,全国的普通高等学校减少到 328 所,比"文化大革命"前的 1965 年共减少了 106 所。① 虽然后来有所增加,但是,直到 1976 年"文革"结束,全国普通高等学校总数仍然只有 392 所,比 1965 年减少 42 所。有的稍微幸运一点的学校,虽然没有被撤并,但是在武斗中,人员和设施等同样受到损害。当时驻天津大学的工人、解放军宣传队公然提出要实验室"开仓济贫",把不少的实验室设备分光。当时全校有 49 个实验室,被砸烂的有 29 个,其中有 20 个实验室的仪器荡然无存。②

据统计,"文化大革命"期间,北京的 18 所高等学校被其他单位占用的校舍近 70 万平方米,占这些学校原有建筑面积的一半以上。江西省各高等学校被占用的校舍面积达 42.1 万平方米,占全省高校校舍面积的 83%。安徽省 11 所高等学校被占用的校舍面积达 21 万平方米。1972 年以后,按照中共中央、国务院的要求,一些单位陆续退还占用的高等学校的校舍,但直到 1978 年 5 月,全国被占用的高等学校校舍总面积仍达到 462 万平方米。③

教师的损失也是令人心痛的。据江西省的统计,在"文化大革命"期间,高等学校干部、教师被下放到农村落户的有 2 586 人,占全省高校干部、教师总数的 64.4%。其中,下放教师 1 350 人,占教师总数的 62.01%。④

这些数据可以反映当时高等教育受到极大损害的基本状况。在那样的环境下,华工也受到极大损害,比如学校的一栋大楼,一栋宿

---

① 中国教育年鉴编辑部:《中国教育年鉴(1949—1981)》,中国大百科全书出版社,1984 年,235 页;刘光主编:《新中国高等教育大事记(1949—1987)》,东北师范大学出版社,1990 年,277 页。
② 郝维谦、龙正中:《高等教育史》,海南出版社,2000 年,322 页。
③ 中国教育年鉴编辑部:《中国教育年鉴(1949—1981)》,中国大百科全书出版社,1984 年,883 页;教育部:《高等教育事业要有一个大发展,大提高(未定稿)》,1978 年 8 月 5 日。华工档案号:[78Ⅱ行综 1-2,A3],14 页。
④ 中国教育年鉴编辑部:《中国教育年鉴(地方教育,1949—1984)》,湖南教育出版社,1986 年,669 页。

舍,还有食堂,被武汉半导体厂占用,直到1980年代初期才最后归还。但是由于工宣队领导者比较开明,与其他学校相比,受到损害的程度要轻很多。

我被"解放"出来以后一直致力于学校的建设和发展。在那个疯狂的年代,当别人还未被"解放"或还处于观望的时候,华工已经有了别人没有的进步;同时,我对于华工今后的发展考虑很多,对于时局的未来发展满怀信心,我始终相信毛主席的那句话:"大学还是要办的,我这里主要说的是理工科大学还要办……"当"四人帮"刚刚被打倒,国人还在医治创伤的时候,还在忙于恢复的时候,我们已经率先开始了卓绝的建设,紧紧抓住"文革"以后宝贵的办学自主权,着手学校的更大发展。

抓住了意外治校自主权,有可以施展治校才华的空间吗?我常说:"我过去做的那一些事情别人都是可以做到的,没有什么奥妙,关键是你看到没有,敢不敢去做,就这么简单。"

要说有奥妙的话,最重要就是两个字:一是谋,二是敢。也就是胆识与智慧。谋,就是善于谋划,具有预谋的能力,也就是远见。敢,就是敢于行动的这种精神状态。有了谋,还要敢于断,二者结合起来就会无往不胜。

胆识,也就是在"识"的基础上要有胆量,有识也就是有认识、知识、见识,这主要来自不断地总结与反思、借鉴与自省、学习与前瞻,有了识才不会把"敢"字演变成"蛮"和"乱"字,成为胆大妄为的代名词,才会保证方向的正确。

如何干?采取什么样的方略与措施?仅仅有"识"和有"胆"还不够,还需要"智慧"把"识"化为"实",把"胆"化为"智",落实到办学治校的方方面面,成为实实在在的实践成果。而"智慧"主要基于实践、问题导向中日积月累的冷静思索、对事业崇高追求的无限热爱、异曲同工的综合判断,以及把握未来大势的相机谋划,是一个人用心、用智、用情总体状况的集中反映。

在我们那个时代，对于大学校长来说，有了办学自主权，其实发展的空间就有啦，关键是"敢不敢去做"而已。

"文革"时期，到处知识分子都被排到"臭老九"的位置，他们在各个单位的处境就可想而知，成为历次政治运动所"关心"与"牵挂"的主要对象，所在单位对如何发挥他们的作用怎么会放在心上呢？！如果此时有人想到他们还有用的话，还敢收罗他们的话，不但他们巴不得：一来可以躲避政治运动的折腾，二来还可以做一点自己擅长的事情，怎能不感恩戴德呀！而且，所在单位还会如释重负，不为牛鬼蛇神所累，何乐而不为呢？从这个意义上来说，在那个知识分子一钱不值甚至是累赘的时代，大学校长如果敢于突破政治的标准，去收罗或收留（也就是今天所说的"引进"）他们（也就是今天所说的"人才"），扩大教师队伍就是一件相对"容易"的事情，而并非如今那样为了建设学科，学校要以不择手段的方式去"抢"，以重金去吸去引。

我就是利用了意外的自主权，在这种情况下，大胆地引进了一批教师。后来，当大家都意识到教师对于大学发展之重要性的时候，1983年以后想引进的人才也很难引来了。后来，我仍为文科引进的拔尖人才不多而深感遗憾。真是机不可失，时不再来呀！

同样，在"文革"期间，许多大学被撤并，研究机构下马，知识分子纷纷被下放，可是许多工厂还是要生产的嘛，国防性科研任务还必须上，要完成这样的任务还必须有人来干。所以，真想去要项目、办专业都不像现在这样困难。从表3的数据看，当时华工科研经费的构成很大比例来自非教育正常拨款渠道，从中央部委和工矿企业获得经费的比例竟高达80.6%，这充分说明当时的社会仍然具有这方面的需求，关键是看是否有发现的眼睛。

表3　1972—1976年华工科研经费构成情况　　　单位：万元

年份	金　额	教育经费	中央部委经费	省直局委经费	厂矿企业经费
1972	161.81	10.0	94.6	13.0	44.21
1973	141.20	11.2	47.3	30.1	52.60

续表

年份	金 额	教育经费	中央部委经费	省直局委经费	厂矿企业经费
1974	294.07	30.0	133.5	22.6	107.97
1975	297.34	30.0	85.3	26.5	155.54
1976	205.94	25.0	64.3	16.4	100.24
总计	1100.36	106.2	425.0	108.6	460.56
比例	100.0	9.7	38.7	9.7	41.90

数据来源：根据《华中工学院科研工作基本情况汇报》(1977年6月20日)和华工档案号[77Ⅱ科5-4,B26]文献的数据整理。

所以，我在参加1971年全国教育工作会议时，不但一下子就从国家有关的部委大胆地接受了包括计算机、激光、通信在内的9个高新技术专业的办学任务；不久，又从相关国家部委、工厂争取到了一批批相应的科技攻关、生产改造项目。在人家热火朝天大搞阶级斗争的时候，我们却大胆地在校内轰轰烈烈组织大搞科学研究，推动举办新的专业。有了教师这个人才基础和陆续积蓄的研究成果，"文革"结束之后就有了大力发展的条件、说硬话的本钱。我们才能进一步利用并抓住意外的办学自主权，继续大抓教师队伍建设、狠抓科学研究，说服上级部门让我们去创办理科和文科，使华工获得领先一步的发展。

接着，我们便通过广泛发动全校教职工收集资料信息，调研科技动态和世界先进办学理念与举措，瞄准世界一流大学，以敢于竞争、善于转化的良好精神状态，迅速摆脱"左"的影响，走出"文革"阴影，按照现代大学的基本发展规律，率先突破苏联模式，开始了追赶世界著名大学、举办现代大学的新征程。

第一章

笃定华工

教育奠基

我原名朱康祝。1916年阴历一月十八日出生在江苏扬州。我的家庭是一个经营布店的小商人家庭。祖辈从江西婺源迁移过来,家业相继,代代相传。新中国成立后,政府给我的家庭出身评定为"资产阶级"成分①。

由于家父的苦心经营,家庭经济状况还算好,有三个哥哥和一个姐姐的我从小就接受了良好的教育。5岁至12岁,在家乡读完了私塾和小学。从《三字经》《百家姓》《千字文》读起,接着读《四书》,从《大学》《中庸》读起,又学了初小的算术,还学了一点英文。练就的国学童子功在我的一生中留下了最深的记忆,启蒙了一生的人文情怀,"教会了我怎样做人"②。

父亲总是期望自己的儿子将来顺利成长,而名字就是寄托这种期望的最好形式。科举废,学堂兴。为了送孩子上洋学堂,父亲把朱康

---

① 《华中工学院教职员工名册》(1977年12月)。华工档案号:[77Ⅱ人 3-10,A12]。
② 许美德著,沈红、魏黎译:《朱九思——有远见的大学校长》,见朱九思:《开拓与改革·代序一》,华中科技大学出版社,2008年。

祝这个名字改成了现在大家熟知的朱九思。"九思"这两个字出自孔子《论语》中的两句话："孔子曰：君子有九思，视思明，听思聪，色思温，貌思恭，言思忠，事思敬，疑思问，忿思难，见得思义。"看来，父亲期待着儿子今后一生能够事事皆思，有所主见，而非人云亦云。我为此也终身践悟。

扬州自古经济发达，人文兴盛，风景宜人。这里历来有良好的教育氛围与传统。由于小时候家庭对我教育的重视，1929 年我 13 岁，考入当时全国闻名的江苏省扬州中学，在这里度过了初中和高中六年的时间。

扬州中学①作为一所办学声誉卓著的省立中学，有很好的师资和教学设备。课程设置上文理并重，对语文、英语、中外历史和中外地理都很重视；除开设基本课程外，还有选修科目，这在一般中学并不多见。这所中学相当重视实验室和图书馆建设，在 20 世纪 30 年代初，就修建了相当气派的钢筋混凝土结构被称为"树人堂"②的大楼。

---

① 江苏省扬州中学肇始于 1902 年创立的仪董学堂、1908 年设立的扬州府中学堂，以及光绪年间的尊古学堂；后历经两淮中学堂、两淮师范学堂、淮扬合一中学校、江苏省立第五师范学校、江苏省立第八中学校等时期；1927 年，成立江苏省立扬州中学，同年改名为第四中山大学区立扬州中学；1928 年，改名为江苏大学区立扬州中学；1928 年，学校改称中央大学区立扬州中学；1929 年，学校复名江苏省立扬州中学；1953 年 9 月，更名为江苏省扬州中学。见：http://baike.so.com/doc/6937230-7159586.html。

② 扬州中学树人堂为当年师生所捐建，1932 年 10 月落成，一共 5 层，当时号称"苏北第一高楼"，成为该校的标志性建筑。包括三个部分：大礼堂、科学馆和标准高度台。大礼堂前科学馆，理化生等实验室均设在五层楼里，实验设备齐全及先进性在当时少有，1937 年共有声、光、电、力、磁、热学等方面的物理仪器 1180 件、化学仪器 4736 件，其中一些仪器订购于美国中央科学公司；生物实验室除有植物腊叶、动植物标本、种子标本、人体及动植物模型切片等近 2000 种外，还有切片机、解剖器、显微镜等仪器设备。据扬中校史专家张铨老师介绍，当年树人堂内实验室里很多实验用的仪器都是从国外进口的。那时候上生物课，一个班的学生几乎每人都有一台显微镜。见：http://www.yznews.com.cn/yzwzt/2012-10/15/content_4098280.htm。海拔标准高度台，是工科师生经过实地大地测量而建立的。标准高度台不放在树人堂左侧的工程馆前，而立在树人堂前，文化意义显而易见，暗示教育评价的标准和方法：客观、全面、准确。树人堂既是大礼堂，又是科学馆。树人堂里，既有给文科生准备的图书馆和阅览室，又有给理科生准备的各种实验器材。它代表了在那个时代教育的高水平。现在，该楼内部设有校史陈列馆，收藏了内容丰富的珍贵文物和校史资料，是江苏省级爱国主义教育基地，是江苏省省级文物保护单位。见：http://roll.sohu.com/20120111/n331865182.shtml。

这些，不但使得我获得了厚实而宽泛的中学教育，而且学校的办学风格给我留下了极为深刻的印象，特别是当时学校校长周厚枢[①]尊重教师、礼贤下士、广延人才的办学思想对我产生了非常积极的影响。扬州中学成为我之后治理华中工学院的第一个榜样。

1931年"九一八"事变爆发，我就在民族危急的氛围之中度过了青少年时期。当时，我很喜欢文学，通过阅读许多现代文学作品，尤其是从一些进步的文学作品中，渐渐地接受了进步的革命思想。我也喜欢外语，小学就学习过英文，基础比较好。上高中后又曾学习日文和世界语。

从小接受了儒家传统教育，后来在新式学堂中完成了小学和中学教育，在扬州中学度过的六年，奠定了终身的教育基础，成为对我一生都有影响，对我"文革"结束前后办大学影响更大[②]的因素。后来，我在回顾自己的治校历程时说过："可以说，长期潜伏在我思想深处的扬州中学是我的第一个榜样。"[③]

为什么？

扬州中学办学声誉主要得益于所拥有的良好师资。当时学校周厚枢校长大力从各地延揽教师来校任教，可谓求贤若渴，礼贤下士。他的风格对我在治校过程中一贯重视教师队伍建设、正确贯彻党的知识分子政策产生影响。所以，我与同事们敢于在"文革"后期国家仍处于混乱之际和"文革"结束之后人们普遍处于害怕和观望等待的

[①] 周厚枢，字星北。扬州人。毕业于江苏省立第八中学。1920年国立南京高等师范数理化科毕业后，先后在美国路易斯安那州立大学、美国麻省理工学院学习，获化工硕士学位。曾任国立广东大学、河南中州大学、国立东南大学教授。1927年6月，江苏省立第八中学与江苏省立第五师范学校合并，定名为江苏省立扬州中学，出任校长，时年28岁。担任校长10年。他深知青年是国家之命脉、教育为国家之根茎的道理，置"树人"于首位，以此为培养目标，注重学生的全面发展。加之采取多种措施，如求贤若渴广揽人才，优化教师队伍；大胆开拓创新，进行教育教学改革；组织学生开展丰富多彩的课外活动；健全组织，建章立制，实行科学管理；重视基础设施建设，改善办学条件等，终于使扬州中学成为远近闻名的学府。见：http://baike.so.com/doc/8905227-9231447.html。

[②] 朱九思：《竞争与转化》，华中科技大学出版社，2001年，11页。

[③] 朱九思：《竞争与转化》，华中科技大学出版社，2001年，14页。

时候，从全国各地收罗"臭老九"充实教师队伍，大抓教师队伍的建设。同时，扬州中学在课程设置上文理并重，对语文、英语、中外历史和中外地理都很重视，除了开设基本课程以外，还设有选修科目，这在当时并不多见。这样的科目设置不但拓宽了我的知识面，打下良好文理基础；更重要的是，这种文理并重的发展模式给我留下了"好学校就是应该学科覆盖面宽"的印象。这对于我较早地认识到学科单一的发展模式所产生的局限产生了影响。

扬州中学还非常重视外语教学。初中三年级就开始用英文教材，高中时所有的数理化课程全部使用英文教材，还能够随时阅读到当时上海出版的英文报刊——《大陆报》。中学重视外语教学，不但培养了我对于外语的兴趣和能力，对我治理华工也产生了影响。即使是在政治气氛非常浓厚的 20 世纪 60 年代，我同样大力提倡教师要学习外文。"文革"刚刚结束，我们力排众议，率先大抓教师外语水平的提高，推动学生使用外语原版教材；从有限经费中挤出资金，为英语教师订阅《China Daily》等英文刊物，大量订购专业外文期刊。

令我难忘的还有扬州中学较丰富的藏书，图书馆和树人堂实验室也给我留下了深刻印象。丰富的藏书不但让我有可能阅读大量文学方面的课外书籍，培养了我对文学方面的兴趣，也对后来治校过程中一直重视图书馆和实验室建设产生了重要影响。因此，即使在实行严格计划经济的年代，我们也尽可能克服一切困难与阻力从极其有限的经费中抽出高比例的经费来订购图书和修建实验室，增添实验设备，改善条件。

1935 年 5 月，临近高中毕业时，我因参加了苏州世界语协会的一次联欢活动，而被国民党县党部拘留，罪名是这个协会与共产党有联系，实际上我当时并未参加共产党活动。虽然三天后被释放，但这次拘留给年轻的心灵以极大的刺激，进一步造成我对国民党的反感。这无疑对一年以后我参加革命组织产生了影响。

在国难当头、内忧外患的时代，民族的悲剧往往会导致家庭和个人命运的变迁。1935年,我高中毕业准备报考大学之时,家庭经济状况转差,靠父亲小布店的经营已经难以维持一家人生活,没有能力支撑我继续大学学业。19岁的我也理解父亲的苦楚,偷偷地哭了一场之后,决定放弃求学。后来,通过一位在浙江大学化学系任系主任的亲戚的介绍和帮助,在浙江大学物理系附属仪器厂找到一份小职员的差事,有了每月20元的收入,可以自己养活自己啦。更重要的是,就是在这里打工这一年,我第一次感性地认识了大学,开始接触到大学这种教育形式。

浙江大学的前身是创立于1897年的求是书院。当时,浙江大学设有文理学院、工学院和农学院①,是一所学科综合性强的现代大学。这样的学科结构,在我脑海里留下了大学应该是什么样的第一印象。我在这里不但耳濡目染感性地认识了大学及其学科架构,并从大学生在抗战中所表现出的爱国热情受到教育与启迪。

因为大哥接手父亲的布店,后来经营状况有所好转。因此,1936年,也就是打工一年之后,在哥哥的资助和帮助下,我毅然辞去工作,参加了武汉大学的入学考试,并顺利考取该校文学院哲学教育系。第二年又转入外语系学习。

武汉大学溯源于1893年清末湖广总督张之洞奏请清政府创办的自强学堂,是近代中国第一批国立大学。这时的武汉大学也是一所国内知名大学,设立包括文法理工农医等学科,综合性非常强。当时,担任武汉大学校长的王星拱曾是北大教授,受蔡元培教育思想影响,也比较开明。他说:"我这个高等学府,你国民党来搞政治活动,进行干扰,给我脸上抹黑,那不行!高等学府是搞学术的。"②他从蔡元培那里沿袭下来的思想,在客观上保护了武大学生的进步运动。

通过在武汉大学接受大学教育,使我对大学最核心的基础是学术

---

① 浙江大学校史编写组:《浙江大学简史(第一、二卷)》,浙江大学出版社,1996年,25-28页。

② 朱九思谈生平,内部资料。

有了基本认识。在大学学习期间,我学习了哲学、道德学、心理学、教育学、英语等课程,尤其是哲学与英语给我留下了深刻的印象。虽然在武汉大学学习的时间总共加起来也只有一年半左右,但却是我人生转折的关键时期。通过课程的学习,比较深入地认识了大学,切身体验了大学生的生活。再加上在浙江大学的一年时间,在大学里学习与生活的时间总共也只有两年半,但是,我所在的这两所大学综合性都非常强,办学水平也比较高,对我的人生视野与成长都有很好的作用。而且,这两年半时间的经历,使我对大学的基本特征有了了解,对于后来的治校实践产生了重要影响,是治理华工的重要认知基础。

革命生涯

我革命的思想萌芽较早。上高中时,因为喜爱上了世界语而被国民党县党部抓去关了三天,据说原因是世界语协会与共产党有关。后来我回忆说:"这三天对自己在思想上是有刺激的,有影响的。所以我母校扬州中学 90 周年出纪念册,要我写回忆文章的时候,我写了一篇短文,最后一段我谈到这件事情。是这样写的:'国民党县党部将我和另外两名同班同学抓去,说我们是"共党分子",关了三天,受了一次特别的"教育",却促使我走向革命。这恐怕是他们始料所不及的。'时间不长,只有三天,但对我却起了一个走向革命的促进作用。本来对国民党就不满意,这样一来就更不满意,这是很自然的事情。"①

1935 年"一二·九"学生运动,我对当时浙大热烈的学生运动从情感上非常支持,反对校长郭任远联合当地军警包围学校,阻止学生

---

① 朱九思谈生平,内部资料。

出去游行。当时,我是一个小办事员,没有办法参加当时那样的学生运动,在情感上是很难过的。我曾经试图同浙大的进步学生联系,但是没有渠道。① 产生这样的想法是基于一种自我的直接感受。当时有这样一种认识:国民党不抗日,"九·一八"事变后不抵抗,整个国家的经济也不怎么样,反映在自己家庭也是经济水平不停地下降,因此,1935年我高中毕业后不能升学。家庭经济状况的恶化直接影响了我的学业,在年轻的思想上自然就对国民党的领导产生了抵触情绪。

同时,在抗战的国难时期,全中国人民特别是大学生抗日爱国热情高涨,都在思索民族出路,推动救亡图存。作为一名热血青年,我在课余时间广泛阅读了《新生》《大众哲学》等不少进步书刊,很快与进步的学生一起,一边读书,一边参加抗日救亡运动。

这年暑假,我参加完军训之后,为了省钱,没有回家。期间,日本人得寸进尺,策划了臭名昭著的"七七卢沟桥事变"。我因此投入学生的救亡活动。

进入大学后,在轰轰烈烈的学生运动以及身边同学的影响下,加之自己既有思想的进步,于1936年10月就被吸收加入并积极参加"武大青年救国团""武大学生救国会"的一系列进步活动。1936年11—12月,我被选为"武大学生救国会"理事,正式步入革命的征途。在此期间,与李锐、刘西尧等一起组织革命活动并结下深厚友谊。1937年10月,就在我转入外语系读大二时,经由中共湖北省工委宣传部部长、武汉各界救国联合会主要负责人何伟介绍,在武汉大学加入了中国共产党。

入党后,在抗日救国的热浪袭来之际,我从大哥的来信得知家乡即将沦陷、乡亲四处逃亡的消息,已无心学业。我正式向党组织提出前往延安。在主动要求和再三争取之下,党组织批准我奔赴一心向

---

① 朱九思谈生平,内部资料。

往的革命圣地延安,这成为我人生路上一个重要的转折点,从此步入革命的抗战生涯。

1937年12月12日,在组织完成武汉"一二·九"两周年纪念活动之后,怀揣哥哥寄来的、希望我好好完成学业的70元生活费以及董必武同志的介绍信,与另外两位同学一起,于傍晚悄悄离开学校。历经8天才辗转到达我们日夜向往的目的地延安,开启了新的革命征程。这时我才21岁。如果在国泰民安的时代,这是该继续完成学业的重要阶段。

1937年12月20日到达延安后,经组织批准,我进入延安抗日军政大学(简称"抗大")第三期三大队学习。抗大前两期的学员以部队干部为主,从第三期开始才招收来自全国各地奔赴延安的像我一样的知识青年。学习期限4~8个月。第三期三大队专门培养政工干部,设置"统一战线""民众运动""游击战争""军队政治工作"等四门课程。

短短几个月的抗大学习,不但学习了中国共产党领导革命的基本思想和方法,还让我体验到另外一种模式的教育形式——针对实际需要,注重思想教育,注重教育的实用性。这种模式成为新中国成立后中国共产党举办教育的重要经验与借鉴。

1938年6月,因为奔赴延安来的知识青年越来越多,抗大的规模快速扩张,急需人手。尚未毕业,我就被抽调出来担任政治教育干事、学员队辅导员,开启了在部队开展思想政治工作的征程。

1938年12月至1942年5月,作为抗大第二分校成员,到敌后晋察冀边区,先后担任过政治教育干事、指导员、政治教员和大队的政治主任教员。在这四年多的时间里,我读了不少马列主义原著,对革命式大学的办学风格和特点有了更深刻的认识与理解,尤其是对中国共产党的政治工作原则和方法有了把握,抗大的"团结、紧张、严肃、活泼"的校训,也给了我深刻的影响。

1942年5月,我调离抗大第二分校,担任晋察冀军区第三军分区政治部宣传科长。此时,适逢党中央发动的著名的以延安为中心的"整风运动"。这次整风运动以反对主观主义、宗派主义和教条主义为目的,重点学习毛泽东的《改造我们的学习》《整顿党的作风》《反对党八股》,整顿思想、整顿党风、整顿文风,建立起中国共产党的思想体系与工作方法。

我作为宣传科长,亲自组织并参与了三分区的整风运动。1945年8月,日本投降以后,我调任晋察冀军区四分区政治部宣传科长。1945年12月,又调任冀晋纵队政治部民运部副部长,负责完成了在古北口修建烈士纪念碑。

一般认为,中国现代史上有三次重要大规模的思想解放运动:一是"五四"新文化运动,力主冲破封建文化传统的束缚,高举民主和科学大旗;二是中共中央领导下的整风运动,把中国共产党从教条主义和对共产国际的迷信状态中解放出来,在全党形成正确的学风、党风和文风;三是1978年关于真理标准问题的大讨论,使中国人民从长期"左"的错误所造成的迷信与盲从中解放出来,摆脱了"两个凡是"的禁锢。因此,在思想方法上,除了多年党的教育和个人的不断努力学习之外,其中最重要的、对我影响最大的是1942年党的整风运动。

1942年延安整风运动恰好是抗日处于最艰难的时刻、中国共产党急需有正确的思想路线来解决中国实际问题的时期。为了系统总结过去二十年所走过的艰难历程,彻底清算"左"倾错误路线给党和中国革命带来的错误影响,一场声势浩大的整风运动在全党开展。这次整风运动的主要任务,可以用毛泽东1942年2月1日在中共中央党校开学典礼上作的《整顿学风党风文风》[①]报告中的一段文字来说明:"反对主观主义以整顿学风,反对宗派主义以整顿党风,反对党八股以整顿文风,这就是我们的任务。"整风的主要内容,以整顿思想

---

① 该文收入《毛泽东选集》时候更名为《整顿党的作风》。

方法和作风为主①，所要解决的主要问题，从根本上说就是要学会把马克思主义的普遍真理与中国实际相结合。

在此之前，虽然我没有关于"左"倾错误路线的切身体验，但是亲身经历这样一场革命性思想大解放运动，对于一个年轻知识分子和党的干部来说，所受到的震动是巨大的，影响也是深远的。在谈到整风运动的影响时，我曾说：

> 我当宣传科长这一段经历对我是非常非常宝贵的。原来自己是一个地地道道的青年学生、知识分子。在思想走向进步之后，看了不少书，到延安之后，那更是饥不择食地看原著。……真是饥不择食，看列宁选集，还有马克思、恩格斯著作的单行本，斯大林著作的单行本。自己担任指导员、政治理论课教员、主任教员，等等，因此书看得不少，学了马列主义的一些基本内容，终身受益。但在学习方法上，在思想方法上，也产生教条主义的现象，非常看重原著的字句，跟学生讲课也不时引经据典。
>
> 到1942年整风，来了一个大的冲击，也是很大的教育，就是说必须理论联系实际，必须从实际出发，不能从定义出发。这一点对我影响很大，一直到现在。我在退下来以前一些讲话，写的一些文章，你如果从教育理论的角度来说，觉得没有多少理论。自己也承认上升到理论还不够。但是我觉得有一点把握住了，就是从实际出发，不要讲空话，不要讲空道理。这是1942年整风给我最大的教育。整风，全称是整顿三风：反对主观主义，反对宗派主义，反对党八股。当时，毛泽东有一篇讲话《反对党八股》（《毛泽东选集》第三卷），列举了党八股的八大罪状，其核心是"空话连篇，言之无物"。这也是思想贫乏的一种反映。现在不管是报纸、刊物也好，

---

① 高新民、张树军：《延安整风实录》，浙江人民出版社，2000年，159页。

以及我们高教方面的文章也好,我有一个看法,看有没有联系实际,有没有从实际出发。如果不是从实际出发,尽讲空道理,那并不好。当然我不能全部否定它,如果道理讲得好,当然也很好。如果道理讲的是空的,你讲得再多,也不解决实际问题。如果既不提出问题,也不解决问题,请问你的文章有什么价值?!

毛主席当年就讲过,你在延安学了一肚子经济学,到西安后解释不了边币是什么性质,法币是什么性质,那就并没有真正学好。边币就是陕甘宁边区自己发的票子,国民党地区的票子叫作法币。边币、法币到底是什么性质,说不清楚,这就说明你学的经济学有问题。从1942年5月把我调到三分区政治部当宣传科长,一直到日本投降,由于宣传科长要抓理论教育,对我的教育非常非常之大。①

通过系列的学习以及五年左右的实际学习与革命实践,借此整风的契机,反思并提升了我思想作风和工作作风,学习方法和思想方法都发生了根本性的改变,为我一生的工作方法打下基础,那就是:普遍真理与具体实践相结合、理论联系实际的工作方法,而不是教条主义、从本本出发。

这种实事求是的思想路线和理论联系实际的学风,对我后来多年治校实践帮助很大,体现也非常明显,避免了唯书、唯上的教条主义和不切实际的本本主义。这就是为什么后来在治理华工期间,我始终高举实事求是大旗,即使受到批判、遇到反对,仍然坚持从实际出发,理论与实践相结合。总是力求一切从办学实际出发,结合具体工作实际创造性地运用理论和贯彻上级的决定,这是我能够取得一点成绩的一个重要思想方法,也是新中国大学校长治校所取得的最具代表性的重要经验。所以,我们能够在大家都一窝蜂地要背诵"毛

---

① 访谈,朱九思。

选"、张贴"毛像"的时候,敢于公开要求要学习毛泽东思想的精神实质,而不是搞形式主义。所以,我们敢于在"四人帮"疯狂批评"文化至上""智育第一""知识私有"的时候,强调加强工农兵学员的文化基础,积极支持进行学员选拔中的文化考试。所以,我们敢于在思想仍然僵化于苏联模式的情况下,积极推进办现代综合大学的进程。所以,即使在一片议论声中,我们也敢于实事求是地提升教师职称……

在20世纪60年代,有一件事可以看到我们对待上级指示的实事求是的态度。

当时,因为华工地处城市郊区,校园面积很大,空地很多。但是国家处于非常困难的时期,学校教职员工的生活比较困难,不少人就利用周围的空地种上了各种蔬菜和作物,希望能够对正常供应不足有所缓解;而且省委也发文予以提倡,就是省委机关大院周围也有类似的自给自足的活动。但是,我认为,这样不但对正常工作产生不利影响,而且非常不符合校园本来的文化气氛,破坏了校园的绿化。所以,我们坚决反对这种做法,对省委的文件不予执行。于是群众就有以下的"控诉"。

> 有的说:"肚子吃不饱也要栽花。"群众反感很大。就是去割的人也不满意,说:"割青苗,我们在那里割,群众在那里哭。朱院长吃得饱,饱汉不知饿汉饥。"这是没有劳动观念、群众观点,不关心群众痛痒的表现。割青苗组织了专门队伍,专割青苗。许多长得很好的青苗被割掉,有的家属哭,想送到省里去!当时……省委机关房屋周围见缝插针,都种了庄稼,报纸上也提出了见缝插针的号召,可是我院却相反乱砍……地空着,家属又种南瓜,上肥长得很好,又被砍掉了。①

---

① 会议记录,1963年7月。华工档案号:[(63)运五第08号]。

转身新闻

在热河省①人民武装委员会工作期间,碰到在武汉大学一起开展革命活动的李锐②(原名李厚生)。我们两人分别奔赴延安后,一直未谋面。李锐去延安后一直从事宣传工作。此时,他正在热河办报,担任《冀热辽日报》社社长兼总编辑。这次见面,不但知道老同学李锐这个新名字,而且这位老同学提出新要求——来吧,一起办报。就这样,我开启了从事党的新闻工作的新征程。

1946年6月,离开工作了九年之久的部队,转业担任《冀热辽日报》(后改称《群众日报》)副总编辑,开始从事党的新闻事业,一干就是七年。1947年八九月间,因为物资紧张,我与两名干部一起前往哈尔滨采办。在此工作的40天里,完成了两卡车货物的采购。同时,经人介绍,认识了在部队文工团工作也恰巧临时回家的王静。两人一见如故,姻缘就这样定下来了。1948年初,我们俩便结为伉俪,终身相守,直到百年。

---

① 热河,简称热,省会承德市,是中国旧行政区划的省份之一,1914年2月划出,1955年7月29日撤销。位于目前河北省、辽宁省和内蒙古自治区交界地带。包括现河北省的承德地区,内蒙古的赤峰地区,通辽部分地区,辽宁的朝阳、阜新、葫芦岛市建昌县地区。http://baike.so.com/doc/5178895-5409840.html。

② 李锐,知名的毛泽东研究专家。湖南平江人。1917年生于北京。1934年考入武汉大学工学院机械系,参加"一二·九"运动,为武汉秘密学联负责人。1937年2月加入中国共产党。战争年代在湖南、延安和东北,主要从事青年工作和新闻工作。1949年至1952年任新湖南报社社长、湖南省委宣传部部长。1952年转到工业部门,主管水电建设工作。1958年任水利电力部副部长,兼任毛泽东的秘书。1959年庐山会议上受到错误批判,被定为"彭德怀反党集团"成员,撤销一切职务,开除出党,下放劳动。"文化大革命"时期关在秦城监狱八年。1979年平反复职,任电力工业部副部长、国家能源委员会副主任。1982年至1984年任中共中央组织部青年干部局局长、常务副部长。中共"十二大"上被选为中央委员。中共"十三大"上被选为中顾委委员。见:http://baike.so.com/doc/8998418-9327373.html。

1948年初，李锐调哈尔滨工作，我晋任报社总编辑。12月，离开热河，带领报社成员一起开始南下。途中，夫人王静在唐山生下第一个女儿，遗憾的是后来在15岁时病逝。1949年1月，我到达天津，作为主编创办《天津日报》，在天津解放后两日的17日正式出版。同时，我还兼任天津广播电台台长，王静担任播音员。

朱九思先生与夫人王静于 1947 年

朱九思先生与家人在战争年代

1949年五六月间，湖南省委班子正式成立，我的老上级黄克诚①担任省委书记。同时，确定李锐担任正在创办的《新湖南日报》报社社长兼主编，我与其搭档担任副社长兼副主编。8月5日，解放军进驻长沙时，我们也同时进驻，并创办由毛主席题名的《新湖南报》。因为办报人员多为《群众日报》的原班人马，有充分的办报经验，《新湖南报》15日即出版发行。除开办报，由于新闻事业发展的需要，我们还举办了新闻干部训练班、创办了面向农村的《大众报》。

　　1950年底，李锐调任湖南省委宣传部部长，我接任报社总编辑，主持报社工作。其间，我力求有坚定的创业精神、求真务实的工作作风。因此，注意积极改善办报、生活条件，创新宣传方式，努力把党的思想路线与湖南实际结合起来。开门办报，派干部与记者到实践中采访、收集新闻事件。同时，请各方面负责人到报社介绍方针政策与实际情况，让记者了解实际。注重抓住典型实践进行剖析，其中"李

---

① 黄克诚（1902—1986），1925年加入中国共产党。1926年参加北伐战争。1928年在湘南起义中参与领导永兴年关暴动，并率部随朱德、陈毅上井冈山。曾任中国工农红军团长、师政委、军政治部主任、红三军团政治部代主任等职。抗战期间，任八路军总政治部组织部长，第三四四旅政委，第二、四纵队政委，第五纵队司令员兼政委，新四军第三师长兼政委，苏北区党委书记。抗战胜利后，进军东北，领导创建西满根据地，任西满军区司令员，中共西满分局副书记、代书记，东北民主联军副司令员兼后勤司令员、政委，中共冀察热辽分局书记兼军区政委、东北野战军第二兵团政委。天津解放后，曾任中共天津市委书记兼军事管制委员会主任。新中国成立后，历任湖南军政委员会副主席，中国人民解放军副总参谋长兼总后勤部部长、政委，中共中央军委秘书长，国防部副部长，中国人民解放军总参谋长，第八届中共中央书记处书记，山西省副省长，中央军委顾问。1955年被授予大将军衔。1959年的庐山会议上，同彭德怀等一起被错定为"反党集团"成员。在"文化大革命"中遭到残酷迫害。1978年12月，被平反昭雪。1986年12月28日逝世，享年84岁。见：http://baike.so.com/doc/6263225-6476646.html。

四喜"讨论引起很大反响并被历史研究者高度评价。① 对此,中南局机关报《长江日报》、中央《人民日报》多次予以评论和介绍这种办报方式,中宣部还专门发出通知向全国推广。我还注意运用报纸的评论来传达党的声音,文风尽可能朴实,文字浅显易懂。

新闻宣传工作作为舆论工具,历来都是党的喉舌,意识形态浓、时代感强。经过六年新闻工作的历练,先后担任过报社副总编辑、总编辑、社长和广播电台台长等多项职务。我常说:"干新闻是很锻炼人的","办报练就了一双新闻眼",培养了我大胆而仔细、思考并行动的习惯;养成了关注天下大事、新事的习惯,对重要事件、新信息高度敏感之素养,善于从众多新闻中把握时局,寻找机会,捕捉天下大势、研判形势发展,学习新知识、新经验,从而决策工作方向、采取恰当措

---

① 1951年7月18日,《新湖南报》发起了一场持续达5个多月的关于"李四喜思想"的大讨论,在湖南乃至全国农村产生了巨大影响。"李四喜"是《新湖南报》编辑部虚构的名字,人物原型叫朱中立,是长沙县十五区乡村干部。《新湖南报》考虑到朱中立是刚刚翻身的乡村干部,为了帮助教育他,在对其错误思想进行讨论时没有用他的真名,而是起了"李四喜"这样一个名字,意为朱中立有四喜:翻身、分田、娶妻、生子。对此,《新湖南报》在这场讨论结束时向广大农民透露了这一秘密:"本报提出的'李四喜思想',实际上是以朱中立同志过去的退坡思想为典型。朱中立同志是长沙县十五区农裕乡人,做过12年雇工,解放后在各种群众运动和土地改革中,表现得很积极,是该区在斗争中涌现出来的一个农民积极分子,经过土地改革,他分到几亩田,前年春天结婚,去年年初生了小孩。去春土改结束时,他被选为该乡副乡长和青年团支部书记。但是去年五月之后,他的工作情绪下降了,区里找他开会也不参加,认为革命已经成功,坚持要求辞职。虽然朱中立同志当时已在转变,但他从积极斗争、认真工作到坚决辞职、回家生产的一段情形,是足以代表若干乡村干部在土改后退坡思想的。因此,我们决定以朱中立同志的思想为典型,发动讨论。由于我们考虑到他还是一个刚刚翻身的农民,参加工作不久,因而改换了一个名字'李四喜',在报纸上提出关于'李四喜思想'的讨论。"可见,所谓"李四喜思想",就是指土改以后出现的以朱中立为代表的农民和乡村干部的松气思想。关于"李四喜思想"的讨论主要也是针对土改后乡村普遍出现的农民及乡村干部的"松气退坡"思想展开的。《新湖南报》对"李四喜思想"的讨论,不仅持续时间长、涉及范围广、参与规模大、分析问题深入,而且成效最为明显,积累的成功经验最为丰富。这场讨论是新中国成立以后中共第一次真正意义上的对农民自私狭隘思想的批评运动,也是第一次真正意义上对广大农民及乡村干部进行思想教育的运动。在这场讨论中,中共逐步形成了教育和改造农民落后思想的基本思路,为此后解决农民思想教育问题提供了成功的历史经验。在这场讨论中中共逐步积累了用民主教育、典型示范、改进领导方法、切实解决乡村干部实际困难等方式解决农民思想问题的成功经验。这些成功的历史经验构成了新中国成立以后中共教育和改造农民的基本思路。参见:王瑞芳,《严重的问题是教育农民——建国初期中共克服"李四喜思想"的成功经验》,载《当代中国史研究》,2006年第4期,21-29页。

施。同时，还结识了不少新闻界和宣传部门的同行，熟悉了新闻工作尤其是新闻领导工作。这为我日后运用舆论的影响力推动治校，以及推动华工建立新闻学科提供了储备。

从 1936 年到 1953 年共 17 年的时间里，正好是我 20 岁到 37 岁这样一段宝贵的人生时光。这是一个人人生观、价值观从形成到成熟的时期，对人的一生都有重要影响。而我选择的革命道路，使我在这一个重要阶段获得了极其宝贵的人生财富，在革命队伍中获得极大锻炼。在品格的形成方面，经过血与火的洗礼，在战火的严酷条件下，形成了果敢、刚毅、雷厉风行的军人性格和优良的身心素质。这些个人性格和素质在我的治校过程中都有表现，比如，对于看准了的就敢于做出决定，并有一抓到底不达目的绝不罢休的良好工作作风；敢于负责，敢于与一切歪风邪气做坚决斗争。同时，良好身体素质和心理素质使得我能够始终以饱满的精神状态，全身心地投入治校事业之中。在革命生涯中，还养成了大公无私、一心为人民服务的共产党党员之坚强党性，练就了善于在复杂的局面中做出正确、独立的判断之素质。我常说："想到在战场上牺牲的那些亲密战友，我还有什么可怕的呢？还有什么不可以牺牲呢？"这种无私、无畏的精神伴随着我一生，成为孜孜不倦、不懈追求的不竭动力，也是我在治校中具有"敢于竞争"之胆识与智慧的重要源泉。

从经历看，我并没有很好的学术工作阅历。在有限的大学教育时间里，主要学习的是哲学、教育学、外语等社会科学课程，加之中学阶段对文学的爱好，所以知识结构以文为主。参加革命后，也主要是学习、传播马列思想。新闻工作的经历拓宽了知识面，获得很多政治、社会方面的知识，把握了新闻工作本身的特点。这种知识发展和储备过程，锻就了我善于从宏观把握问题、抓住问题的主要矛盾的素质，形成了综合分析问题的思维结构，养成了乐于学习新知识的工作习惯。

我认为，这些都是大学校长治校所必需的基本素质，而是否院士、是否著名专家、是否学科对口于所在学校的强势领域等等都不是当好大学校长的直接前提。没有学术研究背景，没有理工学科基础，促使我不断地努力学习，谦虚地向专家请教，尊重教授建议。因此，我治校尽可能做到视野开阔，敢于突破具体学科局限、学术利益桎梏，按照高等教育的本质逻辑来发展学校的职能、完善学科结构，推动大学的正确发展。

筹办华工

1949年新中国建立之后，百业待兴。全国人民饱含热情积极投身于自己当家作主的国家建设之中，迅速使国家的各项建设取得了引人注目的成绩。就是在这种背景之下，教育事业开始了改造。

20世纪50年代对于新中国的教育事业来说是一个重要的转折时期。高等教育的改造、调整，成为当时新中国第一个五年计划和大规模经济建设的一个重要领域。于是，从1952年到1956年，一场大规模的大学院系调整在全国范围内轰轰烈烈地展开，从而建立起了我国今天高等教育系统的基本框架，留给后人无尽的思考与议论。这场大规模、大范围的院系调整实际上是与全面以苏为师的同步之举，就是在高等教育领域按照苏联模式改造国民政府留下来的欧美模式的高等教育体系，建构起与政治、经济，以及与社会各个部门、各个行业直接对口的学校、专业体系，提升人才的产出效率。

1952年11月，华工就是在这一背景之下，由当时中南行政委员会决定抽调辖区内的武汉大学、湖南大学、南昌大学和广西大学等四所大学的机械系全部和电力部分，以及刚成立一年的华南工学院机械系的动力部分、电机系的电力部分组建而成，设机械、电力、动力类等8个本科专业和4个专修科，其培养目标是："建设成为以培养机械工业和电力工业建设人才为主的工业大学"①,是一所典型的按照苏联模式建设的机电类工科性院校。

1960年,华中工学院被批准成为全国重点高等学校。1988年1月,国家教委批准华中工学院改名为华中理工大学。2000年5月,原同济医科大学、武汉城市建设学院与华中理工大学合并,组建华中科技大学。目前,华中科技大学是国家教育部直属高校,是首批列入国家"211工程"重点建设和国家"985工程"建设的高校之一。

个人的命运常常是随着时代的命脉一起跳动的。对于我们这样一个实行一元化领导体制的国家来说尤其如此。

一大批新大学的建立急需一大批党的干部。因此,选拔一大批政治素质好、思想作风过硬、接受过高等教育的党员干部进入这些新建立的大学工作成为时代的必然。

我从事教育工作始于1953年1月,自此奉献终身。当时,湖南省教育厅厅长调任省委宣传部部长,由我接任。但因为离任的厅长尚未任命宣传部部长职务,因此也未免其教育厅厅长的职务,我虽然接替教育厅厅长职务,仍然以第一副厅长名义主持湖南省教育厅的工作,历时六个月的时间。

也就在这个时候,全国院系调整如火如荼,中南局筹划建立一所新的工科大学。虽然刚任湖南省教育厅第一副厅长不久,可能由于我受过大学教育又有血与火的革命旅程,于是中南局决定抽调我参与并领导正在组建的华中工学院。

1953年1月17日,政务院批准成立华中工学院筹备委员会,物理学家、时任武汉大学校务委员会副主任、理学院院长兼物理系主任查谦担任筹备委员会主任,时任南昌大学校务委员会主任委员的刘乾才和我担任副主任。1953年6月,我正式调任正在筹办的华工担任党组负责人、筹备委员会副主任,代表党组织全面负责新校的建设

---

① 校史编写组:《缩影:华中理工大学的四十年》,华中理工大学出版社,1993年,6页。

和教学工作。

由此经过抗日战争、解放战争血与火的生死考验，以及新中国建立与发展的锻炼之后，就在组织的安排下，在年富力强的37岁开启了我30多年的大学领导生涯，亲历华工从创办、发展到崛起的全过程，从此我便与高等教育、与华工完全捆绑在一起，再也没有离开，华工成为我人生的舞台，高等教育成为我毕生的事业。

1953年10月，政务院任命查谦为华中工学院院长，任命我和刘乾才为副院长。1954年5月，中共中央中南局批准华工成立党组，我兼任党组书记。10月，成立中共华中工学院总支委员会，我担任书记，同时担任专职副院长，分管院务行政和党务工作，而且分担查谦院长和刘乾才副院长因教学任务而不能分身的部分校务工作。因为依然在四地分散办学，我不得不时常穿梭来往于长沙、桂林和南昌的各分部，指导检查分部的日常教学和行政工作。在这个阶段，我们主要任务是忙于建校，教学上主要是按照原有学校的办法继续运行。

1954年9月，新学年开学后，才开始以学习苏联先进经验为中心内容的教学改革。主要是按照统一的教学计划和教学大纲，尽量采用苏联教材，改革教学方法，培养专业人才。同时，着手建立教研室，开设哲学、政治经济学、马列主义基础（联共党史）等马克思主义政治理论课，创办附属的工农速成中学和工农预科班，建立工农干部学生的辅导教师制度。

之后，根据上级要求，学校正式成立党委。1955年5月，国务院任命查谦为华中工学院院长，彭天琦、我、刘乾才为副院长。我任党委书记，熊小村任副书记，彭天琦等13人任党委委员。1956年中共"八大"后，高等学校一律实行党委负责制。1957年5月第一次院党委会选举我为副书记。

从1953年建校到1960年，中国高等教育经历了全面学习苏联，照搬苏联办学模式，以及教育革命的探索。我作为学校的副院长和党委主要领导成员与学校的其他领导成员一道，积极执行党的方针路线,抄袭苏联模式、反"右倾"、大炼钢铁等运动式办学。经过几年的建设,华工也有了一些发展。到1960年,华工被确定为教育部直属的全国重点高等学校,在校学生由建校初期的2600余人发展到8000余人;设8个系37个专业。①

在这一阶段,虽是盲目执行,还谈不上用自己的思想来办学,但是我仍然初露一些办学风格。当时,我认为,新学校建设就犹如在一张白纸上作画,马虎不得,要立意远一些、起点高一些。因此,我非常重视学校建设规划,专门从湖南大学请来建筑规划专家,听取他们的意见,尊重知识分子和专家们的意见。同时,还特别重视校区的绿化工作,建立苗圃,发动师生植树造林,当初栽下的树苗现在已经成为装点今天华工校园的参天大树。因此,1962年,时任湖北省省长张体学在学校召开的湖北省绿化工作现场会上,就指着我说:"朱九思爱树如命。"②再例如,由于在教育革命的跃进中,华工与全国其他学校一样新举办了一大批专业,新办工程物理系、工程力学系、自动控制系、无线电工程系、造船系等,这些专业都具有理科性质或者高新技术。虽然这些专业在不久后开始的调整中又被强行撤销,但是当时我对办这些新专业的态度是非常积极的,极不情愿撤销它们。

建校之初,我就被任命为党组主要负责人,后来正式成立党委,上级又新派来了党委书记。我在新任书记还没有到任之前就在校内一次会议上明确要求,今后大家要在工作中尊重、支持彭天琦同志开展工作。在后来的工作中,我自己也确实努力做到了这一点,说明我是善于与班子同志协同配合的。

但是,回想起来,我办事比较急躁的性格和比较坚持己见的风格仍然时常表现出来。例如,关于新专业的建立等事情没有经过党委讨论就提前在群众中宣布并要求执行。在1956年向科学进军的号

---

① 校史编写组:《缩影:华中理工大学的四十年》,华中理工大学出版社,1993年,70-71页。

② 校史编写组:《缩影:华中理工大学的四十年》,华中理工大学出版社,1993年,34页。

角声中，我也不自觉中表现出对科学研究的重视。在1960年初的技术革新中，我并没有盲目而简单地执行规定，像当时绝大多数学校那样让师生去参加大量的、一般性的体力劳动。因为我认为，作为大学，这样去做是费力不讨好嘛，不值得！所以，就要求要把劳动与专业教学、科学研究结合起来，才可能使得师生们有收获、工厂欢迎，这样也确实为工厂生产解决了大量的实际技术问题，为此，还受到了武汉市的表彰。

"文革"结束之前的中国，大学总是在一波接一波的政治运动中度过。好在华中工学院成立稍晚，躲过了之前的土地改革、知识分子思想改造、"三反"和"五反"等政治运动，但之后还是不得不经历接连不断的政治运动。这段时间，我和同事们主要抓两件事情：一是原原本本按照苏联模式组织教学；二是按照中央的要求搞阶级斗争，搞一波接一波的政治运动。

1955年7月，华工开展反"胡风反革命集团"运动，肃清一切反革命分子，通过所谓群众检举揭发，全院共清查345人，约占师生员工总数的8.3%，最后认定29人属于反革命分子或坏分子，其中受到惩处的10人。[①]

1957年6月按照中央统一部署，华中工学院开始"反右"，就"中国为什么这样穷""社会主义制度""社会主义民主""党的领导"等问题展开大辩论，最后划定右派分子238人（约占总人数的3%），其中教工43人、在校学生164人。对当年暑期毕业已离校学生31人分别做了开除公职、开除学籍、劳动教养、撤销职务、留职察看、降职降薪、免于处分等处理。[②] 虽然这些总数没有达到当时普遍的比例5%，但这些人在1980年落实政策中有237人获得平反，这说明都是冤假错案啊！这是严重的扩大化，给知识分子的心灵造成了严重创伤，给

---

① 校史编写组：《缩影：华中理工大学的四十年》，华中理工大学出版社，1993年，44-45页。

② 校史编写组：《缩影：华中理工大学的四十年》，华中理工大学出版社，1993年，46页。

才成立不久的华工也带来严重伤害。

在"大跃进"的宏观形势下,以阶级斗争为纲成为一切行动的指南。1958年教育革命就这样开始了。4月中央召开教育工作会议,揭开教育革命的序幕。毛泽东亲定高等教育革命的原则:党的领导、群众路线、生产劳动。中共中央、国务院发布的《关于教育工作的指示》明确提出:"党的教育工作方针是教育为无产阶级政治服务,教育与生产劳动相结合;为了实现这个方针,教育工作必须由党来领导。"因此,这场革命就是落实"党的领导""为政治服务"和"生产劳动"。我亲自做动员报告,在华工发动开展轰轰烈烈的政治运动。

轰轰烈烈地搞教育与生产劳动相结合,大办工厂,勤工俭学,通过艰苦的体力劳动改造知识分子的思想。其间我全程组织并参与了全校的运动,包括组建机械厂,学生直接承担生产任务;停课参加大办钢铁,到关山[①]建炼铁炉;参加东西湖围垦工程;到农村抗旱和劳动;奔赴云梦修建汉丹铁路;组织生产副食品和校园绿化等生产劳动。实际上,这些繁重的体力劳动不但没有真正改造师生的思想,因为食品短缺,反而给他们的健康造成严重影响。1960年,全校师生员工患肝炎、浮肿和妇科病的比例达到40%。[②]

"教育革命"的另一项运动便是批判所谓资产阶级教育思想,开展"拔白旗"运动。全校开展教学大检查,对教学观点、教学大纲、教学内容进行全面清查,把矛头指向所谓资产阶级教育思想,尤其是把在教育方针大辩论中一些教师对教育与生产劳动的关系所发表的某些不同看法上纲上线,认为这阻碍了党的教育方针的执行,是资产阶级知识分子在"反右"斗争之后以自己所掌握的专业作资本同共产党较量。为了打掉他们手中的"最后一张王牌",必须开展"拔白旗,插红旗,批判反动学术权威"的群众运动。"破除对教授的迷信",依靠

---

① 地名,隶属武汉市洪山区。
② 王炯华:《朱九思评传》,华中科技大学出版社,2011年,67页。

一些没有教学经验甚至没有学科知识的青年教师和学生编写"教材",打乱学科体系。把许多科学技术问题贴上世界观的标签大加批判,给科学经典理论及其学说戴上诸如"数学形式主义""机械外因论""物理唯心主义"等帽子予以否定。通过群众选举,撤销了许多知识分子的领导职务,受到批判的教师不能承担教学任务。有32位教授、副教授受到批判,而当时华工教授、副教授总共才48人。可见打击面之宽!知识分子受到再次打击,又一次伤害了知识分子的心啊!他们心情紧张,情绪低落,不敢讲话,更不敢暴露真实思想!

后来,每当我回忆起这段岁月时常说,在历次政治运动中,我们伤害了不少人,我是有责任的!也是不得已呀,全国各单位、各高校大体如此。

不过,这期间我也在间歇中抓住了两件有奠基意义的事情。

1959年,毛泽东说:"核潜艇,一万年也要搞出来。"[①]负责此事的主要研究所和企业很多都在武汉市,这给运动中的华工提供了一次机会。1959年4月18日,华工成立"潜艇设计制造系",由于事关重大,我兼任系主任。将一批研究所的顶级学者和大型企业的专业技术人才调到学校,建立起船舶设计与制造、船舶蒸汽机制造及装置、船舶电气设备、船舶仪表制造及自动化装备、船舶内燃机制造及装置等5个专业,成为后来华工船舶与海洋工程学科发展的重要基础。

同时,我利用建校的实际需要以及开展生产劳动等各种契机,广泛发动全校师生员工在校园里种树,绿化校园成为我在华工做的"两件半事"中的那半件事(另外两件事是师资队伍建设、学科综合化)。这使得今天的华工绿树成荫,满园春色,成为学子静心读书向学的森林大学。每每看到绿绿的校园以及树荫下快乐的师生我还是感到很

---

① 1959年国庆节,苏联领导人赫鲁晓夫率团访华。毛泽东当面向他客气地提出希望帮助中国研制核潜艇。赫鲁晓夫傲慢地说:"核潜艇技术复杂,价格昂贵,你们搞不了!你们也不用搞,苏联海军有这种武器,同样可以保卫你们。"对此,毛泽东愤然指出:"核潜艇,一万年也要搞出来。"从此,拉开了我国发展核潜艇的大幕。

值得的。

因为华工坐落于武汉喻家山下。喻家山五六个小村庄原本是有树木的,可是在抗日战争时期,日本人为了对付湖北省和武昌抗日游击队在这里的游击活动,砍光了这里的树。在50年代筹建华工时,主管行政的我就组织栽树。我认为,武汉天气很热,没有树不行,植树可以美化校园环境,可以调节校园的气候,尤其是盛夏酷暑,树可以让校园比城里凉快。没有树怎么行呢?修建的水泥建筑、水泥路,很漂亮,但不散热;树不仅挡阳光、降温,还可保持水土,增加湿度。"多植树不仅可以美化校园,调节气候,还可以陶冶师生的情操。"进一步说:"栽树就是以人为本的问题,是人的工作环境、工作条件问题,是适合人的需要问题。"[1]

建校后,在那艰苦的五六十年代,我就带领学生在星期六和星期日搞义务劳动。周末几乎都成了挖树坑的义务劳动时间,学生轮流,时间半天。年复一年,一届又一届,校园马路两旁和校园的树就这样栽好了,长大了,成就了华工满园的绿色。种树、上山给马尾松捉虫等成为这期间毕业校友的一大美好记忆。

除了发动学生绿化校园,我还非常重视育苗。我提议建立苗圃,成立园林科专门负责校园的绿化工作。校园绿化用树原来靠外买,后来就从自己的苗圃移植。苗圃不仅满足了学校绿化的需要,还能对外出卖苗木创收。

在校园绿化的实践摸索中,我也逐渐定下了一些规矩。一是,盖房,红线以内的树,必先移植,再施工,不能损害树木。二是,盖一栋房种一片树。一边盖房,一边栽树,一边修路。房子盖好了,树要栽好,路也通了。三是,"谁砸学校的树,就追究谁的责任!"一位科长在修建冷库时,自作主张砍了两棵树,被学校行政给予记大过、扣发半年奖金的处分,并将处分文件在全校公布。之后,植树、爱树成了华

---

[1] 王炯华:《朱九思评传》,华中科技大学出版社,2011年,75页。

工师生的一种习惯。

当时,南一楼是华工的标志性建筑。为美化,我不惜花钱买贵重树木,从南京千里迢迢买来雪松,并且修建花坛装饰。我以为,这不仅可以美化主楼环境,而且能衬映主楼的庄严和挺拔。说到买雪松,我不仅舍得花钱,而且特别精心。据一位同事回忆:"买来的雪松不管什么时候运到,他都要园林科给他打电话,他要亲自到场。有时是深夜三点运到,他也从水果湖住地赶来。"①我当年花了80元"重金"买了一棵雪松,在"反浪费运动"中还受到过批判。但雪松在华工落户并繁育,学校苗圃后来还向校外卖雪松,价钱比买来时贵了10倍,还成了学校的一项收入。这也算一个意外收获吧!

调整提高

错误发动的"大跃进"和"人民公社化"运动,使得当时的国民经济遭遇到严重困难,食品供给严重短缺,饥饿正威胁着中国人民,师生的健康状况极不正常。1960年11月,中共中央提出了"调整、巩固、充实、提高"的八字方针。教育工作会议决定,在文化教育界贯彻调整方针,提出"高等学校要把提高教学质量摆到第一位"。12月,党委书记彭天琦调任中共武汉市委第二书记后,我继任党委书记。经过了好几年高等学校管理经历之后,又担任着学校主要领导人,我对大学有了一些认识,积累了一些领导经验,初步形成了自己对于高等学校管理的判断,进一步表现出一些领导风格与个性。

从1961年到1966年,国家的形势可谓峰回路转,教育改革也是曲折迂回。首先是对1958年之后的三年工作进行反省和调整,然后

---

① 王炯华:《朱九思评传》,华中科技大学出版社,2011年,73页。

是贯彻《高教六十条》①和执行最高指示,进行教学改革。

面对师生员工连年苦战和食品供应的紧张,抓生活、保健康,成为我们要解决的最突出问题。1961年上半年,我把抓生活、保健康作为中心任务。实行劳逸结合,为保住健康而斗争。提出了《关于防治疾病的十二项措施》,做出了《关于加强对三种病人的管理工作的暂行规定》。同时,调整教学安排,规定每周课程只安排十四五学时,减少师生参加劳动的时间,控制会议和社会活动,保证师生员工有充足的睡眠和休息时间。同时选派干部到各食堂加强领导,加强养猪、养鱼、蔬菜和代食品②生产。由于采取了这些举措,到这年6月底,学校的患病人数大为减少,伙食质量也有了明显提高。

同时,利用中央抓整顿、提高的机会,我认真总结1958年教育革

---

① 1961年9月15日,中共中央批准试行庐山工作会议上通过的《教育部直属高等学校暂行工作条例(草案)》(简称《高教六十条》)。这个条例,规定了高等学校的方针、任务和有关政策。指出,高等学校的基本任务是,贯彻党的教育方针,培养为社会主义建设所需要的各种专门人才。条例规定:高等学校必须以教学为主,努力提高教学质量,对参加社会活动和生产劳动应做适当的安排,但不宜过多;在教学中,必须发挥教师的主导作用;科学研究工作,必须坚持"双百"方针;高等学校实行党委领导下的以校长为首的校务委员会负责制等。参见:中国共产党新闻网,http://cpc. people. com. cn/GB/64162/64165/70293/70308/4819820. html。

② 20世纪50年代末,"大跃进"和"人民公社化"运动席卷中国,中国进入了后来被称为的"三年困难时期"。到1960年11月,随着《中共中央关于立即开展大规模采集和制造代食品运动的紧急通知》的下发,一场由国家最高权力机关发动,各级代食品领导小组指挥,全民参与的代食品运动在全国大张旗鼓地开展起来了。所谓代食品,是指人们用于充饥,但在正常年成不作为食品的植物、动物、微生物、化学合成物等。三年困难时期的代食品主要分为四类:第一类为农作物类代食品,它包括各种非灾难年份人们不曾食用的农作物的秸秆、根、叶及壳类,如水稻、小麦、大麦、玉米、高粱等的叶、秆、根及玉米皮、玉米芯、稻谷壳等,以及薯类作物的叶、茎、根等。第二类为野生代食品,是指野生植物的秸秆、根、叶、皮、果实等,如榆树叶、树皮、橡子、芭蕉芋、蘑芋、石蒜、土茯苓、大百合、野苋菜、洋槐叶、沙枣、鸭跖草之类。第三类为小球藻、红萍等浮游植物。小球藻是一种球形藻类,直径仅数微米,体内有一绿色杯状或板状色素体,种类繁多,生长于淡水中。小球藻最初是用来当猪饲料的,1960年7月6日,《人民日报》的社论《大量生产小球藻》明确提出,小球藻不仅是很好的精饲料,而且具有很高的食用价值。该社论还举例说有些地方用小球藻试制糕点、面包、糖粥、菜肴、藻粉、藻酱等食品,清香可口;有人用小球藻粉哺育婴儿,效果跟奶粉不相上下。第四类指合成类代食品,如"人造肉精"、"人造肉"、叶蛋白等,它们相对于前三类有较高的营养价值,而且有一定的技术含量,因此也被称作精细代食品。参见:http://blog. sina. com. cn/s/blog_5b5682820102w91r. html。

命和1959年反"右倾"所带来的问题和教训,采取切实措施纠正"左"的错误。首先对学校工作进行了大量的系统深入的调查,对前三年"教育革命"运动进行总结。

从1961年3月起,学校党委对机械系、电机系和数学、外语等基础课进行为期两个月的调查研究。8月份召开党委扩大会议,通过发扬民主,分析讨论,我主持做出了《三年(1958—1960)工作的初步总结》,指出:

> 过去三年工作中的主要问题,是我们在执行政策中犯了"左"的错误。它表现在对人的方面,是没有正确执行党的知识分子政策,对学生的思想教育要求偏高偏急,方式简单粗暴,存在着混淆两类矛盾的错误;表现在对事的方面,是在执行党的教育方针中,没有贯彻以教学为主的原则,在教学工作和学术问题上缺乏科学的态度,轻率地进行了一些改革。
>
> 上述这些对人的和对事的"左"的错误的严重后果,是紧和乱。
>
> 紧,表现在党群关系、青老教师的关系和师生之间的关系非常紧张……
>
> 紧,还表现在工作负担重,突击任务多,指标高,要求紧,使师生的劳动、工作和生活过于紧张……
>
> 乱,则突出地表现在教学秩序紊乱……有些规章制度破坏了,新的又没有建立起来,以致工作中各方面的关系不明确,职责范围不清,加上这几年运动多,临时性的突击任务多,打乱了经常的工作,有些事无人负责,工作秩序也很乱。

在当时的政治氛围之下,敢于对1958年"教育革命"以来的工作做出主要问题是"左""紧""乱"的总结,后来回想起来真还有些后怕呀!当时还是需要一点大无畏的胆识的,这当然也是党的实事求是的思想作风一以贯之的体现而已。

我以为,特别是"对知识分子在政治上的进步和业务上的作用估计过低；对他们的改造要求过急，在做法上有些简单粗暴；在工作中对他们信任不够，使用也有不当的地方，没有充分发挥他们的作用。1958年教育革命运动开展的'拔白旗'斗争，是这种'左'的错误的集中体现。"结果造成关系紧张，"普遍存在着'教师难当'或'知识分子没有出息'的想法"。

同时，我还提出：培养教师，提高师资水平，是提高教学质量的首要条件。强调大学教师的基本要求是过好"三关"，即基础关、教学关、外文关。

同年11月，高等教育部颁布《高教六十条》。这个条例从领导体制、教育方针、培养目标到教学方针和方法都做出规定，是当时高等教育界拨乱反正的纲领性文件。依据这个条例，我与党委同志一起领导华工主要进行了四个方面的调整。

一是执行知识分子政策，调整党群关系、青老教师的关系和师生关系。这主要是对1958年以来受批判的教师和学生实行甄别平反，恢复和调整一些中老年教师原来担任的领导职务，按照教育部的规定提升一批教师的职称。根据湖北省委的相关规定，改善一部分高级知识分子的工作条件和生活待遇，改选院务委员会和各系系务委员会，等等。我还走访了30多位教授，虚心听取他们的意见，鼓励他们积极工作。

二是建立稳定的教学秩序和工作秩序。为纠正1958年以来的"左""紧""乱"，发布了《关于建立正常工作秩序，保证劳逸结合的十七项规定》。按照以教学为主的原则，调整教学安排，减少劳动和科研，控制社会活动，修订教学计划和教学大纲，加强基础课和基本训练。同时，加强系主任的职权和学校对总务工作的领导。

三是调整党政关系，改善党的领导。就是改变过去党委包揽一切、"一竿子插到底"，实行党委领导下以院长为首的院务委员会负责制。

四是调整学校发展规模和专业设置。1961年3月，根据高教部的指示,学校将39个专业调整为27个,1962年2月又减少为23个,7月第三次调整为18个专业①。

如何执行上级的指示与规定,最能体现一位领导者的胆识与智慧。我们在执行《高教六十条》时,根据过去教学工作中存在的学生负担偏重等实际情况,积极贯彻上级的这一及时决定。但是,我对高教部的这个拨乱反正的条例并不完全同意,认为《高教六十条》在强调"高等学校必须以教学为主"的同时,有忽视科学研究的倾向。《高教六十条》一再强调高等学校应该以教学为主,给人们的印象是大学只能从事教学活动,对于科学研究工作可以懈怠。当时,华工的一些教师和教研室也认为既然是"以教学为主",那就不一定非要进行科学研究、开展学术活动。

作为党委书记,我根据在1956年之后推动学校开展蓬勃的科研活动获得的有益启示,并不完全赞同上述精神,提出教学、科研和师资培养三结合是学校提高的战略性基本措施,并及时授意相关人员在华中工学院院刊发表文章,以正视听,强化科学研究的观念。学院院刊连续发表了《论当前提高教学质量从何着手——兼论开展学术活动的重要性》《必须把师资培养工作进一步全面抓起来——兼论如何正确对待新生事物、爱护新生力量和积极分子》和《为提高学术水平而努力》等三篇社论性质的文章,明确指出:"经常地注意教学效果,改进与提高各环节的教学工作,这只是提高教学质量的一个方面,甚至可以说是类似于治标的方法……从根本上讲,要提高教学质量,还必须提高师资水平和培养学术空气,因此就必须抓紧师资培养工作和开展学术活动。"这体现出我们的主导思想——开展学术活动和科学研究,是提高师资水平和教学质量的重要措施。这充分体现出我

---

① 这18个专业分别是:机械工艺及设备、铸造工艺及设备、金属学热处理工艺及设备、锻压工艺及设备、电机与电器、发电厂电力网及电力系统、工业企业电气化及自动化、水电站动力装置、电厂热能动力装置、工业热工、水力机械、无线电技术、无线电材料与元件、电真空器件、自动控制、船舶设计制造、船舶内燃机、船舶电工。

开始形成的办学思想和办学思路——通过开展学术活动和科学研究，进而抓好提高师资水平，最终获得教学质量的提高，培养高质量人才。

11月，我们决定恢复出版《华中工学院学报》，我亲自撰写"复刊词"——《为提高学术水平而努力》。进一步论述了开展学术活动和科学研究与提高教学质量的关系：

> 在高等学校里，传授科学文化知识和开展学术活动，这并不是互相对立的两码事；相反，只有开展了学术活动，才能更好地传授知识，提高教学质量。这是因为，所谓传授知识，并不只是填鸭式的灌输，而必须是创造性的教学……科学技术是不断发展的，教学质量的提高也是没有止境的。不能设想，作为一个高等学校，如果没有蓬勃发展的学术活动和科学研究，能够有较高的学术水平和教学质量。作为一个高等学校的教师，如果不积极参加学术活动和科学研究，他就不可能不断提高科学水平，创造性地以丰富的知识教育学生，培养出能够独立思考的专门人才。这样，他也就与一般中等学校的教师没有什么区别了。

在贯彻《高教六十条》的过程中，学校推广了物理教研室的"教学为主，全面安排，各有侧重"的经验。该教研室共有教师50人，半数以上是青年教师。教研室除了安排大多数教师做教学工作，同时安排老教师辅导青年教师的业务，选派几名青年教师去外校进修，安排几位教师结合实验室建设着重搞科研。这不仅保证了正常的教学工作，师资培养和科研工作也做出了成绩。我指示院刊发表社论——《教学为主，全面安排，各有侧重》予以宣传推广，这篇社论进一步论述了坚持教学为主与开展科学研究的关系。指出：

> （以教学为主）并不是把教学孤立起来，就教学抓教学。有主必有辅。所谓以教学为主，正是说必须使高校的科学研究、学术活动等工作密切配合教学需要。因为只有这样，才

能更好地丰富教学内容，提高师资水平，才能保证和促进教学质量的不断提高。这几项工作在本质上是一致的：把它们看成互相对立或者强调先孤立地把教学抓好、而后再搞其他工作，这种机械划分阶段的做法，都是不对的……平均主义地分派教学任务，就教学抓教学的做法，乃是进一步提高教学质量、更好地调动教师积极性的主要障碍。不下决心解决这个问题，提高教学质量和提高学术水平就永远只是一句空话。①

我尤其重视对教授开展科研的支持。当时华工除查谦院长是一级教授之外，二级教授只有朱木美、刘颖和文斗。我明确要求，要以这几位名人为重点给他们配备助手。例如朱木美教授是1936年回国的留德教授，时任华工电机系主任，主攻防雷技术。1964年，为了加强他的科研工作，我从应届毕业生中一下留了4个人做他的助手。其中1人的毕业论文指导教师想要都不行，以致这位指导教师对我很有意见。②

正是由于学校高瞻远瞩地重视科研，从1962年到1966年"文革"前，华工的科研就已经颇有起色，并逐渐形成风尚和习惯，这成为我们后来大抓科研的很好的基础。1962年全年，学校就举行了三百多次学术活动。1963年10月，华工举行了第三次学术讨论会，"全院有80%以上的教研室进行过科研。副教授以上的教师，大多承担了国家科技发展规划的研究任务。少数青年教师也成了科研工作中的骨干"。③

随着科研项目的增加，科研队伍也不断扩大，侧重搞科研的教师从1962年的138人增加到1963年的300人，所占教师比例则从

---

① 姚启和、蔡克勇：《华中工学院三十年》（打印稿），内部资料。
② 王炯华：《朱九思评传》，华中科技大学出版社，2011年，20页。
③ 校史编写组：《缩影：华中理工大学的四十年》，华中理工大学出版社，1993年，101页。

11%提高到27%。1964年8月,湖北省人民委员会批准在华工建立柴油机研究室,配备专职研究人员20人,由省工业厅和华工共同领导。随后,华工又建立了电机研究室,加上1960年一机部批准建立的中南机床研究所,华工当时就有3个研究机构。因此,华工开始承担国家和有关部委的科研项目和地方企业的委托研究任务,从而使之成为新中国科研的一个方面军。其中,不乏像"高温拉压疲劳试验机""原子反应堆活性区水动力模型研究"等技术难度高、综合性强的大型科研项目,获得了国家级的奖项。同时,也承担直接为国民经济提供服务的项目。①

1962年,为更好地贯彻执行《高教六十条》,经过反复研究讨论,我们组织制定了《华中工学院贯彻执行〈高等教育部直属高等学校暂行工作条例(草案)〉的工作规划》,明确提出的奋斗目标是:"全面地有计划地贯彻执行《高教六十条》,充分调动全院师生员工的积极性,努力提高教师的思想水平、教学水平和学术水平,不断提高教学质量,以便经过若干年的努力,为国家培养出高质量的专门人才,同时提供科学成果,并在若干学科方面办出特色,更好地为社会主义建设服务。"

《工作规划》具体提出了工作要求和措施,包括:进一步改进教学工作,提高教学水平;大力培养和提高师资;积极开展科研和学术活动,密切与工厂、企业和科研机构的协作;提高师生和职工的思想政治水平;不断改进和提高领导水平,健全领导制度;树立良好的学风和校风;改进和加强总务工作。②

这个规划虽然已成为历史,但是它却反映了我们当时的眼光和办学理念——办好重点大学,提高教育质量,从根本上说,就要培养和提高师资,开展科学研究和学术活动。当时华工师资的主要问题是:

---

① 王炯华:《朱九思评传》,华中科技大学出版社,2011年,80-81页。
② 校史编写组:《缩影:华中理工大学的四十年》,华中理工大学出版社,1993年,85页。

老教师数量少,缺乏学科带头人;中年教师缺乏理论基础,后劲不足;青年教师比重大,据1961年统计,占全部教师的80%,其中一半又是1957年后毕业的。①

因此,从1962年2月起,我主持党委会多次讨论师资培养工作,把师资培养作为落实《高教六十条》工作规划的重中之重,要求各系各教研室制定本单位的师资培养规划,明确培养方向,并使培养措施落实到人。这年底,党委又对全校教师的思想和业务状况进行全面调查,于1963年1月专门召开党委扩大会议,总结建校十年来师资培养工作的经验,提出今后师资培养工作的方针和任务:坚持又红又专的方向,坚持理论联系实际的原则,采取普遍提高和重点培养相结合的方法,全面提高教师的政治思想水平和业务水平,争取用十年左右的时间建立一支水平较高的又红又专的师资队伍。所谓又红又专,是毛泽东1958年就政治与业务的关系所提出要求,红是指正确的政治方向,拥护社会主义制度和共产党的领导,积极学习马列主义和毛泽东思想,不断改造世界观;专是指业务能力和水平,能够胜任工作。

我要求各系各教研室不仅要制定相应的师资培养规划,而且要"四定"到人——每位教师都要定方向、定任务、定措施、定时间。

在对专业进行调整时,我的态度非常坚决,想要保留下在教育革命中"大干快上"的几个具有理科性质的如工程物理、数学力学专业,以及具有新技术性质的计算机专业。即使后来在教育部的再三要求和一位副部长到校亲自督促之下把这些专业下马了,我还希望把几位计算机专业教师予以保留以图东山再起!确实,后来在1971年又重新办起了计算机专业。这表明,这个时候我对按照苏联模式建立起来的学科单一的工科大学开始有了反省,觉得理工不该泾渭分家。

---

① 校史编写组:《缩影:华中理工大学的四十年》,华中理工大学出版社,1993年,96页。

所以，后来我才那么积极地主张和推行华工创办理科专业，要实现理工结合。

在 20 世纪 60 年代，毛泽东和刘少奇反复批评教育改革的时候，我在贯彻这些指示方面也并不是句句照办，没有按照最高指示通过大幅度地砍教学计划中的正规课程来减轻学生的负担，而是把不必要的劳动课做了大幅度缩减，保证了教学的基本规格不受太大的影响。这也说明我们对于教学规律有了一些基本的理性认识与必要的尊重。当然，这也成为我在"文革"中被打倒的一大罪状。

1964 年 11 月到 1965 年 5 月，我被教育部抽调到北京大学"四清"工作队工作，在北京大学无线电系领导"四清"运动。在这期间，全国掀起了学习毛泽东著作的热潮，在林彪提倡的所谓"句句是真理""急用先学，活学活用"的影响下，张贴毛泽东语录成为一种政治任务和时尚。同样，毛泽东语录被张贴在华工各办公室、教研室和实验室。

1965 年 5 月，我从北京大学回校，看到这些做法后，认为这些都是形式主义的、庸俗化的表现，与学习毛泽东思想的立场、观点、方法，掌握其精神实质的宗旨背道而驰。立即要求：把张贴的毛主席语录都取下来！特别是我多次要主管干部去取下挂在与学校正门相对的主楼之上，书有"高举毛泽东思想伟大红旗，一定要把毛泽东思想学到手"的大字标语牌，引起学校上下的一片反对声。

由于我的这些主张不合当时潮流，也没有照顾到当时广大群众对于毛主席的感情，以及学习毛主席著作的热情，方法过于简单，许多干部、群众想不通。现在回过头去看当时的情景，我也认为本质上没有错，但做法还是有些冒失，有点胆大妄为，自己也要捏一把汗啊。

这段时间，我自然非常关心学生及其全面发展，特别重视体育与文艺工作，成立了学校的田径队和文艺大队，以此推动对学生的全面培养。

在 20 世纪 60 年代，我逐步形成一些个人的领导特点。比如性格果敢,对于看准了的事情敢于决断,敢于负责。但是,性格急躁,表现在工作中就是要求急、希望快,做任何事情不习惯拖泥带水,雷厉风行的作风总能在工作中和生活中体现出来。在一份1963年的会议记录中有这样的内容:

> 朱院长做事雷厉风行,没有余地。我科(出版科——整理者注。)就有好几个怕他的。一听说是朱院长布置的,就害怕了。1962年9月上旬,院长办公室要印我院在各地区情况简报。当时我科铅印讲义,工作很忙。朱书记说可以胶印。我科用两个人写了一个星期,印出来后,朱书记认为不美观,要重印。我当时讲,铅印很忙会影响教学。可是,朱书记限期一个星期内搞好,结果把原胶印的500份全部报废,计75元。由于排铅印,电机学实验书出版的时间受到影响,教研室李朗如跑来和我吵,说:"上不了课,你要负责,我要告到邱院长那里去。"真是受冤枉气。①

一方面,这种急躁的性格要求在管理上讲求效率,对快速实现治校思想有好处;另一方面,也对我不太注意发扬民主产生一定影响。所以,我在检讨的时候说:

> 听取群众意见不够,特别是听取不同意见、反面意见更差,当自己对某一问题还没有定见时,还可以听取意见;一旦自己经过考虑,有了一定的看法以后,就很难听取别人的意见了……与常委同志们交换意见不够,酝酿不够……批评人严,有些人怕我……非常急躁,布置工作往往不留余地,同时也表现对工作要求过高过急,不够实事求是。越级指挥,这表现在对人事工作和基建工作最严重。②

同时,因为年轻时的历练,我身体好,精力不错,记忆力也很好,

---

① 会议记录,1963年7月。华工档案号:[(63)运五第08号]。
② 会议记录,1963年7月。华工档案号:[(63)运五第08号]。

这使得我能够长期专注于繁杂的治校事务之中,因此工作起来自然就节奏快、要求高。有学者说得有道理:"领导有力的人总是具有超常、通常是非凡的精力,他们精力旺盛地完成重大任务,并鼓励带动他人。"①

因此,我时常有一种追求"完美主义"的品格,这样做任何事情就容易显示出一种高调,力求把自己认为应该做的事情做到最好,力求领先、争取第一。1963年"五反"运动中,我的自我检查有这样的记录:

> 1960年花了1万多元,到上海、大连、广州、北京去买了70~80件乐器,主要是听说清华有100多件乐器。1961年初,花了27万购买一部千门总机,准备在实验室和教研室主任以上负责人家里都装上电话。在大抓生活中也有严重浪费。如猪房,省教育厅布置6人1头猪,我们要1500头。因此,就大盖猪房,花了7万~8万元。②

群众对我的帮助中的记录是这样:

> 基建公司做教工宿舍,本来准用空心砖,以后朱院长在北京写了4次明信片回来,一定要做实心砖,原来做好的空心砖一定要拆掉,结果把已做好的空心砖拆了又做实心砖,浪费了几千元。直到今年,他还要买贵重树木,大搞绿化,搞花坛……为什么一定要买雪松?我们苗圃还有700株龙柏,龙柏也是贵重树木,我们压着不用,却千里迢迢去买雪松,还搞许多花坛。搞花坛、买雪松,共花了2万多元。中央规定今年不准粉刷,但他却要教工食堂粉刷,刷了一次又二次。27万的电话总机也是听到一点消息后,认为西北工大、成都电讯学院、清华等院校都有,我们也一定要有……为了装南

---

① [美]约翰·科特(John P. Kotter)著,方云军、张小强译:《变革的力量——领导与管理的差异》,华夏出版社,1997年,130页。
② 会议记录,1963年7月。华工档案号:[(63)运五第08号]。

一楼的吊灯、进门的扶梯,派人到北京车站、苏联展览馆参观。……朱院长做事雷厉风行,没有余地。我科就有好几个怕他的。一听说是朱院长布置的,就害怕了。①

常委们对我所提意见的记录也反映出同样的意思:

> 九思同志贪多贪大比较突出。校门他们设计了四次,九思同志都嫌气魄不够大。我们经常派人到教育部去要追加预算。1959年东西就开始紧了,九思同志叫我们用助学金买部分东西补助学生,集团购买,已经不准,就发动学生到处去买,鞋子买了几千双,蚊帐有两三千床。……去年有一次要修水泥马路,举教育部也是水泥路的例子,不大恰当。买电话总机问题,电业局说:"这等于一个分局。"②

上述情况都是发生在1960年代初期。在之后的治校活动中也有体现。例如,修建南一楼、招待所,我要求一定要按照当时的最好标准进行设计和建设。因此,硬是顶着上面的批评,想方设法要安装空调、电梯等当时属于"集团购买"③的控制商品。因为武汉夏天很热,冬天又冷,没有空调怎么行嘛!怎么能够让师生静心于学问。一些当时有学问的学者,往往年岁较高,爬楼梯怎么行?就得安电梯嘛!

一位同事回忆说:"为了把南一楼前的栏杆搞好,他(朱九思)派人到刚竣工不久的武汉长江大桥上去看,要用相同的样式。"④在"文革"期间,建造船模实验水池,要建大学中最好的,决不因陋就简。为了一棵树,可以反复要求负责部门换栽多次!等等。

恰恰是这种追求完美的性格,使得我在治校中总是把学校发展目

---

① 会议记录,1963年7月。华工档案号:[(63)运五第08号]。
② 会议记录,1963年7月。华工档案号:[(63)运五第08号]。
③ 因为物资短缺以及节约开支,党政机关、人民团体、部队、全民和集体企事业单位,都必须严格遵守国家控制社会集团购买力的规定。国家每年批准社会集团购买力控制指标,各单位购买、制作国家规定的专项控制商品,应事先报经授权的控制社会集团购买力管理机关批准。
④ 整理者经过两次实地查看、比较,现在华工南一楼前的栏杆确实与武汉长江大桥上的栏杆完全一样。这说明这一说法确有其事。

标定在自己认为可以企及的最远处,即使荆棘密布,赴汤蹈火也决不退缩。正是有了这种取法乎上的出发点,在竞争中才可得以新生,才有可能发展快一点,目标实现早一点嘛。

遭受批斗

1966 年 6 月 11 日,"文革"拉开帷幕,中共湖北省委派工作组进入华工,领导和发动"文化大革命",全校迅速热闹起来。作为党委书记兼副院长,我不可避免地率先成为被揪出来打倒的对象。15 日,一群"干将"冲到我家里,要求我同他们一道高呼"打倒反动分子朱九思"等"革命口号"。我后来回忆说:"其他的我都呼了,就是其中一句我没呼:打倒反动分子朱九思。因为这不是我一个人的问题。我是不是反动分子,要党组织来做结论。"[①]

在 7 月 11—12 日党委会上,开始对我"反戈一击",纷纷揭发批判我:

他搞专家路线,到处收罗,到处安排,吹捧资产阶级专家,涂脂抹粉,树立样板,无条件支持。

封官,提拔他们,送到领导岗位。

为了科研,不让一些人(陈珽、朱慧楠、张启明等)下去参加"四清"。

调(出)21 个干部,从某个具体人来讲,都可以讲出理由,但知识分子调出的很少,这是一个倾向。……首先是工农感情,朱九思对工农干部感情是很差的,对高级知识分子,

---

① 校史编写组:《缩影:华中理工大学的四十年》,华中理工大学出版社,1993 年,121-122 页。

甚至右派的感情，那样热……

作为一位资深的党员，我深知自我批评与检查的重要性。于是我主动"下楼"和"洗澡"，诚恳地检查了自己的"错误"：

> 依靠什么人的问题上，确实走了资产阶级专家路线，突出的是对刘颖，以及陈传瓒、李兴教，以及把一些老家伙调到造船系、无线电系去，从外面要了一些人。对多多少少有些业务的人，确实看重，特别是在科研上有成绩，就更加看重。
>
> 调出一批工农干部和提拔一批知识分子干部当总支副书记，我都有责任。[①]

在"一场触及人们灵魂的大革命"面前，我这种似乎和风细雨的检查是过不了关的，等待着我的是狂风暴雨般的造反和冲击。8月30和31日，连续两个晚上在学校电影场举行全校大会批斗我，在校内游行，又被抄家，罪名是"走资本主义道路的当权派"。除了"专家路线"，更加严重的是我"反毛主席、反毛泽东思想的罪行"。1965年以来，居然敢禁止在校园到处张贴毛泽东肖像和语录，撤下了悬挂在行政大楼上面的"高举毛泽东思想伟大红旗"的巨幅标语。"反对学习毛泽东思想"成了我的一大罪状，我被作为走资本主义道路的当权派被打倒就是一件很"顺理成章"的事情了。

不过，我并不寂寞，陪同的还有华工的80多位党政干部和教授、副教授作为"黑帮分子""牛鬼蛇神""反动学术权威"同时被"揪斗"。

由于查不出我诸如"出身""历史"问题，除了被贴大字报、抄家、戴高帽、挂黑牌、游街、示众、批判斗争、坐"喷气式"[②]、戴"牛头高帽"等，虽然经受了很多苦痛和折磨，受到极大的冲击，但幸运的是，我没有被殴打、罚跪和刑讯逼供，没有受更多的皮肉之苦。批判一通之

---

① 陈运超：《大学校长治校之道：一个个案的分析》，华中科技大学博士学位论文，2002年，57页。

② 这是当时革命小将们批斗时采取的较"时尚"的方式：低头弯腰、两手反背高举，以示低头认罪。

后,就与其他几十名"黑帮分子""牛鬼蛇神""反动学术权威"一起被安排在学校苗圃劳动改造。

夫人王静因为不揭发我的问题和被指责故意损害毛主席像章也被关了两个月。

由于我自己在"文革"前的"胆大妄为"之作,就是我自己几十年后回忆起来,好像也觉得当时自己应该被打倒。即使这样,当时也没有对毛泽东发动的"文化大革命"有丝毫的怀疑,觉得毛主席提出的一些要反对的和打倒的人和事在自己身上还是不同程度地存在的。正因为有这样的认识以及对毛主席的无比信任和崇敬,我在"文革"当中始终没有悲观失望的低落情绪,坚信只要毛主席还健在,中国就会重新走上正确的建设之路。

有了这种精神信仰的支撑和足够的信心,还有什么困难不能克服呢!

希望之火:大学还是要办的

1968年7月21日,毛泽东在人民大会堂会见中央"文革"碰头会成员谈话说:"大学还是要办的,我这里主要说的是理工科大学还要办,但学制要缩短,教育要革命,要无产阶级政治挂帅,走上海机床厂从工人中培养技术人员的道路。要从有实践经验的工人农民中间选拔学生,到学校学几年以后,又回到生产实践中去。"紧接着,7月22日《人民日报》发表调查报告《从上海机床厂看培养工程技术人员的道路》,"编者按"用黑体字公布了毛泽东的这一"最新最高指示"。我敏感地注意到了毛泽东的这一"最新最高指示"。但,此时的我尚处于被打倒、被劳动改造的地位，何谈办学！虽然针对我是否应该"解放"，华工有立场针锋相对的两派，但我的"解放"还是要到工宣队的入驻之后。

8月25日，中共中央、国务院、中央军委、中央文革发布关于派工人毛泽东思想宣传队进学校的通知。要求在革命委员会领导下，以优秀的产业工人为主体，配合人民解放军战士，组成毛泽东思想宣传队，分批分期进入各学校，广泛深入地宣传毛主席思想，共同推动教育革命，通过"斗、批、改"，占领资产阶级的世袭领地，打破知识分子一统天下的局面。

遵照中央指示，9月23日，武汉军区派出中国人民解放军毛泽东思想宣传队进驻华中工学院，同时，武汉市革命委员会也向华工派出毛泽东思想工人宣传队。军宣队成员主要来自武汉空军，工宣队成员主要来自710厂、湖北电机厂、武汉汽轮发电机厂、武汉船舶厂和汉阳轧钢厂。这两支宣传队共300余人，由军宣队领导。担任指挥长的先是韩林，时间很短。在1969—1974年这五年时间里，刘崑山一直担任指挥长，他成为我和华工人念念不忘的恩人。

极有幸的是，进驻华工的工宣队是一支非常有水平的队伍，在中国高等教育事业遭受劫难的情况下，他们却给华工的建设和我的办学提供了重要的支持，以至于到今天华工人和我对于他们特别是对担任工宣队指挥长的刘崑山仍然非常怀念，并与他们建立起了难以忘怀的友谊，而不是像绝大多数高等学校那样对工宣队常常咬牙切齿。

这就是每当我谈及治校之时，总是首先要谈到的、令我难忘、倍感亲切的人物，一位产生于"史无前例"十年劫难年代的工人、解放军毛泽东思想宣传队的指挥长——刘崑山。例如，1992年5月，在我与加拿大著名学者Ruth Hayhoe教授的长谈中，专门提及刘崑山时这样说道：

> 还要特别说明的是，我在20世纪70年代办学的一些做

法，当时在学校主持工作的军代表一把手主要负责人刘崑山同志都是赞成和支持的。如果得不到他的支持，那什么事情也办不成。就这一点说，应该肯定刘崑山同志对于那一个时期我们学校的工作是有功劳的。①

2000年5月，我在文集《竞争与转化》的《卷首语》中是这样来表达对刘崑山同志的感激之情的：

> 当此文集即将出版之际，我回想起在十年浩劫期间，上级派来的军代表一把手刘崑山同志对我政治上和工作上的信任。在认真查清了我的"问题"以后，1970年6月，是他把我首先"解放"的。……刘崑山同志当时还非常实事求是地说过这样的话：我们熟悉军队的情况，但我们并不了解大学，关于大学的工作，还是由在学校工作多年的同志们去办吧。因此，他让我参加了1971年在北京召开的"全教会"，而且会后带回来的国家某些部门希望我们创办新专业的要求，他都同意。在随后几年工作中，我曾提出一些工作建议，例如要引进教师，他也都赞同。我曾说过："文革"期间，我们学校受的损失相对较少，特别是创办新专业与引进教师之所以能够进行，刘崑山同志的支持是非常重要的，否则，要实现我的想法也不大可能。今天，我要再次告诉许许多多的后来者，刘崑山同志在那种"史无前例"的逆境中，他是真正按正确政策办事的有功之人，令人钦佩，这一点，我们永远不应忘记。历史是永远不能割断的！②

这些都是发自内心的肺腑之言，可以最清楚地表达我对刘崑山这位"有功之人"的评价，最明白地看到刘崑山对于我治校所提供的积

---

① 朱九思：《历史的回顾——关于华中工学院的办学历程》，载《高等教育研究》，1992年第4期，1页。

② 朱九思：《我曾体验到具有办学自主权的好处》，见《竞争与转化·卷首语》，华中科技大学出版社，2001年，ⅱ页。

极支持。

那么,为什么一位被派驻高等学校执行极左路线的工宣队指挥长会受到我及华工许多老教授的尊敬,而总是念念不忘呢?

1968年夏,毛泽东把"工人、解放军毛泽东思想宣传队"(简称工宣队)派驻各所学校,其使命开始是为了结束红卫兵运动,稳定秩序,实属一项权宜之举。但由于毛泽东说:"工人宣传队要在学校中长期留下去,参加学校中全部斗、批、改任务,并且永远领导学校。"姚文元在《工人阶级必须领导一切》一文中发展为"工人占领上层建筑论"。他说:"凡是知识分子成堆的地方,不论是学校,还是别的单位,都应有工人、解放军开进去,打破知识分子独霸的一统天下,占领那些大大小小的'独立王国'。"[1]这就把工宣队稳定学校局势的临时作用加以延伸和扩大,赋予其领导学校的新任务。以后,又发展为工农兵"占领上层建筑"、向"知识分子成堆的地方掺沙子"、"打破知识分子独霸的一统天下和世袭领地"等一系列错误方针政策。

工宣队就从最初稳定局势的阶段性作用,走向执行"文化大革命"错误路线与理论的长期战略性任务,其意义被极度夸大。即使在各大学革命委员会和党组织建立之后,工宣队仍领导学校。工宣队进驻高等学校,在制止校内武斗上确实起了重要作用。但是,后来发展为让工宣队领导所谓"斗、批、改"就十分可笑了。让军人和产业工人去领导知识密集、学术性很强的现代高等学校,是完全违反高等教育规律的笑话。

工宣队进驻高等学校本身也是不信任知识分子的产物,这一举措使轻视知识和知识分子、轻视教育的"左"倾思想进一步发展。工宣队进驻高等学校后,以监督、改造知识分子为己任,随意批判和污辱知识分子,严重挫伤了知识分子的自尊心,压抑了知识分子的积

---

[1] 周全华:《"文化大革命"中的"教育革命"》,广东教育出版社,1999年,103页。

极性。①

但是,幸运的是,派往华工的这支工宣队却在不得不执行"左"倾政策的同时,尽力保护着华工少受"左"倾错误的破坏,极力保护干部和知识分子。究其原因,就是有一位好的指挥长和一支高素质的领导队伍。

刘崑山,1926年12月出生于山东,1935—1937年就读于山东一所师范学校。毕业后,1938年下半年参军,参加过无数次战斗。解放南京时,任陆军副团长,1950年入贵州接管空军,在空军接待站任站长兼政委,后调西南空军。1955年到武汉空军任空军司令部作战处处长(副师级)。1969年被派往华工,担任工人、解放军毛泽东思想宣传队指挥长,1973年,从华工撤回,后任武汉空军司令部顾问(副军级),1980年离休。这是刘崑山的个人经历情况。

关于整个军宣队的构成是什么样的呢?据当时担任军宣队领导的两位同志的回忆:

> 工宣队、军宣队进去的时候大概有300多人,包括工人和军人,军队去的有20人。军宣队里本身就有一批大学生,政工组组长是同济大学毕业,副组长是中央大学经济系毕业(法学学士)(有一次,他在和教师交谈过程中,说话稍不注意,露了馅,结果老师说,你这个臭老九比我还臭哇!),还有交大、复旦、清华、北大毕业的,共有大概10人左右是大学生,而且是些名牌大学毕业的,指挥长也是师范学校毕业。我们本身就有一批知识分子,这是一个很大的特点。说穿了,当时部队也想借这个机会把我们甩出去。我们都是学生出身,熟悉知识分子的思想和经历。军宣队本身有一批知识分子是他们搞开明"支左"的原因。②

---

① 郝维谦、龙正中:《高等教育史》,海南出版社,2000年,274页。
② 访谈,08。

这样一支特殊的队伍对我治校及华工的发展会产生哪些特殊的影响呢？

第一，也是最重要的，"解放"了一批干部。他们进校以后，恰当执行当时中央的政策，很快就把我"解放"出来，还有其他几个原来学校的领导同志以及首任院长查谦教授等一批知识分子干部。军宣队领导认为："不把这一批干部和知识分子解放出来就没有办法办学。"把干部"解放"出来以后，刘崑山特别强调一条："办学靠他们，我们不行，我们不懂。"

在组成革委会和临时党委的时候，有这样的规定："实行军干群、老中青三结合"。① "军"就是指军宣队、工宣队、农村民兵的代表；"干"指被打倒的原当权派；"群"指教师和学生代表。从这个"三结合"的规定看，是军、干、群，不是干、军、群，更不是群、干、军的排列顺序，军队干部就应该是一把手。但是，这位指挥长明智地规定：军宣队派去的干部在组成领导集体的时候一律往后退。② 所以，我被"解放"出来以后，学校成立临时党委和革委会，我担任临时党委第一书记兼革委会主任，而刘崑山同志担任第二书记、革委会第一副主任，其他领导也是这样交叉排位。

两份原始文献有这样的记录：

1972年8月22日，湖北省委关于成立中国共产党华中工学院临时委员会的批复文件中，"朱九思任第一书记；第二书记：刘崑山；副书记：罗明、吴庆存；常委：朱九思、刘崑山、罗明、吴庆存、邱静山、程远、纪增爵、赵旭。"③

在10月7日湖北省委关于朱九思等同志任革命委员会主任职的批复中，"朱九思同志任华中工学院革命委员会主任；刘崑山、吴庆

---

① 周全华：《"文化大革命"中的"教育革命"》，广东教育出版社，1999年，103-104页。
② 访谈，08。
③ 中共湖北省委，鄂复(1972)161号，《关于成立中国共产党华中工学院临时委员会的批复》，1972年8月22日。华工档案号：[72Ⅰ党1-1,A1]。罗明原来在中共湖北省委工作。

存、邱静山、纪增爵、程远同志任华中工学院革命委员会副主任"①,其中属于华工干部序列的有:朱九思、邱静山、纪增爵;属于军宣队之列的有:刘崑山、程远、吴庆存、赵旭等。

所以,总体上讲,在领导集体中,华工老干部的重要地位得以突出,这对于后来我在治校中较早地建立起一支完整的、连续的领导干部队伍是很有益的。

第二,由于这支军宣队自身的特殊性,强调大学发展要有知识分子,启用了一批知识分子担任系级领导,尤其是让非党员知识分子担任系主任,这在全国也许是独一无二的。比如说,马毓义教授担任动力二系主任,后来还当了副院长,他是非党员;还有机二系、机一系也有类似情况被提为副主任的。一位同事说:"当时我接待过好多外地大学来参观的同志,他们都感到惊奇,怎么能让资产阶级知识分子继续统治学校呢?"②

当时,我们召开党委扩大会还吸收了几个非党员教授参加,其中就有刘颖教授,他是非党员的二级教授,"文革"前担任过学校副教务长,"文革"后担任了华工副院长。造反派就这样质问军宣队:"你们党委会怎么吸收这样一个反动学术权威参加?"③

一些著名教授,如著名经济学家张培刚教授说,军宣队是他的救命恩人,非常感激军宣队。当时造反派们认为,这位毕业于哈佛大学的经济学博士有历史问题。如果按照"左"倾错误的办法,完全可以把这位经济学家置于死地。但是经过军宣队认真审查以后,立即把他"解放"了出来。正因为这样,即使在军宣队撤出20多年之后,张培刚教授在其88岁寿辰时依然主动邀请一位副指挥长前往祝寿,表达其感激之情。

---

① 中共湖北省委,鄂复(1972)201号,《关于朱九思等同志任职的批复》,1972年10月7日。华工档案号:[72Ⅰ党1-2,A2]。

② 访谈,08。

③ 访谈,08。

一位军宣队负责人回忆说:"所以,到现在那些老知识分子对我们还有感情。刘崑山同志起了很大作用。"①

他们这种对知识分子的正确态度与我的一贯思想是一致的,这在无形中又增强了我抓教师队伍的胆量,就是说,给我壮了胆。

第三,对我的治校主张都给予支持,把决策权交给华工原有干部。我刚被"解放"出来不久,刘崑山同志就安排我代表华工去参加全国教育工作会议,全国高校可能只有我一个是这种情况,是独一无二的。后来,对于我新办专业、引进教师、大搞科学研究等重要的治校策略,他都给予积极支持。

同时,还给我治校营造一个较好的外部环境。对上面,该顶的,刘崑山同志出面去顶。比如说,对于一些干部和知识分子的结论尽量争取省里的支持,给予比较正确的结论。又如,武汉军区要把南一楼拿去做武汉军区通信枢纽中心大楼,因为当时这个楼是标志性建筑,是比较高级的大楼。但刘崑山同志出面顶回去了,保住这个楼最终没有被占用。

军宣队的这些"大胆"做法无形中给我采取大胆的做法壮了胆。这样一支特殊的军宣队,为我治校和学校稳定和发展创造了有利环境,提供了必要条件,起到一定支持作用。这对于处于特殊年代的大学和大学校长治校来说,非常难得,这就是为什么我很多年以来一直念念不忘、常常提及他们。我与他们结下深厚的革命友谊,在春节等时间,我都要去看看他们。

由于这支军宣队、工宣队难得的开明和讲政策,他们在清理阶级队伍和"斗、批、改"的各阶段,竟然同时发挥了保护包括我、查谦、张培刚、殷德尧、林少宫、赵学田等一批干部和知识分子的历史作用。全国不少高校被整散、整垮,学校领导人被整残、整死,而华工居然出现了三个"没有"——即学校主要领导人没有变、师资队伍没有散、科

---

① 访谈,08。

研教学设备没有烂(有些学校的设备都转用于生产)。由于当时学校军宣队指挥长刘崑山同志执行政策较稳,教师、干部受伤害较少。有同事就深情地说:

> 刘崑山把华工保下来了,不许校外的人干扰华工。教师去咸宁斗、批、改,他要求每个实验室必须留人,一些珍贵的仪器设备不能停电以免损坏。

三十多年后,刘崑山、程远等原军宣队的领导人仍不无幽默地回忆说:"我们不是支'左',而是支'右'啊!"①

喜获『解放』

1970年6月,是值得纪念的岁月。经过开明的工宣队"审查",我终获"解放",又重新开始了我为之献身的教育事业。

我被从咸宁农场派回学校,管理少量留守人员和维持与留守相关的一些事务。这个时候,大学招生已经史无前例地停止了五年。"文革"浩劫已经给中国高等教育造成了无法挽回的巨大损失。没有学生的大学已经不再是大学了。偌大的校园空空荡荡,没有了往时的朝气蓬勃和琅琅读书声。我又想起了两年前毛泽东讲的——"大学还是要办的,我这里主要说的是理工科大学还要办"。华工不就是理工科大学吗?!这让处于寂寞、反思状态的我看到了希望,更加坚信高等教育的明天不会再这样混乱下去啦。因此,尽管家里的书籍被收缴一空,在无事可干的间歇反而给勤于思考的脑子提供了回顾和反思的机会:如果新中国的大学还是要办的话,那么新中国明天的大学到底又应该怎么办?对学习苏联破除了迷信,开始是有所怀疑,后

---

① 王炯华:《朱九思评传》,华中科技大学出版社,2011年,94-95页。

来,怀疑的成分增加了。① 反思之后,我意识到必须抓住并利用一切可能的机会,开始对治校办学谋篇布局,在理性认识的基础上,逐步形成自己的认识与想法。

复出工作不久,我就被工宣队指挥长刘崑山委以重任,被指定代表华工参加1971在北京召开的全国教育工作会议。虽然在这次大会上"四人帮"炮制的"两个估计"使广大的教育工作者受到歧视,教育事业蒙受损失,可是,机遇常常偏爱有备之人。就在这一次会议期间,抓住了意外的机会,获得了意外的收获。我果敢地、照单全收地接下了几个国家部委要求举办的包括激光、计算机、无线电通信等九个新技术专业的任务。对于这些专业,可以说是"来者不拒,当场就决定办"。这使得华工在几乎所有高校都还沉溺于阶级斗争的热潮之中的时候得到新的发展,抢占到先机。

想干事的人就会找事干。随着1971年开始招收工农兵学员,在咸宁农场改造的教师陆续返回阔别几年的校园。虽然此时的教学任务并不重,但是有了承接来的这些新专业,使得回校无事可干的广大教师立即有了事做。

恰恰在这个时候,由于刘崑山这位恩人的极大信赖,全力支持我办学,放手让我施展办学才能。我从来就不想做一个对待任务马虎随便的人,得到信任,有了任务,就必须迅速地、尽全力地去做到最好。在极左路线横行、"四人帮"对教育事业极力摧残的情况下,艰难地推动着华工的恢复与发展。

一下子增加九个在当时极具高科技含量的新专业,找来这么多事情,在当时百业皆敝、万马齐喑的背景下,自然,难度就很大。只好到处找人,找能工巧匠嘛,或者培养现有人员。所以,接下来,我就到处招兵买马。不懂没关系,组织起来攻关,打集体赛,一起学习、培训。

---

① 朱九思:《历史的回顾——关于华中工学院的办学历程》,载《高等教育研究》,1992年第2期,2页。

一边通过搞科研弄明白，一边办专业。这样，就有成果出来了——科技成果、教材专著、实验室的仪器设备，我的办学思路也逐步明晰了——找人、科研、培训。

因此，我们甘冒风险地、爱才如命地找寻那些貌似有政治问题的"走资派"和"牛鬼蛇神"，以至于后来有六七百人涌到华工，蔚为壮观，成为完成任务、攻坚克难的新鲜血液。他们的到来加上原有的队伍，就可以攻关搞科研啦，就可以大办专业啦，教学自然就没问题啦。专业办起来啦，学科也起来啦，就这样，形成了"科研要走在教学的前面"思想。

再后来，科研实践中发现单兵作战、单一学科作战不能适应综合性的现实问题，培养出来的学生也视野狭隘，也不能适应发展趋势的综合化与快速化要求。于是，开始怀疑起苏联这套办学模式，思考着回归教育的常识与规律。

在研究和考察了美国等先进国家的现代大学之后，就顺理成章地提出了大学综合化战略——不能办单一的、直接与产品或工艺对口的专业，要办面向更宽、基础更牢的学科；不但要办好工科，也还要办理科、文科和社会科学。于是，我率先在我国发动了突破既有苏联办学模式的高等教育改革，率先推动大学的现代转型——学科综合化、学校研究型。华工就成了我国改革开放之时高等教育改革的急先锋，这样，也成就了我一直说的"两件半事情"中的最重要两件——教师队伍建设，以及推动学科综合化。

所以，我的办学思想是基于实践、从解决实际问题出发，在完成任务的实践中逐步认识而形成的。这是大学校长教育思想与教育专家的教育思想的主要区分，不是源于学术理论与文献，而是源于实践碰到的挑战与问题。

1953年至1970年复出的这一段时间，我们主要在浓厚的政治氛围中依葫芦画瓢地办学，没有什么突破与创新。尽管本性使然的风格藏不住，表现出了一种倔强的实事求是。但1970年复出之后直到我退出领导岗位的1984年,才是我在过去十七年曲折实践探索的基础上,经过反复思索之后,逐步醒悟并逐渐明白办大学不能违背基本常识与办学规律,从而开始了倡导唯实的理性治校,推动办新中国现代大学并艰难探索的十四年。

1972年8月,华工恢复了党的组织,成立临时党委,我被任命为临时党委第一书记。在我的主持下,学校党委实事求是地修改了一些干部和教师的历史结论,把一些无中生有的不实之词从档案里彻底清除出去。有人要揪那些出身不好的教师回乡去批判,我坚决不允许。"文革"中,许多知识分子在一些单位不受重视,感到无用武之地,我就要广大教师和干部提供线索,让学校人事处想方设法把一些有才华的知识分子调到学校来工作。尽管许多高等学校的师资队伍在十年浩劫中受到不同程度的摧残,人员减少,元气大伤,华工却与众不同,不仅师资队伍未受损失,而且自1972年以后,从外单位还调进了一大批教师。截至1979年,人事处告诉我,学校调进的教师有600多名,他们分别来自全国20多个省市500多个单位。

许多在原单位用非所学或受排挤打击,被压得直不起腰杆的知识分子,来到华工却受到信任和重用。因此,校内外有些同志就不理解,讽喻我是"高筑墙,广积人,想称霸"。有人甚至把这一做法作为我的罪状之一,说我是比"走资派"还厉害的"跑资派"。确实,我们掀起的这场"广积人"运动为学校并不是太难地引进了一批难得的各类人才。这些知识分子的引进既满足了当时任务的需要,也为华工后来的发展积累起人才,更重要的是给这些知识分子提供了庇护的场所、发展的空间,正确地落实了党的知识分子政策。历史雄辩地证明,这一做法是正确的!

在调来的教师中,许多人后来成了学校的学术骨干、带头人、博士生导师,他们为华工在"文革"后的迅速崛起发挥了中坚作用。因此,当年作为讽刺词的"广积人",变成人们对华工的远见卓识和我们强烈事业心的赞誉之词。粉碎"四人帮"以后,《光明日报》记者到华中工学院采访后曾写了一篇通讯:《爱才者:记华中工学院党委书记、院长朱九思》①,专门记述了这一时期的爱才故事。

工农兵学员由于其特殊的身份,到大学来的任务并不仅仅是学习,而是要"上、管、改",即上大学、管大学和改造大学。他们作为时代的"新生事物"给大学的管理带来了新的课题。在1971年开始招收工农兵学员以后,很多学校不敢对工农兵学员进行大胆管理。我抱着对学员负责的态度,大胆地严格要求、严格管理,大力加强文化科学知识而不是肤浅的实用知识与技能的教学,消极对待"四人帮"搞的所谓"教育革命经验",尽可能抵制一些违反教育基本常识的、搞开门办学的荒唐行为。

1972年,我被任命为华中工学院革命委员会主任、临时党委书记,我满以为可以就此甩开膀子大干一场了。但紧接着,1974年"批林批孔"运动开始,我又一次受到冲击和批判。不过,经历多次政治运动之后,似乎革命群众这一次的"觉悟"有了提高,我才未受到之前那样激烈的批斗与严重影响。

不久,就在58岁时,我开始兼任湖北省委宣传部副部长(成立文教部后,任文教部副部长)职务,但是,主要精力还是放在治理华工上。当时,省委宣传部(以及后来的文教部)是代表省委主管全省高等教育的主管部门。在"文革"中、后期,高等学校被下放给各省管理,因此省里的做法和指示对于各个高等学校发展会产生重要影响。

兼任副部长之后,我直接分管全省高等教育。兼任这样的职务对于我在华工的治校实践来说是如鱼得水,使得我更容易获得并传播相关信息、办学主张,能更强有力地推动办学措施的落实与实现,为我治校提供了更为宽松的外部条件。我兼任这一职务一方面给湖北省高等教育发展做出了努力,更重要的是,也为华工发展提供了便利

---

① 张天来:《爱才者:记华中工学院党委书记、院长朱九思》,载《人民教育》,1980年第2期,42-45页。

的外部条件,无形中增加了我治校的自主权。在比较准确地把握国家的政治局势、及时接受上级指示,在参与上层有关高等教育的决策上,和其他的大学校长相比较,可能处于比较优势的地位,这对于一位大学校长从宏观上把握高等教育的走向是有益的。在引进教师上,我可以比较顺畅地运用兼任职务的影响获得进人指标,获得相关部门的批准。在批办新专业上,可以比较快地获得省有关部门的支持。例如,办新闻专业就是在中央宣传部和省委宣传部的全力支持下,从全省有关重要新闻宣传单位调入新闻系负责人和一批得力师资,率先采取举办新闻干部培训、创办一份报纸等措施,使得新闻专业的起步较快,发展较好。①

在1975年邓小平主持中央工作期间,我根据邓小平的"三项指

---

① 朱九思:《新闻媒体贵在正确导向——在华中理工大学新闻系十周年纪念会上的讲话》,1993年11月23日。这篇讲话讲述了新闻系的创办过程:

……新闻系之所以能够诞生,要感谢有关的好几位同志和好几个部门及单位。一位是雷行同志,他原是《湖北日报》的负责人,后来是湖北省委宣传部副部长。1982年上半年有一天,是他第一个向我提出来,希望我们办新闻系。第二位,是当时中宣部新闻局局长钟沛璋同志,1982年9月,十二大开会期间,他是秘书处专管宣传报道的负责人,在人民大会堂大厅里遇见他,他说:"老朱,你办新闻系怎么样?"我说:"办是可以,但是有一个要求,请你转告中宣部的领导,要向教育部讲这事,我自己不大好讲;我们有好几个文科专业都要争取办,提多了,事情就难办。"

后来果然如此,中宣部跟教育部讲过以后获得批准,我始终没跟教育部提。接着我向省委宣传部管人事的副部长余英同志提出要人,首先是新闻系的负责人,希望《湖北日报》社和省广播电视厅各来一位,担任我们的系主任和副系主任;因为这样好配合,《湖北日报》是报纸,广播电视厅则是广播和电视。要感谢《湖北日报》和省广播电视厅的大力支持,第一任系主任汪新源同志就是从《湖北日报》社来的,第一任副主任、后来的系党支书程道才同志就是省广播电视厅来的。……否则,我们新闻系的创办是困难的。

不仅如此,还应该感谢省内、省外许多单位都对我们的大力支持。例如今天到会的我们党委办公室主任曹承容同志,他们夫妇当年就是从湖南《衡阳日报》社来的。省内调来的更多一些,例如《长江日报》社、襄樊、沙市等地的报社。正因为这样,我们新闻系成立之时,在教师方面有一个很突出的特点,可以说"文革"之后,全国不少大学创办的新闻系当中,我们的教师科班出生的、从事新闻工作多年的占了统治地位,几乎百分之百。我觉得要把新闻系办好,必须有一批行家,要有一个很好的教师队伍。……这个做法是对的,只有行家来办,才能办好。

从这一历程,可以很清楚地看到来自外界力量的大力襄助。

示为纲"①的总体要求,在华工大力整顿各级领导班子的"软、懒、散",大力加强党的建设,建立和健全各项规章制度,特别注意落实党的知识分子政策,调整各方面的关系。还大力宣传胡耀邦主持制定的《科学院汇报提纲》,调动广大教师搞好教学和科研的积极性。

不幸的是,在这一年,华工第一任院长查谦教授去世。他为学校的学术发展做出了历史性贡献,对我帮助很多,我们深刻铭记。随即,我被任命担任华工的第二任院长。

应该说,"文革"十年给仍然处于幼稚阶段的中国高等教育带来的是巨大损害,极大地窒息着后来高等教育的发展。任何事物的发展、任何伟大人物的出现都与时代紧密相关。在这样一种极左路线占绝对统治地位的时代,大学要获得发展,大学校长要有所作为,没有一种超人的胆识和长远的眼光是绝对没有任何可能的。就像其他所有大学受到百般蹂躏一样,华工同样也是在劫难逃,其发展也只能局限于有限的空间。但是,就像一位跟随华工一起成长担任过学校的副书记的同志所总结的那样,华工与很多其他大学相比较,在以下三个方面是非常幸运的。一是,领导班子基本没变,仍然是朱九思、熊小村、邱静山等。二是,教师队伍基本没有散,毛主席说,"大学还是要办的,我这里主要说的是理工科大学还要办",但究竟办不办?很多大学都被撤销了,如1976年武汉机械学院就被合并到华工了,被撤销的学校的学生和教师都流散了。华工的教师没散,全在于刘崑山的保护。而其他学校都是对教师实行无情的打击。那时,知识分子都是从旧社会走过来的,一些从国外回来,在当时这些人都抬不起头。华工的"牛鬼蛇神"也(被)集中在东北角的牛棚,但华工的教师受到的影响小得多。真是不幸中的万幸。三是,实验设备没有烂。

---

① 1975年邓小平主持全局工作以后,立即大刀阔斧地领导整顿。在整顿中,他提出以毛泽东的关于"学习理论、反修防修,要安定团结,要把国民经济搞上去"这三项重要指示为纲,来领导整顿,集中反映了当时全国上下干部群众共同一致的久乱思治、久贫思富的强烈愿望。在实现"两步设想"、建设"四化"强国的目标指引下,在"三项指示为纲"指导下,发展之迅速,成效之显著,斗争之尖锐复杂,为当代中国历史上所少见。

很多学校被工厂占用、实验设备被搬到工厂去了,学校没有设备怎么行呢?尤其是理工大学。比较而言,就这三点来说,我们是比较幸运的,得到了保护。

这不仅是华工的万幸,对于像我一样有着强烈事业心的同志们来说,也是极其幸运的,谁不希望有好的办学基础呢?

就像其他所有大学校长必须执行"左"的政策一样,我作为临时党委的负责人也不得不执行当时炮制的所谓革命经验。但是,我力求在这样恶劣的逆境当中有所作为,克服一切阻力,力排众议,罗致并保护了一批"牛鬼蛇神",发展了一批新专业,开展了一批具有先进水平的科学研究项目,尽可能抵制并努力减少"文革"对于正常教学规律与秩序的冲击。由于有了正确的认识与得当的举措,华工在"文革"后就逐渐地凸显了出来。

"四人帮"被打倒给我办学带来了生机和新的希望,但是"两个凡是"和"两个估计"仍然束缚着渴望大力发展的中国人民的手脚。凭着我过去多年丰富的政治生活经验,大胆地解放思想,不观望、不等待,立即带领党委一班人,较早地恢复了"文革"中被拆散了的基础理论课各教研室,恢复原来的教学计划,较快地恢复了教学秩序。

同时,积极向上级建议恢复招收知识青年的招生考试,以保证招生的质量。为了对学生负责,将"文革"中未学完应学课程的一部分毕业生招回学校"回炉",也就是给他们补课,提高他们的知识水平。经过前面二十多年的曲折和探索之后,"文革"后的我对于苏联的人才培养模式有了新的认识,主张拓宽专业的面向,克服"抱着走",培养大学生的创造能力,对专业的调整和教学计划做了新的改革。在"不学 ABC 照样干革命"的极左思想影响远未消去的情况下,冲破阻力,于1979年秋季在全国率先使用外文原版教材进行教学,努力提高学生的外语水平。基于对教学基本过程的新的认识,积极倡导抓好"两个过渡",即,中学生到大学生的过渡、大学生到社会的过渡;针对大学生的思想实际,提出管理也是教育,实施严格管理,培养严谨的作风,形成了社会广泛认可的"学在华工"的良好学风。

率先突破

1976年,开启了"文革"结束前的最后反扑。批邓和"反击右倾翻案风"运动开始,我在运动中仍未能幸免,再一次受到冲击。好在很快"文革"就走到了尽头。少了政治上的束缚,只要克服心理上的余悸以及观念上的阻碍,便可轻快前行。我不是一个畏惧困难的人。我常挂在嘴边的话:战火中的生死都经历过了,还怕什么!

所以,接下来便是观念,观念的突破!在1977年暑期,经过发动广大教师进行大范围、长时间的广泛调研,明晰了追赶目标与办学方向,提出了战略措施。10月,我便以华中工学院党委名义给邓小平同志写了一封信,就如何办好重点大学向邓小平同志提出三点建议,期待推动国家顶层观念的变化,激发高等教育改革的内生动力。

这之后,我才真正开始了办现代大学的新征程。1979年3月至5月,受教育部指派,我带领教育部高等教育考察组到美国、加拿大、日本的一流现代大学考察访问近三个月。在封闭这么长时间之后,第一次走出国门到世界最发达国家去亲身感受。这次考察历时久、观察直接,了解情况就多,看到的与听到的都让我们大开眼界。我也非常珍惜这次难得的机会。经过潜心观察与细致思考,我得出的一个结论就是:世界一流大学都是综合性的、研究型的。这一结论直接指引着我日后的办学治校方向,也成为推动华工在改革开放中建设与发展的最主要目标。

8月,经中央批准,我担任中共华中工学院党委书记,并由教育部任命为华中工学院院长。我是书记、校长一身兼任,加之有了正确的思想武装,行动上就更加坚定有力。于是,我们下更大力气推动学科结构的完善和专业的改造。在办学上,我们率先突破苏联模式的桎梏,全力推动华工朝着现代大学的目标迈进。

1980年4月,我们便正式提出要把华工办成综合性大学。并在1981年6月向教育部报送《对拟订教育事业"六五"计划和十年设想的意见》中,正式向教育部提出了将华工办成理、工、文、管俱全的综合大学,并将此列入在10月制定的《今后十年的规划与设想(草案)》。同时,我们充分利用报刊等媒体,宣传办学主张,推动现代大学学科结构的合理与完善——建立理科、社会学科、人文学科,走现代化、综合化的现代大学发展之路。

1984年9月,我应日本广岛大学之邀,再次访问日本,广岛大学授予我名誉博士学位。12月,学校领导班子换届,年届68岁的我卸任书记、院长,结束了我30年的大学领导生涯。

关于我的治校工作,教育部原部长周济同志在教育部直属高校工作咨询委员会第十三次会议上这样说过:

> 朱九思领导华中工学院进行了"文革"后中国高校的第一次改革,推动华中科技大学在后来的年代里实现了"三个转变"①。正是由于朱九思同志的深谋远虑和他所领导的全校师生员工的大讨论,使华中科技大学在20世纪80年代初期抢抓机遇,实现了一次超常规的发展,对学校后来的发展产生了深远影响。②

退居二线之后,我仍继续关注着全国教育事业特别是高等教育事业的改革与发展,也时刻关注着我一生钟爱的华工的建设与发展。但,主要专注于思考和推动高等教育研究,以及我国高等教育学科的建立与发展,为国家高等教育事业,特别是华工的发展建言献策。

---

① 即,从工科转变为理、工、文、管相结合的综合性大学;从以本科教学为主转变为本科研究生教育并重;从教学为主转变为科研教学并重。《李德焕:华工创业之路》,http://xsyj.hust.edu.cn/info/1004/1406.htm,2016-8-21。

② 教育部周济部长在教育部直属高校工作咨询委员会第十三次会议上的讲话,2003年1月5日。

卸任后,我一直在华工高等教育研究所(今华中科技大学教育科学研究院)从事高等教育的研究和教学工作。我记得,直到80来岁,我仍坚持为博士生上课,指导博士生,希望能在有生之年把自己一生的思考与经验给后辈们讲一讲,吸取我们过去的经验和教训,从理论上予以思考和系统研究。我先后指导了12名硕士研究生、9名博士研究生。

朱九思先生与夫人和他直接指导的9名博士合影

同时,我还特别注意亲自为学科建设延揽人才,推动高等教育学学科建设,推动学术交流,丰富学科理论建设;注重学术研究,把自己的思考与总结撰写成文章和书籍,分享给大家。先后整理出版了《高等教育管理》《高等教育散论》《竞争与转化》《开拓与改革》等著述。一直到2011年95岁时,我还发表了这一生的最后一篇文章①,为我国高等教育改革与发展建言献策,期待我们的教育事业更加昌盛!②

---

① 朱九思:《我国高校发展的三个问题》,载《炎黄春秋》,2011年第4期,34-38页。
② 2015年6月13日,朱九思因病在武汉协和医院逝世,享年100岁。先生走完了他探索不止、敢于竞争、善于转化的一生,为新中国抗战胜利和解放、建设事业出生入死,为高等教育的发展呕心沥血,做出了重要贡献。——整理者

第二章

思想力量

作为一所新兴大学,华工是随着新中国的建设、发展而建立、而发展的,我治校的全过程也与之相伴。

我治校常常思考我们学校的特征,重点在如何发挥优势、克服劣势,以此制定相应的发展战略,推动学校发展。在我看来,华工与其他高校尤其是教育部直属重点高校相较而言,华工具有以下三方面的特征。

新。华工是一所"新中国建立以后完全凭借自己的力量新建发展起来的一所重点大学"[①]。我治校就注重充分利用了这样一所没有历史"包袱"大学所具有的后发优势,克服没有历史基础的劣势,敢于竞争、善于转化,以期实现在竞争中把劣势转化为优势,并防止优势变为劣势。

华工的新,首先表现在人员的新,即人员的年轻。1953年学校成立时有教师314人,其中从各校调入的202人,当年分配来校的毕业生112人。[②] 有教学经验的中、老年教师少,绝大部分是青年教师。

[①] 校史编写组:《缩影:华中理工大学的四十年》,华中理工大学出版社,1993年,Ⅱ页。

[②] 校史编写组:《缩影:华中理工大学的四十年》,华中理工大学出版社,1993年,30页。

同时，专业结构不合理，教公共基础课程和技术基础课程的教师偏少。院系调整时主要是将各校工科系有关的专业教师集中，担任基础理论课程的教师绝大部分都留在原校或随系转入各省师范院校，调入的理论基础课程教师甚少。这就直接影响了建校初期的教学工作，长期影响着学院教学质量、科学研究和学术水平。①

干部的配置情况也大体如此，主要是由年轻干部构成，包括我本人，当年也才37岁。所有的人员都是来自中南大区的各个方面，为了建设一所新型工学院这一共同目标相聚在喻家山②下，一切都在建设新中国的热潮中从头开始。在建校过程中，后来陆陆续续又进来大批人员，但几乎全部是新中国自己培养的朝气蓬勃的年轻大学生。1978年5月，在1924名教师中，新中国成立前毕业的104人，新中国成立后到1966年毕业的1221人，1967—1970年毕业的294人，1974—1977年毕业的305人；其中，教授15名、副教授52名、讲师374名、工程师6名、助教1139名、教员446名。③ 显然，这支队伍非常年轻。年轻使得华工底子薄，没有老本可吃，一切都只有靠自己从头开始。

但是成员的新和年龄结构的年轻，使得新建的华工没有那些具有悠久历史大学里纠缠不清的、盘根错节的学缘、亲缘、血缘关系的困扰，相互的关系只有一个，那就是工作。在工作中形成学校新的传统、养成新的习惯、凝结新的文化与价值观。

但是，由于人员来自不同的单位，如果不注意克服原来的单位意

---

① 校史编写组：《缩影：华中理工大学的四十年》，华中理工大学出版社，1993年，17页。

② 珞珈山、桂子山、喻家山成为武汉市3所著名高校的地标和指称。其中，喻家山位于武汉华中科技大学校园北部，高149.5米，面积1.89平方公里，是武汉市中心城区最高峰，属大别山余脉。由于喻家山的原因，华中科技大学也被称为喻园。登临喻家山顶，俯瞰正南，能将数千亩校区全景尽收眼底；向东、北远眺，东湖80平方公里烟波浩淼，武大珞珈山及青山武钢依稀可见。西、南连接科技人文荟萃的光谷高新科技区，东面紧临国家级的森林公园。

③ 《华中工学院汇报提纲》，1978年5月12日。华工档案号：[78Ⅱ行综1-3，A4]。

识,就可能形成山头,给新的建设造成屏障。正是这样,我在工作当中一直都非常强调"团结"的重要性,并把"团结"列为1983年确立的校风之首。① 采取公正用人、公正处事等措施,有效地解决了新建大学中容易滋生的山头主义,把来自四面八方的人员紧紧地团结在华工旗帜之下,齐心协力,共同奋斗。

20世纪70年代初,武汉机械学院并入华工的时候,为了团结好并入的人员,我们甘愿冒着被人议论的风险,大胆地启用了两位从武汉机械学院并入的干部担任学校领导,同时恰当地安排好其他中层干部和教师。正因为在学校培育出了团结之校风,使得底子薄弱的华工在激烈竞争中以团队的合作精神获得了竞争优势,善于以集体的力量,打"团体赛",组织现代大学所需要的广泛协作攻关。

在克服学校年轻的劣势之后,我又注意把年轻学校的优势发挥出来。正是因为学校人员的新和年轻,一切权威主要是靠工作上的成就来形成、来维持,在发展进程中发现干部、选拔人才。大家时常议论或者传言说,我在治校后期几乎是形成了"绝对领导权威",就是因为华工具有产生和施展这种"绝对领导权威"的土壤,当然也与个人的风格等方面有关。也许这样的"绝对领导权威"不会在那些老大学形成,即使形成也可能没有施行的大环境。这也是铁腕似的大学校长往往产生于比较年轻的大学之重要原因。正是在年轻的华工有在发展中形成的"绝对领导权威",才使得学校的治校方略得以在"文革"的混乱中和"文革"之后持续较长时间的徘徊不定、心有余悸的观望背景之下,能够雷厉风行地得到执行、得以实现,把华工朝气蓬勃、活力十足这样的年轻优势发挥出来,使得华工能够跨越式地前进。

单。就是学科单一。单一的学科结构是新中国大学的一个显著特点,也是大学校长们致力改造的对象。

学科作为大学的基本原子,其结构直接影响大学校长治校。学科

---

① 华工的校风是:团结、求实、严谨、进取。

结构综合度越高,复杂度也就越高,越需要大学校长在校一级进行更多的组织、协调和更加富有远见地选定优先重点领域,而且权力的运用会更多地需要从提高学术水平的角度考虑学术权力的影响。同时,由于学科领域的扩张,学术权力也就越分散,大学校长采取垂直授权管理的可能性也越大。相反,如果一所大学的学科结构比较单一,那么,学科所覆盖领域就相对较小,复杂程度较低,大学校长采取权力比较集中的领导方式之可能性就增加,尤其对于专家型大学校长,因为自己对不多的学科领域容易熟知,在治校中常常容易以学术权威与行政权威相互包裹的双重身份,自觉或不自觉地把手伸进学科领域,直接指挥学术发展的可能性也就增加,所以,在这类大学容易培育相对"独裁"的大学校长。同时,如果具有强烈发展欲望,大学校长的精力也可能会更多投向改善学科生态环境、优化学科结构上。因此,较单一的学科结构既给大学校长治校提供了广阔空间,也给大学校长治校造成一定困难,必须花巨大的努力才能改造学科的结构,营造与大学发展目标相适应的学术进步环境。

另一方面,学科的性质也会直接影响大学校长的治校。这里的学科性质主要是指学科的大类,如工科、理科、人文学科、社会科学等。不同的学科滋养出不同的学科文化,学科文化又不断塑造从事该学科的人员的思维习惯、行为方式、改革欲望等各个方面。一般来讲,理工类学科文化及其人员更擅长严密的逻辑思维,凸显其行为的理性特征;加之,学科知识的发展速度越来越快、领域分化交叉越来越明显,尤其是近代以降,这种特征愈发明显。为了时刻与科技发展同步,理工学科更具有强烈的危机意识、发展要求、改革欲望。因此,以理工学科为主的大学,其成员天然地具有面向未来发展、面向未知探索的内生动力,大学校长推进改革的难度就相对降低。从学科文化的角度上看,人文社会学科及其人员更擅长的是发散性、抽象性思维,行为具有感性的特征;同时,由于注重思想的历史积淀,突出文化传统的力量,在变与不变的选择上,更多考虑不变的一面,因而对于热火朝天的现实需求不容易形成及时关怀的习惯,而突出对人类发展的终极人文呵护,往往就不容易产生非常强烈的改革欲望,甚至对于某些激进的改革采取抵制的态度。所以,Burton R. Clark 在对欧洲五所大学"创业性/企业型"发展模式的比较研究中发现,"理工科系通常首先变成'创业性/企业型',而且最彻底;而社会科学系除了管理学科和经济学科以外,发生这种转换更加困难,且总是落在后面;人文学科系有好的理由抗拒其落伍……"[1]

华工建立之初,就是一所典型的机、电学科类工科大学。虽然在20世纪50年代"教育革命"中有过昙花一现的"大跃进",盲目地办了具有理科性质和国防建设需要的新学科,但后来在20世纪60年代初期的调整中又被一股脑儿地全部撤销。在20世纪70年代初、中期,我们利用意外的自主权办了几个高新技术专业,学科性质仍然属于工科范畴。一直到1979年之后才开始在全国率先突破僵化的苏联模式,办起了理科、文科和管理学科。1984年底学校才基本构建起现代综合大学的雏形。

学科结构的这种变化对我治校来说,有两方面的影响。学科单一,因而规模也就较小,强化了我比较强调集中的领导风格,也有利于我更加愿意采取的权威式领导,能根据需要既施行垂直的层级管理,也在认为必要的时候事必躬亲、"一竿子插到底",不落实不罢休。与此同时,单一的学科结构也促使我在实践中思考现代大学的一些基本问题,促使我对苏联模式大胆地怀疑,进而艰难地突破。在治校后期,我把主要精力放在了按照现代大学发展的基本规律,改善学科结构之上,也就是这个道理。

随着学科综合化特征的初现,规模的逐渐扩大,在治校后期,我再也没有精力"事必躬亲"于具体事务,更多地注意宏观的战略性管

---

[1] Clark Burton R. *Creating Entrepreneurial Universities : Organizational Pathways of Transformation*. IAU Press,1998:141.

理;逐步改变沿用的直接管理模式,而更多地依赖于层级化的垂直管理,强调管理职能部门作用的正常发挥,并强化内部信息沟通和对高等教育问题的发展研究,更多地根据从间接渠道获得二手信息和智囊的研究成果来进行领导决策。

同时,华工一直具有工科力量强大的特征也给我治校产生一定影响。这种特征反映在华工的发展之中。成员强烈的改革欲望支持我推行相对激进的变革,理性的行为习惯影响着我对学校发展的理性思考,工科学校逻辑的思维方式使得华工的改革与发展也按照大学的逻辑理性地展开。当走进华工的校园,整齐有序的布局、外形趋同的建筑、笔直的马路和成行的树木、点缀其间的各种景观,也总是显得那么"理性"。这些无疑是工科文化的外显,也是我治校特征的部分外化。

高。就是在整个高等教育系统之中比较而言,大学地位相对较高。地位往往就是权力和优势的象征。在高等教育体系中所处的地位越高,立意的起点也就越高。不管地位的获得是通过行政的手段,还是通过"看不见的手"的竞争调节,或者是大学历史积淀留下的遗产,大学的地位特征总是影响着大学校长的治校。

一所大学所处的行政地位往往就意味着在竞争中获得了自然优势。对我们这样一个社会主义国家来说,在单位体制下,国家主要是根据单位所有制、类型和行政级别的区分,确定单位组织在国家统治体系和资源分配体系中的位置。所以,不同的单位在资源占有上存在显著差别。由于所有新中国大学在所有制、类型两个方面都是一致的,所以,不同大学享有的地位特征主要显著地表现在单位行政级别以及地位的差别之上。"单位级别是传统再分配经济体制的一个重要特征。……单位级别愈高,意味着愈靠近国家资源分配的权力中心,获得国家分配资源的可能性就愈大,其占有的可供单位成员分配的各种资源、利益和机会就可能越多"①,单位组织的行政地位就意味着发展所具有的保障条件和政策支持。

大学的地位主要有两种体现方式:一是行政级别的高低。一段时间里,所有大学都是在行政级别上吃大锅饭,全部一样。但实际上,这种差别从一开始就体现出第二种方式,即大学具有的"天赋"行政地位,表现在资源分配中区分重点与非重点的等级区分,表现在是中央直属还是地方所属,表现在是中央部门所有还是教育部门直属等方面。虽然新中国大学地位的确定考虑了传统因素和学术基础,但在院系调整之后,主要是依据行政需要而决定,采取政府行为确定大学的"天赋"权力。而且,这种地位一旦确定,不会或者很难改变(所以,我曾经给报刊撰文表达过看法——重点大学也不能终身制,要在竞争中形成)。

这些差异给大学在资源、利益、机会的获得方面会带来显著差异,对大学校长治校会产生明显影响。大学的地位越高,大学校长更容易获得为实现自己治校主张的资源和相应机会,以及行政支持。同时,由于离行政权力中心的距离较近,因此,也会更容易受到来自行政力量的直接约束。反之,大学校长治校获得的资源、利益、机会就愈少;同时,受到直接管制的机会可能也较少。另一方面,要看到大学地位与大学校长治校的关系不是一成不变的,大学校长也可以通过自身的治校智慧,通过增强竞争能力来改变大学的实际地位,重塑形象,尽管这实在是太难啦!

华工建立之初,作为当时中南大区的两项重点建设任务之一立项建设,就是以中南大区主要大学的机电学科为主,集中主要学科力量。大区撤销以后,学校直属中央高教部并在1960年第三批被确定为全国64所重点高等学校之一。之后,除了全国性体制调整高等学

---

① 李路路、李汉林:《中国的单位组织:资源、权力与交换》,浙江人民出版社,2000年,203-205页。

校之外,一直由中央教育部门直属,始终属于重点高等学校。从建立的初衷和后来的发展轨迹可以比较清楚地看到,华工较早地获得了重点优先发展的实际地位,这意味着华工与绝大多数大学相比较拥有较高的"天赋"地位,相对而言,居于整个高等教育体系中的比较高的位置。而在"文革"期间,因为湖北高校较多而财力又并不太强,华工转由湖北省管理后,学校一切资源就处于极度紧张的状态。于是,我们不得不频频向有关部门报告反映发展中碰到的困难①,希望获得更多支持。这充分说明地位的变化给学校发展和我治校所带来的影响。

相对大多数大学来说,华工一直处于较高的地位。这有利于获得较好的保障条件、政策支持和发展机会;同时,也处于教育政策执行的示范地位和行政控制的前沿。我较注意利用、保持和强化这种地位优势,积极争取并获得了实现治校目标所需的办学资源和政策支持。与此同时,又起到作为教育部直属大学在党的方针政策执行方面的示范作用。我还特别注意结合本校实际把上级指示与自己的治校追求相匹配,在允许的范围内获得了一定的自主权,拓展了治校空间。

另一方面,华工与少数老牌大学相比,在很多方面又居于明显劣势。在多次大学级别调整、资源重点分配等方面都没有什么优势,又给华工的发展和我治校带来影响——我们在实践中逐步形成了靠自己主动干、扎实干、自力更生的工作作风和价值取向。这也许是我"敢于竞争"的不服输性格和强烈事业心所导致的必然结果,而这种

---

① 见:华中工学院革命委员会,院革字(77)212号,《关于申请拨给新专业建设专款的报告》,1977年12月24日,华工档案号:[77Ⅱ科5-8,C17];华中工学院革命委员会,院革字(77)194号,《关于请批准我院电力系统动态模拟实验室扩建经费、材料的报告》,1977年11月28日,华工档案号:[77Ⅱ科5-8,C17];华中工学院革命委员会,院革字(75)129号,《请求安排水泥的再次报告》,1975年10月25日,华工档案号:[75Ⅱ基16-1,C6];华中工学院革命委员会,院革字(1973)140号,《关于要求解决实验室建设急需经费的报告》,1973年7月23日,华工档案号:[73Ⅱ财17-1,B21]。

结果恰恰是大学之间竞争中的最有力的武器和最重要的精神财富。

大学的地位、历史、学科、文化等方面都会对大学校长产生影响。关键是大学校长怎么样利用积极因素,克服消极因素,促进大学进一步获得新的发展。我们就是在这样的办学基础之上,注重发挥华工少有历史包袱的后发优势,全体华工人团结奋斗、艰难探索创建社会主义新型大学,在实践中形成了办学思想,用正确的思想武装治校行动,以良好的精神状态,克服各种阻力,大力开展改革,才使得华工有了进步。

下面,我谈谈在治校实践中不断总结、反思所悟出的一些办学思想。

"臭老九":最重要

"谁不懂得教师的重要性,他就不懂得办大学。"这是我常说的话。我在"文革"一结束就一方面推动制定学校发展战略,大力实施学科的综合化和继续放手搞科学研究;另一方面,花了三分之二的精力来抓教师队伍建设工作。

除开更加大胆地放开手脚引进人才之外,看到现有师资绝大多数都是新中国成立后按苏联模式培养出来的,而且其中有一大批是在"文革"这一非常时期毕业的。他们的学习没有按照基本的知识逻辑来实施,基础太弱,一定不适应今后高等教育的发展,也不适应华工追赶世界著名大学办学目标的要求。于是,我狠下决心大抓师资的培养提高,持续开办了大量各种形式的包括外语和数学、物理等基础性、理论性课程在内的回炉班、训练班、读书班、讨论班,提高教师的基础素质,极大地改善了教师的知识结构。①

与此同时,采取走出去、请进来的方式,全力邀请国内外知名专家到华工来讲学,办讲习班。用一位曾经主管师资培养工作的领导的话来说:"在80年代前后的那几年,学校真是热闹啊,国内外的学者专家络绎不绝。"这些著名学者的到来不但给华工的广大教师带来了知识营养,更加重要的是为我们打开了视野,拓展了研究的领域,激发起大家自觉追赶、敢于竞争和转化的精神,并化为一股强大的建设力量。还有什么比在把乱麻拧成一股绳的过程中所发挥的组织、协调、鼓舞作用更加具有意义的呢?我想,这应该是最能体现一位领导者、一位大学校长的最闪亮之处。

不仅如此,我们还在国家刚刚实施开放政策时就看到并抢抓到一个重大的发展机会。中美于1979年1月1日建立正式外交关系,从而结束了长达30年之久的长期对峙,开始了两国关系的新阶段。就在此时,我们开始大力推动、千方百计地选派教师出国进修。要知道,这个时候的中国人多在左顾右盼、担心并捉摸政治的真正走向。就在这个时候、这种氛围之下,要派人出国、要开展对外交流,对于处于刚刚苏醒过来但还远未清醒的中国来说,对于一所举办时间只有二十多年的年轻学校而言,没有开放的经验可资借鉴,开放的口号是非常容易跟着提出来的,可是要把这一口号转化成为现实却不是一

---

① 有近300名"新五届"的青年教师脱产三年补习大学课程,而且首先从3000道初等数学题做起。大约180名"回炉班"的青年教师脱产学习一年半。

举办以补习英语为主的英、日、德、法、俄五个语种配套的外语学习班(包括从1980年开始的两个月的暑期外语班)共230多个,培训人数达5600多人次。

对中年教师则补基础理论(主要是指八九门数学课,理论物理四大力学课,计算技术三门课,加上自然辩证法等共16门课),人均需要补习课内学时约1000学时,相当于脱产学习一年的时间。

培养结果,绝大多数教师当然有了很大提高。这是真正的业务素质培养。正是由于抓好了理论基础的培养,就为今后教师的能力培养,自我拓展专业,转创新专业打下了良好基础。

见:梅世炎、胡伏秋《一段难忘的历史——原华中工学院师资队伍建设和朱九思》,载《高等教育研究》,2003年第5期。

件容易之事。用我自己常说的话来说,"华工在国外是举目无亲"。新学校嘛,自然如此!当然,这不能当做懈怠的理由,更不是创业的拦路虎。需要的是开动脑筋,用智慧的办法。我们大力号召教师们采取以文会友、以情动人等多种办法主动地、积极地去联系国外知名学者,获得他们的支持,最终才撞开国门,走了出去。就是凭着这么一股笨劲、一种执着的"敢"劲,在1979年到1984年间,华工派出国的总人数居于全国所有大学的前列,并与美日加英法德等高等教育强国的多所著名大学建立起了校际交流关系。实践证明,这批派出国的教师回校以后对于华工后来的迅速崛起发挥了重要作用。因此,后来我称他们是学校发展的"一笔巨大财富"。

之所以有这些举措,是因为我坚持这样的思想或理念——教师是大学建设与发展的战略性关键。

我们知道,大学是一个最典型的知识组织。如果说知识的载体除开人以外还有其他各种诸如书籍、电子等媒体的话,那么知识的创造者却只有人类自身,任何其他媒介都只能起到保存和传递的作用,而不具备创造性生产的功用。所以,从这个意义上说,大学的创造性就只能靠大学组织内的人来完成。大学组织内的人最主要的又是教师,学生是教师工作的对象之一,管理人员和其他服务人员都是为教师实现知识的生产、传递和运用提供帮助与服务的。正是因为这种特点,在大学发展历史上,大学都是围绕着教师的聚散而兴衰。大学曾是"教师行会",只是随着历史的变迁,大学组织形态呈现着某些新变化,但是教师在大学建设与发展中的重要地位和作用却亘古不变,永远是最重要的主体。大学之间的竞争在极大程度上就是教师之间的竞争。大学之间的竞争实质上是在教师尤其是大师级教师身上的你争我抢,大学校长为此而不得不求贤若渴、绞尽脑汁、不辞劳苦。

历代大学校长们自然懂得这个重要道理,所以中外杰出的大学校长在治校中都留下了关于教师方面的至理名言、精彩论述和"三顾茅庐"、礼贤下士的动人佳话。广揽人才、爱护人才、培养人才成为成功大学校长治校之道的共同特征和基本标志。

对于我们这样一个有着浓厚尊师重教传统，几千年来一直供奉着"天地君亲师"的传统国度来说，"灵魂工程师"的神圣总是长驻各个时代人们的心田。在我国近现代大学历史上，大学校长们也总是把延揽人才、网罗名家作为第一要务。关于大学教师地位，概括最精辟也流传最广的恐怕应该是梅贻琦先生的大师之解了："大学者，非谓有大楼之谓也，有大师之谓也。"① 梅先生把校长的作用说成是，无非为教授拿拿凳子搬搬椅子而已。由于治校之人总是明白治校的最重要奥妙就在于教师，所以对于大学校长来说，检验他对教师的地位和作用的认识是否真正到位，不是看他说得多么动听，而是看他干得多么起劲、做得多么有效。这是因为关于教师的地位和作用的论述实在太多，无论是中外的政府，还是古今的大学，它们的大学校长都有理论上的、共识性的论述。但是，真正做到了吗？行动和效果才是检验大学校长能否成功、是否卓越的根本标准。

新中国成立以来，大学教师被纳入"知识分子"这个统一称谓之下执行相关政策。在知识分子政策上，曾经非常正确地制定和执行过有利于知识分子发挥作用的政策，但总体上看，我们走过的是一段非常曲折而又痛苦的历程。曾经在极左思想指导下，知识分子长期被想当然地列入资产阶级的一部分，而不是无产阶级阵营中的一分子。在相当长的时间里，他们始终属于团结、教育和改造的对象，而不是国家建设、改革与发展的依靠。只要政治运动一来，他们始终处于优先被批斗甚至被迫害的境地。高等学校教师作为知识分子的最重要代表，其地位就可想而知了。在华工1956年的一篇历史文献中，关于知识分子有这么一段话可以形象说明当时社会对于高等学校教师的认识。

> 他们深受欧美资产阶级思想影响，其资产阶级思想不易

---

① 黄延复等：《梅贻琦与清华大学》，山西教育出版社，1995年，24页。

改造……过去怕接近他们受了资产阶级思想影响,因而不敢接近他们,也不愿和他们接近。①

这种敌视、不敢和不愿接近的思想和基本态度到了"反右""拔白旗",特别是"文化大革命"时期发展到登峰造极的地步,直到党的十一届三中全会才得以扭转。非常可贵和令人敬佩不已的是,在这种不正常的历史进程中,一批大学校长不顾个人安危,敢于挺身而出,尽力保护教师,把教师作为大学发展的根本依靠和保证,在新中国的高等教育发展史上上演了一幕幕动人的、正确执行党的知识分子政策的经典剧目。匡亚明、江隆基等便是他们的杰出代表。所以,新中国大学校长们可贵的不只是他们对于教师地位和作用的论述,而更重要的在于他们那种近乎独胆英雄式的气魄和不计个人安危的胆识与智慧。

人们对我抓师资建设印象最深、流传最广远的可能是在史无前例的"文化大革命"中后期的"冒失行为"。那时我刚被"解放"出来,领导地位也还没有确定,就在当时开明的军宣队领导人的支持下,冒着政治风险,顶着来自校内外的巨大阻力,开始从全国各地收罗被闲置、被批斗的"牛鬼蛇神"。这种大胆而有些"放肆"的举动,不但让我党正确的知识分子政策落地,为国家保护下一批知识分子,而且罗致的600多名各类教师也给华工改革开放后的迅速崛起奠定了最重要的人才战略基础。

在高教界一直传言的还有在"文革"刚刚结束,政治形势依然处于非常微妙的状态之下,在臭名昭著的精神枷锁——"两个估计"仍然笼罩着高等教育战线的情况下,我们就立即着手规划教师队伍的建设,大抓教师的培养。给现有教师办起了各种回炉班、补习班、讲习班、读书班;逾越许多时代的障碍,连续几年聘请外籍教师,集中教

---

① 熊小村:《执行知识分子政策的情况和今后规划意见(一九五六年三月十四日)》,见:华中理工大学档案馆编《华中理工大学建校以来文件选编(第一集)》,1998年,114页。

师于江西庐山等地开办暑期外语培训;采取各种措施,强化教师多年不敢提、不敢碰的基础理论、外语和新技术,为新的发展储备战略资源。当国家刚刚解禁开始对外交流的时候,在"举目无亲"的情况下,我们迅疾绞尽脑汁地往国外尽可能多地派送优秀教师去进修、访问、交流,让封闭多年的教师走出国门去拓展眼界。这些在当时看来有些超乎寻常的培养举措,既弥补了教师荒废多年的知识基础的不足,更为华工进一步获得更大发展营造了重要基础,积蓄了人才的优势。

广为流传也富有争议的举动,便是在1978年国家恢复教师职称评定之时,我们在两次评定中都主张不以年限、规定指标来限制教师职称的提升,而要按照客观的学术水平予以实事求是的衡量。我们"大胆"地提升了一批年限没有达到"标准"、但达到职称评定所要求的学术水准的教师。虽然引起了社会和上级部门的非议,但从当时华工的实际和后来的发展看,证明这些举措是符合实际的,也是适当的。

一直以来,我在治校中都注意尊重教师[①],较少批评教师,生活上关怀教师,在历次政治运动中都比较实事求是地对待教师,等等。在这些今天看来是很平常的、可在当时时代背景下却是石破天惊的一件件凡事背后,必然隐藏着对教师在高等学校建设与发展中的地位和作用的坚定的理性认识,那就是,"教师是大学建设与发展的战略性关键"这种教育思想。

这一教育思想最早见诸文字的论述,是我在1964年向华工第三

[①] 九思同志尊重知识、尊重人才,礼贤下士也是远近闻名的。那几年来访问的国内外学者专家数以百计,九思同志几乎都要亲自会见和宴请每一个人,还要垂询每个人讲学的具体安排,重要的客人还亲自到车站码头迎接。那几年出国回国人员也是数以百计,他总要亲自接见每一位留学人员,对出国人员总是千叮咛,万嘱咐,诸如不要询问女性的年龄,不要打听外国人的工资等习俗问题都要交代到。有一年的春节初一、初二、初三雨雪交加,九思同志率有关负责人挨家挨户给出国人员家属拜年。又一年的春节,也是初一、初二、初三,九思同志还挨户向前一年去世的教职工家属慰问。这些行动非常凝聚人心!

见:梅世炎、胡伏秋《一段难忘的历史——原华中工学院师资队伍建设和朱九思》,载《高等教育研究》,2003年第5期。

次党员代表大会做的工作报告。当时的记载说：

> 从四年的工作中我们体会到，要办好学校，……培养又红又专的师资和干部队伍，是办好学校的一项带战略性的任务。①

但，在这篇讲话中只是提出了这样的观点，并没有展开进行论述。到 1978 年 5 月，在谈师资培养问题时，我又明确提出：

> 加强师资队伍的建设是办好学校的一个带战略性的问题。②

1978 年，经过对国外高等教育情况进行大规模调查之后，我推动学校制定了行动纲领式文件——《我院同世界著名理工科大学的差距和赶超的主要措施》。在其中，我们对师资存在的巨大差距清醒而理性地进行了分析后，提出要"狠抓师资的培养提高"，并明确：

> 师资队伍的建设，是一项具有战略意义的任务，是办好重点学校的一项基本建设，是实现赶超打基础的工作，必须下决心千方百计地抓紧抓好。

三年之后，在 1981 年一次师资培养工作会议上，我更加明确地阐述了师资对于办学的极端重要性：

> 要把学校办好，就必须有高水平的师资。抓好师资培养工作，是办好学校的一个关键，非大抓特抓不可。③

在师资培养工作方面，我们体会最深的有两点：一是要看得重，二是要抓得狠。看得重，就是要始终站在战略的高度，把它看成是一项仅次于领导班子建设的极其重要的工作，经常去考虑它，下决心去抓它。抓得狠，就是要始终抓住

---

① 朱九思：《向第三次党员代表大会的工作报告（1964 年 8 月 25 日）》。见：华中理工大学档案馆编《华中理工大学建校以来文件选编（第一集）》，1998 年，375-379 页。

② 《认真落实全教会精神——朱九思同志在全院教职工大会上的讲话（摘要）》，1978 年 5 月，华工档案号：[78Ⅱ行综 1-3，A4]。

③ 朱九思：《高等教育刍议》，华中工学院出版社，1984 年，127 页。

不放,锲而不舍,坚持不懈,一定要抓出效果来。①

在1988年3月的一次演讲中,我进一步明确地总结了学校三十年曲折发展的切身体会:

> 作为领导……要依靠全体教职工,特别是依靠教师,因而教师队伍的建设对办好学校具有战略意义。不懂得这一点,也就难以办好学校……学校之间的竞争,归根到底,也是人才的竞争,也就是教师力量的竞争。……一个学校教师队伍的强弱关系到一个学校的水平,这是一条千古不移的规律。

并认为:

> 一个大学要把教师队伍建设好,要做好以下三项工作。第一,要注意教师队伍(的结构)是否优化。……第二,要重视学术带头人。……第三,要着重培养青年教师。

> 总之,作为学校的领导,要把教师队伍的建设作为学校的战略问题来抓,如果忙忙碌碌而抓不住要害,就是事务主义,就是不懂得办教育的规律。②

所有这些论述充分地表明,我们对教师的地位和作用始终都有深刻的认识。这既是大学校长对治校规律的理性认识和在治校实践中的亲身体会,也是我们"爱才如命,求贤若渴"③永不衰竭的动力源泉,更是能否敢于顶住各种非议、阻力乃至逆流,罗致、保护、关心知识分子所需胆识的精神支柱与智慧源泉。

当然,这些思想不是一时心血来潮的即兴粉饰,而是早期教育和多年实践、观察和思考的结果。我刚开始走上治校之路时,就萌发了这样的想法,并逐步得以坚定且贯穿始终。

---

① 朱九思:《高等教育刍议》,华中工学院出版社,1984年,128页。
② 朱九思:《教育必须按规律办事》,载《高等教育研究》,1988年第3期,12页。
③ 张天来:《爱才者:记华中工学院党委书记、院长朱九思》,载《人民教育》,1980年第1期,42页。

1960年底，我上任华工党委书记之时，主持对1958年以来的三年工作总结时，用"左""紧""乱"三个字来概括这三年的主要问题，首先就指出表现在执行党的知识分子政策方面主要是：

> 对知识分子在政治上的进步和业务上的作用估计过低；对他们的改造要求过急，在做法上有些简单粗暴；在工作中对他们信任不够，使用也有不当的地方，没有充分发挥他们的作用。1958年教育革命运动中开展的"拔白旗"斗争，是这种"左"的错误的集中表现。[1]

> 产生上述错误的原因，最主要的是我们对党的团结、教育、改造知识分子政策研究不够，对知识分子的特点只是一知半解，对他们在各次运动中基本动向缺乏深入的调查和全面的分析，存在着严重的片面性。[2]

结果造成关系紧张，"普遍存在着'教师难当'或'知识分子没有出息'的想法"[3]。

接着，在加强培养师资的措施中指出：

> 培养提高师资的水平，是提高教学质量的首要条件；同时，提出对作为大学教师的基本要求，就是要过"三关"——基础关、教学关、外文关。[4]

这些步步紧逼的寻根问底，是对执行党的知识分子政策出现严重错误做出的深刻反思，反映出早期我们对教师作用的认识。在政治路线斗争风起云涌的那个年代，更需要深刻思考的精神品质。正是因为有了这种认识，我们才会友好地亲近教师，和蔼地对待教师，真

---

[1] 华中理工大学档案馆编：《华中理工大学建校以来文件选编（第一集）》，1998年，209页。

[2] 华中理工大学档案馆编：《华中理工大学建校以来文件选编（第一集）》，1998年，211页。

[3] 华中理工大学档案馆编：《华中理工大学建校以来文件选编（第一集）》，1998年，216页。

[4] 华中理工大学档案馆编：《华中理工大学建校以来文件选编（第一集）》，1998年，224页。

心地关心教师,大胆地收罗、启用有才华的教师。

如果仅仅从能够找到的历史文献看,我并没有关于教师方面的鸿篇巨著、成体系的长篇大论,也没有特别系统的理论阐述,有的只是结合华工发展思路与具体工作安排所谈的并不算非常系统的言论、想法,以及一个个具体的措施。正如常言所说,一滴露珠足以反映太阳的光辉。这些不算系统的论说以及在其指导之下所展开的治校实践,展现的是对治校规律的认识与把握,说明的是"教师是大学建设与发展的战略性关键"这一思想的基本精神和内涵。

没有非常系统而缜密的关于教师地位和作用的长篇理论论著,更多的是在自己这种教育思想指导之下的富有成效的治校行动。这也许就是处于大学校长岗位上的一个最重要特点,即,大学校长的理论阐释总是基于治校实践的需求、导向于实践中碰到的问题、升华于问题解决与否的总结与反思。因为大学校长不能空谈泛论,也不应空谈泛论,其论述必须紧紧围绕亲身的治校实践展开。这是与教育理论家的最显著区别所在。缺了这一条,即使拥有世界上最系统的、最精美的教育思想,他也不会成为一位杰出的大学校长。所以,我常说:"不要说空话、套话和假话,要说的是实话、心里话和真话。"

在抓教师队伍的建设上,我强调并践行以下几方面。

◆ 始终要有战略眼光

大抓师资培养,决不能就事论事,而要站在党的知识分子政策、国家现代化建设,以及高等教育事业可持续发展需要、学校发展战略的高度来对待教师队伍建设,这本身就是一个战略性问题。所以,对待教师队伍的建设问题,"站得高一点,把眼光放得远一点",是我常常说的两句话。

有了这样的出发点,自然就总是要牵挂着师资建设和教师培养,而不会放过任何发展、拓展教师队伍的机会,即使冒政治风险也在所不辞。我们在"文革"中的"广积人"、"文革"后的广(培)养人都算是具有战略意义的举措。所以,在策略上先人一步、在行动上领先一步,才赢得一点点先机,积攒一点点优势。

我记得,在"文革"期间,一些人对我们到处招兵买马很有些抵触,畏惧情绪突出,行动就有些迟缓。对此,我没有少批评人,也不可避免地运用了我的权威,采取强力予以推动。例如,有人对在湖南某地的一对很有发展潜力的知识分子夫妇的调动问题态度不够坚决。我就说:

> 我们中国不是知识分子多了,而是太少。我们大学要办下去,要培养出一批又一批的知识分子来,就要扩大教师队伍。……要看远些,再过几年,想要人也调不来了![1]

我严肃批评了相关领导和人员在认识上的偏差与态度上的迟疑。就这样,人事部门当即赶去把这对夫妇调到了学校。

靠着这样的认识或者说眼光,才能抓住别人没有抓住、不愿抓住、不敢抓住的机会。学校才会像磁石一样,吸引一批批热忱干事的知识分子的到来。[2]

◆ 始终要有无畏的胆识

在新中国当时的背景之下,教师在很长一段时间里被列为改造的对象。抓教师队伍的建设是要冒极大政治风险、要承受巨大压力的。收罗那些所谓有"资产阶级反动思想"的"牛鬼蛇神"们,弄不好,可能就成了反对派常常批判我的那种"跑资派"("文革"期间造反派强加给我的罪名)。正因为我们抛弃了自我利益的羁绊,就在"文革"刚刚

---

[1] 姚启和、蔡克勇:《华中工学院三十年(1953—1983)》,华中工学院高等教育研究室编印(内部发行),1984年,59页。

[2] 一位毕业于华东航空学院、在军队工作之后,于1970年转业到湖北红旗机制厂从事技术革新工作的华工能源学院工程物理系杨金宝教授回忆说:"上世纪70年代末期,我在报纸上看到华中工学院'高筑墙、深挖塘、广积人'的政策,得知华工求贤若渴,就动笔给华工人事处写信,希望能和爱人一起调入华工教书。尽管经历了很多周折,1980年2月,我正式来到华中工学院,在热工教研室工作。"见:杨金宝(口述),李旭玫(整理):《简忆工程热物理专业的建设》,载《华中大人》,2016年第7期,88页。

结束时,开始了对教师队伍的培养。

一位同事提供的一个例子很有意思。

> 在"文革"期间,他(指朱九思)递给一位军宣队副指挥长一份拟调进教师名单,并吩咐要尽快办理调动手续。这位副指挥长不以为然,把写有名单的纸条扔进了废纸篓里。好在后来开明的指挥长果断处置,他把这位副指挥长批评一通之后,调回原部队,给九思继续开展工作排除了障碍。①

这说明当时即使在我们领导集体内,对此认识也是不一致的。在这样的内外氛围之下,我们只有壮起胆,采取强力才能推动啊。例如,有这样一个个案。

一位新中国成立后毕业的名校研究生,她的导师是一位著名科学家。她在 1957 年"反右"运动中,出了"问题",严重到被司法部门判处劳改多年,被送到东北的农场去改造。劳改期满后,经人试探性地推荐给了我,表达出到华工工作的愿望。我了解情况以后,觉得人才难得,当时就毫不犹豫地确定要把这位有"问题"的人调到学校来。

她到校之后,我发现此人业务很好,很快就上手了。来了一两年之后,一位美国教授来学校讲学,当时大家英文水平还不怎么好,要找一位专业翻译还比较困难,我就叫这位同志来翻译。我当时在场,大家认为她翻译得还好。没有想到她在业务荒废了这么多年之后,还能翻译,这是不容易的。

后来,我们要安排这位同志到美国去做访问学者。可是,当时对出国的政审很严格。一审查,发现此人曾经是犯过罪的"劳改犯",自然就通不过,出不去啦。我就立刻派人带着申诉书到北京市法院去"翻案"。

可是,法院要这位同志曾经工作过的中国科学院出具一份公函予以正式说明,并要明确表示把案子翻过来的态度。于是,我又与中国

---

① 访谈,33。

科学院负责同志联系,派出专人带着我的亲笔信去找这位负责人。他们很好,把历史档案调出来查阅,研究之后认为此事确属冤案,于是中国科学院政治部就给北京市法院出具了正式公函,表明了态度。就这样,法院才把这个案子翻了过来,撤销了原来的判决。

此后,这位教师不但从"罪人"变成了一个清清白白的人,彻底地平了反,而且顺利完成了出国进修访问的任务。用她自己的话说,她的人生实现了三大转变:调到一个新单位、平反、出国。出国回来以后,这位教师一直是学科发展的骨干,成为一名博导,做出了成绩。

◆ 始终要有教师队伍建设与教学、科学研究紧密结合的系统观

大学校长面对的是学校可以解剖但又不能分裂的有机整体,没有这样的工作方法是不可能达到统筹发展的预期效果的。我以为,这也是大学校长治校的基本规律之一。

由于早年学习哲学和马列主义著作的原因,我逐渐形成了哲学的思维习惯。因此,我治校最大的一个特点——从不孤立地对待一件事情,而是从学校发展的全局出发,用弹钢琴的方法,系统地思考、综合地对待、统筹地推进。

这种系统观源于我对大学教师特点的认识。在1961年12月5日,我对高等学校教师特点有这样的论述:

> 作为一个高等学校的教师,如果不积极参加学术活动和科学研究,他就不可能不断提高科学水平,创造性地以丰富的知识教育学生,培养出能够独立思考的专门人才。这样,他也就和一般中等学校的教师没有什么区别了。[1]

在同年的校刊社论中,我又反复强调师资培养的长期性、艰巨性,必须在教学和科学研究活动的"战斗中成长"[2]。1965年,在宣传

---

[1] 华中理工大学档案馆编:《华中理工大学建校以来文件选编(第一集)》,1998年,261页。

[2] 华中理工大学档案馆编:《华中理工大学建校以来文件选编(第一集)》,1998年,252-258页。

关于用辩证唯物主义指导教学科研时,我提出要宣传学外文、宣传科研成果。① 这成为我在不久后开始的"文革"中的一大"罪状"。

经过后来更长时间的治校实践,我更加深刻地认识到大学教师的一些基本特点。1982年,我又做了以下的阐述:

> 对于大学教师,都应该具备教学和科研两种能力。
>
> 作为一个高等学校的教师,只搞教学,不搞科研,总是一个缺陷,必须从战略上提出这个问题。作为一个教师,只有同时搞研究工作,教学内容和教学方法才能搞得更好。不仅讲别人的成果,还可以把自己的体会加进去,这样,教学质量才会比较高,学生收获才能更大。②

这些相互联系的系统化思想,也是我们积极组织教师开展科学研究的重要动力源,也是提出并始终坚持"科学研究要走在教学的前面"这一思想的重要原因之一。

由于有了这样的认识,我们在20世纪60年代贯彻《高教六十条》中规定的"高等学校必须以教学为主"这条原则的时候,就没有机械地执行,而仍然要求教师不能放松科学研究,要积极开展学术活动,提高教师的学术水平。也由于具有这样的认识,我在1978年5月学校贯彻"全教会"精神的大会上这么说:

> 至于以什么为主的问题,邓副主席③讲得很明确:高等学校应该成为两个中心,教学中心和科学中心。"文化大革命"前,《高教六十条》提的是"以教学为主"。这次会上的修改稿,就没有这个"为主"的提法,改为两个中心了。④

可意外的是,在1978年10月4日教育部正式下发的《全国重点高等学校暂行工作条例》(试行草案)中仍然是:"高等学校必须以教

---

① 会议记录,1966年7月11日,华工档案号:[(66)记66A01/24]。
② 朱九思:《竞争与转化》,华中科技大学出版社,2001年,372页。
③ 指邓小平。
④ 《认真落实全教会精神——朱九思同志在全院教职工大会上的讲话(摘要)》,1978年5月,9-10页。华工档案号:[78Ⅱ行综1-3,A4]。

学为主"①的提法。我对此显然不能同意,很有意见。所以我就没有按照上级的要求,召开全校大会来传达这份新时期指导高等学校工作的纲领性文件。这自然引来了不少的非议。这也从另一个侧面说明我坚持这种想法的坚定态度。因为不这样,师资水平怎么能上去呢!

◆ 始终要在工作上信任和正确使用教师

在三十年的治校实践中,我很少直接批评教师,更多的是尽可能亲近教师。原因就是,我一直倡导对教师要有高度的信任,因为他们是知识分子。即使在"文革"最混乱的年代,我也"不相信中国一下子会有那么多的'牛鬼蛇神',当时能够进入知识分子行列的人,在旧社会无不是后来所谓出身'不好'之人"。②

有了这种基本判断,我就不怕与知识分子接近,就不怕收罗他们、不怕使用他们,即使是有"问题"的但确有真才实学之人,也照样使用,而不管其是否是"牛鬼蛇神"。在"文化大革命"开始初期的1966年7月11—12日学校党委会议上,我是这样来检讨自己的"错误"的:

> 依靠什么人的问题上,确实走了资产阶级专家路线,突出的是对刘颖,以及陈传瓒、李兴教,以及把一些老家伙调到造船系、无线电系去,从外面要了一些人。对多多少少有些业务的人,确实看重,特别是在科研上有成绩,就更加看重。③

> 调出一批工农干部和提拔一批知识分子干部当总支副书记,我都有责任。④

---

① 教育部,(78)教高字948号,《关于讨论和试行〈全国重点高等学校暂行工作条例〉(试行草案)的通知》,1978年10月4日,华工档案号:[78Ⅱ行综1-3,A4]。
② 访谈,34。
③ 会议记录,1966年7月11日,265页。华工档案号:[(66)记66A01/24]。
④ 会议记录,1966年7月11日,300页。华工档案号:[(66)记66A01/24]。

其他领导同志对我的批判是：

他搞专家路线，到处收罗，到处安排，吹捧资产阶级专家，涂脂抹粉，树立样板，无条件支持。①

封官，提拔他们，送到领导岗位。②

为了科研，不让一些人（陈珵、朱慧楠、张启明等）下去参加"四清"。③

调（出）21个干部，从某个具体人来讲，都可以讲出理由，但知识分子调出的很少，这是一个倾向。……首先是工农感情，朱九思对工农干部感情是很差的，对高级知识分子，甚至右派的感情，那样热……④

有了在"文革"前的这些"犯罪前科"，在之后我自然就成了"死不悔改"，顶着阻力与逆流启用了一批知识分子。当然，不是把这种信任当做一种获得教师欢心的表面文章，而要落实到具体的实际行动之中，要有实际成效。下面是1979年《光明日报》记者的记述：

一九七二年以来，院党委年年在教师中表彰先进工作者，对教学和科研中取得显著成绩的教师，给予肯定和表扬；对家庭出身不好、社会关系复杂但作出成绩的教师，也同样予以表彰。一九七三年和一九七五年，学校党委两次讨论在知识分子中发展党员的问题。……同时，还实事求是地修改对知识分子的结论。就是还在医治"文革"创伤的1979年就发展了"二十名中老年教师加入了无产阶级先锋队的行列。……这些教师的入党，标志着知识分子的地位的的确确发生了变化。

有二百几十位教授、副教授和讲师，担任着全院十二个

---

① 会议记录，1966年7月11日，274页。华工档案号：[（66）记66A01/24]。
② 会议记录，1966年7月11日，275页。华工档案号：[（66）记66A01/24]。
③ 会议记录，1966年7月11日，285页。华工档案号：[（66）记66A01/24]。
④ 会议记录，1966年7月11日，299页。华工档案号：[（66）记66A01/24]。

系的正、副主任,九个研究所的正、副所长,以及几十个教研室、研究室的主任。有三位教授被任命为副院长,有四位副教授和教师担负了教务处和科研生产处的领导职务。担任领导职务的知识分子有一个共同的感觉,就是当安排他们担任一定的职务,完全不是出于恩赐,而是出于信任。因此,他们感到浑身有用不完的力量。①

而此时,全国仍然处于肃清极左思潮流毒、对知识分子还是抱着一种怀疑和观望态度的大环境。

大学管理:面向教师、服务教师

大学校长关于教师的理性认识直接关乎大学最核心的建设,可以说大学教师是大学的命根子,是一切活动和发展的载体。抓住这个关键,是大学校长治校能否成功的重要源泉。而接下来思考的就是,大学管理的主导方向问题。

管理总是存在一个为谁服务、谁是管理主体的问题。相对于专职管理人员来说,大学管理的最重要客体自然是教师;同时,相对于学生来说,教师也是最重要的管理主体。因此,欧洲中世纪大学有过"教师的大学"这种形态。由于大学学术性的特点突出,掌握专业知识的教授拥有知识管理的发言权,所以,大学管理素有教授治校的传统,管理人员无非是因为教师的存在而存在,为教师提供必要服务,并搞好组织和协调工作。

---

① 陈天生:《他们在这里是主力军》,载《光明日报》,1979年12月21日。

由于历史的原因,更大程度上由于政治的原因,新中国大学里的教师一度成为被改造的"资产阶级知识分子",在学校的管理中属于被管理的对象,而领导干部、行政工作者乃至"革命"的工农兵学员都成为无产阶级革命者的象征,代表党和政府对"资产阶级知识分子"实施"无产阶级"的革命改造和专政。

与此同时,新中国大学又一直被视为一个部门、一个地区的行政附属组织,实际上成为一种与上级主管机关相衔接、对应的一级行政机构。自然,在这些行政组织中工作的机关工作人员作为国家干部承袭着体制性与机制性政治的、行政的领导观念和作风、习惯。在这种背景下,如果没有很好的指导思想与正确的理念,大学的领导、机关干部就会很容易沾染上严重的官僚习气,滋生出高高在上的心理优势,把教师仅仅视作管理对象、下级成员而颐指气使,随便对教师的工作指手画脚,忽视教授治校、学术自治等大学应有的传统而对教师横加指责与干预。这样的话,教师在管理中应有的地位就得不到保障。在新中国高等教育的发展历史上,我们为此付出过惨重的代价。对此,作为新中国大学的校长就不能一半清醒一半醉,而要保持十分的清醒,才能树立正确的大学管理思想。

由于我们把"教师是大学建设与发展的战略性关键"作为主导思想,在管理中确立"牢固树立为教师服务的思想"就是很自然的思想延伸,二者一脉相承。所以,我强调,管理人员必须摆正位置,担当职责,正确对待教师,重视教师的意见和要求。机关要为基层服务,为教师的教学科研服务。因此,我们提出以下要求。

◆ **应特别注重深入教师,搞调查研究,了解教师,为教师服务**

在20世纪60年代,我就说过:

> 管理工作问题,归根到底,是一个思想作风问题,首先是我们党委和院一级行政部门的思想作风问题……这就要求各行政部门的干部,更好地树立为教学服务、为师生员工的

生活服务的思想，面向基层，面向教学，面向群众，经常深入进行调查研究，及时发现问题，迅速解决问题，反对拖拉作风，为实现机关革命化而努力。①

工作的基本方法就是深入教师，搞调查研究。因为"调查研究是党领导一切工作的根本方法，是每一个领导干部向群众学习，克服主观主义，做到一切从实际出发的根本方法"②。

为了改进领导作风，面向基层，克服官僚主义，我强调：

1. 领导干部要深入教学过程，参加教学活动。总支书记以上领导干部，要熟悉教学过程，了解教学工作的基本知识；能够兼课的兼课；要定期到教室、实验室去听课；要参加教研室教学和科学研究的一些活动；处理教学工作问题要多同教师商量。

2. 领导干部要深入蹲点，认真调查研究，掌握第一手材料。党委常委、各部门负责人、总支正副书记，都要固定联系一个教研室，或一个实验室，或一个学生班，或一个科室，结合学校的中心工作和本部门的业务工作，用解剖麻雀的办法，进行调查研究，掌握第一手材料，总结典型经验，指导全面工作。各科科长和大部分政治工作干部，都应有三分之二到二分之一的时间深入群众、深入基层。要坚决克服那种只在事务工作中打圈子，领导一般化，浮在上面，只靠汇报过日子的现象。

3. 健全领导干部的学习制度。……为了形成风气，提倡自上而下地作出榜样，自下而上地进行监督。

4. 精简会议……重申上午和晚上不得找教师开会。学

---

① 华中理工大学档案馆编：《华中理工大学建校以来文件选编（第一集）》，1998年，382页。
② 华中理工大学档案馆编：《华中理工大学建校以来文件选编（第一集）》，1998年，234页。

生上课和自习时间不得用于开会和布置其他任务。一切可以不开的会一律不开。

  5. 加强群众观点，倾听来自群众的批评和建议，重视处理群众来信的工作。

  6. 改进机关工作作风，要面向基层，方便教学，方便群众。提倡认真负责，雷厉风行的工作作风，反对互相推诿、办事拖拉等不良风气。①

20世纪60年代初期，为了对"三年"工作有一个正确的总结，我走访了当时42位教授中的30位，逐一征求他们的看法和建议。

这些虽然都是20世纪60年代的想法，但是我后来都坚持强调，干部要多深入基层，到课堂去听课，到教研室、实验室去，到学生宿舍去，搞调查研究，掌握第一手材料，了解实际情况，了解教师和学生对学校工作的反映和意见，不要成天坐在办公室里。不了解情况，不调查研究，我们做计划、安排工作就会一般化，这样计划就无法执行。要求对"毛主席的《反对本本主义》我们应该反复地学习，努力提高认识"②。并一再指出："在高等学校里，同样也是'工作要上去，干部要下去'。"③

为了迅速打开"四人帮"倒台之后的新局面，1977年我多次强调：

  要走群众路线，遇事多和群众商量，然后集中起来，坚持下去。领导一定要深入，工作一定要扎扎实实。④

在这样的思想指导下，当然，我们得首先带头这样去做。我始终坚持两点：一是对干部严格要求，对教师尽量尊重；二是尽可能多地

---

  ① 华中理工大学档案馆编：《华中理工大学建校以来文件选编（第一集）》，1998年，402-403页。
  ② 华中理工大学档案馆编：《华中理工大学建校以来文件选编（第一集）》，1998年，415-416页。
  ③ 转引自：姚启和《高等教育管理学》，华中理工大学出版社，2000年，282页。
  ④ 中共华中工学院临时委员会，院发字(1977)21号，《通知》，1977年3月21日，华工档案号：[77Ⅱ行综1-1,B4]。

深入群众,尽可能做到对实际情况了如指掌。

前一种情况主要是指,要特别注意在治校中听取教师的意见,特别是那些学术水平高、有见解的教授的建议,用一些至今仍然对此有点"愤愤不平"的干部的话来说,我对这些人"简直就是言听计从"。一位系统工程专家在回忆起自己亲身经历的一件事情时说:

> 1978 年左右,我从外边开会带回一个消息,系统工程学科的发展非常重要,希望九思能够支持,把这个学科抓起来。九思听完以后当即表示:"完全按照你的想法办,需要的人员由你自己点。"为加速师资队伍的培养和学科的迅速发展,还在研究生的招生指标上予以特殊照顾,当年就招收了 20 名研究生,使得这个学科迅速走到了全国的前列。①

事实上,这位学科带头人自己点要的 10 多名教师,我全部予以协调满足。

多年来,我办公从来不是老坐在办公室,听取汇报,而是经常骑着自行车在校园里转,发现问题马上叫有关部门的领导过来当场予以解决。所以,有人说,我对华工的每一棵树都非常清楚。这个话自然很夸张。但是,我确实对校园内的情况掌握很多第一手材料,干部想蒙混过关可能性不大。所以,总体上看,我们的决策大多数符合实际情况,受到大家的认可与拥护。

我注重与教师交谈、交流,向教师请教,形成了一种自然的工作与生活习惯。逐渐地,注意听取教师的意见也就成了学校同事们的工作习惯。因此,碰到的很多实际问题能够比较快地得以解决。

一位 1978 年入学的系统工程专业首届研究生毕业的教授,谈到他深有感触的一件小事情:

> 你看,现在,我们过道的电表坏了很久了,反映上去就是没有人来修。要是九思在的时候,我们就可以直接给他打电

---

① 访谈,11。

话，很快就可以办完。①

由于与基层教职工接触较多，我对老师们尤其是学术带头人的情况非常了解，对不少教师尤其是骨干教师的名字都能够记得非常准确。一位曾在教务处工作过的同志回忆起一件他至今非常难忘的很"小"的事情。

> 有一次，教务处给九思一个教学情况方面的报告，其中涉及外语系的一名普通教师。九思在报告的内页里没有改什么内容，就是这一位普通教师的名字他改了我们写错了的一个字，并在旁边批了几个字："今后要注意把教师的名字搞清楚，了解他们。"这个事情说起来太小，可是对于一位面对几千名教职工的大学校长来说，如果心里不装着教师，能有这样的"小"事情发生吗？我们今天的大学校长就是缺少这一条！②

就是有了这样的精神以及细微的做法，我们才会赢得教师的信任，才能使干部服气、老师敬业，才会获得发展学校的知情权以及演化而来的推动工作的主动权。

但是，由于学校后来快速变化尤其是规模以及学科的发展，加之在拨乱反正的年代里，工作确实千头万绪，很遗憾的是我不能再像过去那样频繁地到教师中间去，聆听他们的需求与意见。为此，我们在校机关成立了教师工作部——专门负责经常性地到教师中间去了解教师的情况，听取来自一线的意见与建议。我要求教师工作部要把了解的情况及时通过各种形式反馈给学校，并注意研究、及时解决带

---

① 访谈，14。
② 访谈，34。此事同时也在档案的原始文献中查到，获得证实。见：中共华中工学院临时委员会，院发字(1978)35号，《加强党的领导，狠抓提高教育质量》，1978年6月8日，华工档案号：[78Ⅱ教4-1，A15]，65页。同时，在另外1篇文献中也有九思同志在《教师工作组关于化学教研室开展教学研究情况反映》上修改1位化学教研室副教授名字中的1个同音字的情况。见：华中工学院，院革字(1978)263号，《转发物理、化学两教研室开展教学研究的汇报》，1978年11月13日，华工档案号：[78Ⅱ教4-1，A15]，122页。——整理者

有倾向性的问题。

对于当时的情况,1980年1月6日《光明日报》对华工的专题报道中有这样的描述:

> 在郁郁葱葱的密林里(记者注:这是对校园绿化的描写,并不是描写深山老林。),教师职工不用为孩子们的事情发愁。孩子生下来五十六天就可以入幼儿园,然后入小学、中学,一直到高中毕业。这个幼儿园办得很好,凌晨五点就有人值班,接上早班的炊事员的孩子;一大早,一辆面包车在校园里一转,把距离幼儿园较远的孩子一起接来,不用怕下雨、下雪和刮大风;家长来不及给孩子理发,拆洗被子,园里就给他们理,给他们拆洗;出国、出差的教师,孩子可以在这里全托,教职工中夫妻二人夜晚开会或业余时间集中精力进修提高的,把孩子全托在这里也可以。①

我们的后勤生活服务做到这种程度,教师们才有可能集中精力于自己的业务发展。

◆ 应特别注重为教师搞好技术后勤服务

大学的管理要为教师服务常常容易理解为给教师提供生活后勤服务。实际上,大学教师更需要服务的是技术后勤服务,这是大学后勤服务的一个基本特点。技术后勤服务搞好了,教师的工作积极性、教学与研究的成效就会大大提高。

技术后勤主要是指给教师学术发展提供专业性支持的服务,主要包括文献、实验及其相关服务。我说过,高等学校的管理有行政管理、学术管理和思想管理三大部分,而要把管理搞好,必须依靠五大支柱——教师、图书馆、实验室、管理干部和教育经费。② 所以,我在

---

① 张天来:《他们有一个好后勤——华中工学院访问记之四》,载《光明日报》,1980年1月6日。

② 朱九思:《关于高等学校管理》,载《洛阳大学学报》,1997年第3期,1-3页。

治校过程中极力加强技术后勤服务工作。在为教师提供文献服务方面，我是舍得花钱的。我提出：

> 如果办大学只懂得找教师、建实验室，而不懂得图书馆的重要性，还是有很大的缺陷。①

由于有这样的认识，我就喜欢让图书馆购买书刊尤其是外文期刊。在这方面我还是出了点小名的。还在"四人帮"仍然横行的20世纪70年代初期，国民经济非常困难，学校的运行财力捉襟见肘，到处需要钱，办学真的是很难很难啊！但是，我们也敢于恢复对图书馆的投资，每年都投入高于国家规定比例的资金，购买了相当一批书籍，使外文原版期刊不至于中断，图书馆的1000余种外文期刊基本上完整齐全，为教师搞教学和研究查阅资料提供了极大方便。

在1973年的一份预算报告中，我为1974年和1975年的图书采购提出的总预算分别为12万元和14万元，其中就有补购一些近年脱购的国外文献的预算。②为了满足不断增加的图书期刊库存需要，1975年还投资扩建图书馆2900平方米，为后来图书馆的发展提供了库存条件。粉碎"四人帮"以后，1977—1983年，图书经费累计达400多万元③，1984年投入的经费占学校总预算的5%左右④，购进书刊48万多册。

因为我们封闭得太久啦，太需要新鲜的信息啦！所以，为了加快了解国外学科发展的步伐，我特别注意利用各种机会，可以说不计成本地大量购进外文书刊，补充在"文革"期间缺损的刊物。据说，购进

---

① 朱九思：《历史的回顾——关于华中工学院的办学历程》，载《高等教育研究》，1992年第4期。
② 华中工学院革命委员会，院革字(1973)147号，《华中工学院一九七四年、一九七五年预算说明》，1973年8月6日，华工档案号：[73Ⅱ财17-1，B21]。
③ 姚启和、蔡克勇：《华中工学院三十年(1953—1983)》，华中工学院高等教育研究室编印(内部发行)，1984年，152页。
④ 朱九思：《历史的回顾——关于华中工学院的办学历程》，载《高等教育研究》，1992年第4期，10页。

外文书刊的数量在全国各个高校中居于第二位①,这对于一所新建的工科院校来说是很不容易的。

由于图书刊物数量增长太快,书架添置速度跟不上,以至于图书馆工作中的一个突出矛盾就是,书架不足。如,1979年增加图书达62000册,图书馆不得不报告要立即增加书架。② 为了给教师提供尽可能最好的文献服务,可以说是不遗余力,抓住一切可能的机会。我说:

不管(书)多贵,只要有用,就买。③

1978年4—5月,学校积极申请承办了新时期华中地区首届外国科技图书展览会。展览会为教师编写教材、选购书刊、了解我国科技发展动态提供了很大帮助。④

由于图书资料的丰富,给教师开展教学和科研以极大方便。一位生物力学学科带头人回忆他创办生物工程学科的经历:

萌发创办这个学科的70年代末期,为了了解国外的情况,到图书馆居然找到很多生物力学方面的资料,为这个学科的迅速发展提供了重要保障。⑤

为支持新学科的建立,满足新建学科的发展需要,在文献资料方面予以重点保障。一位教授在创办数量经济学科时,提出需要订五

---

① 1980年成立湖北省外文书店,开幕时,中国图书进出口总公司来了一位副总经理,他在会上讲话,说全国大学买外文书刊最多的,一是北京大学,二是华中工学院。见:朱九思《历史的回顾——关于华中工学院的办学历程》,载《高等教育研究》,1992年第4期,11页。

② 华中工学院党委宣传部编:《图书馆工作中的一个突出矛盾》,载华中工学院党委宣传部编《情况反映》,1980年4月1日,第114期。

③ 九思给常委的几封信,1975年。华工档案号:[76Ⅱ行1-2,A11]。

④ 武汉展出办公室编印:《外国科技图书展览会筹备就绪》,载《外国科技图书展览会简报》(第一期),1978年4月27日,华工档案号:[77Ⅱ图出13-1,B32]。这期简报中说:"华中工学院党委和武汉市新华书店党委接受这一任务后,极为重视,作为一件大事来抓,决心把这次书展办好。为了解决展地,华工图书馆动员全馆同志用3个月的时间把9个阅览室的书搬到扩建书库,腾出近2000平方米供展览用。院领导从各系各单位抽调100多人参加书展的工作。"

⑤ 访谈,07。

种国外刊物。虽然这位教授提出来的时候,华工订购的外刊数量已经超过国家计划规定每年订国外刊物数量递增3%的指标限定,但是我仍然想办法满足了他的这一要求。

实验室的建设对于大学尤其是以工科为主的大学来说,其重要程度不言而喻。尽管在20世纪70年代到80年代,高等学校的办学经费由于国家经济的衰弱而非常紧张,但是学校仍然尽力改善办学条件。

1973年,用当年经费的45%购买了1台先进计算机,对教师提高业务和计算机专业发展发挥了积极作用。历经5年(1973—1978),建起了国内高校中最大的船模实验水池,这在当时可谓惊人之举。"四人帮"被打倒以后,实验室建设又获得更大发展。如到1984年4月,用于计算机的投资就达1455万元,占全校实验室设备总额的20.6%。① 建立起了计算中心、物质微观分析中心、固体力学中心、计量维修中心、机械工程与计算中心和固体激光、气体激光、燃烧理论、图像识别、大电机等各类型的实验室77个,固定资产总值相当于建校初期的111倍。② 实验手段的改善,自然为教师的学术发展提供了极大的支持,尤其是对于工科院校来说,无疑是非常重要的。这也是华工当时发展很快的一个重要原因。

为教师服务,不仅仅是提供相应的文献、实验等服务,更重要的是方便教师的教学科研活动,保证教师集中精力于业务活动,减轻他们用于非业务活动所花费的无谓的负担。

在新中国成立后相当长的一段时间,教师的时间大量被政治运动、下放劳动、思想改造等随意挤占。1977年以后,教师刚刚有机会可以公开地把时间用于补回自己荒废多年的业务的时候,国家却是

---

① 姚启和、蔡克勇:《华中工学院三十年(1953—1983)》,华中工学院高等教育研究室编印(内部发行),1984年,135页。
② 姚启和、蔡克勇:《华中工学院三十年(1953—1983)》,华中工学院高等教育研究室编印(内部发行),1984年,135页。

处处抓纲治国,处于恢复秩序、整顿组织纪律的状态。坐会议、听文件、搞批判等活动仍然很多,一件事情讨论来研究去还不一定能够决定。因此,教师开展教学和科研的时间不多而且难以保证。即使是开展科研,大量的时间也被白白浪费在跑手续、跑材料、跑加工这些费时不出果的事情上面。以至于当时如何保证教师"六分之五"[①]成为一个中央关心知识分子、落实知识分子政策的普遍性问题。[②]

华工同样存在这样的情况:教师参加各种会议太多,用于业务的时间少;科研中材料器件缺乏,加工跟不上等。对于一向强调效率和效益的我来讲,怎么能够允许这样的情况存在,何况还有"尚方宝剑"呢!所以,在落实"六分之五"问题上,我特别卖劲,不折不扣。为了教师业务方面的大干快上,使出了浑身解数。在对影响教师业务活动不落实情况做了大量细致调查研究的基础上,我在1977年就一份调查报告做出以下批示

立即改进,不要等待。以下几点看来是可行的。

1. 从现在起,上午一律不找他们开会。院与系均须如此。教研室本身上午也不要开会。下午开会也要大力精简。……有些事个别谈谈就可以。能合并开的会不要分开开。要做到尽最大可能少开会,院、系两级机关,特别是院级机关干部,要多多往下跑。下去以后,要谈,但是也不要单纯

[①] 《中共中央关于讨论和试行教育部直属高等学校暂行工作条例(草案)的指示》(一九六一年九月十五日),即简称的《高教六十条》。其中第三十条规定:切实保证教师的业务工作时间。严格执行中央关于保证知识分子至少有六分之五的工作日用在业务工作上的决定。教师的政治理论学习,应该根据自愿原则,学习时间不做硬性规定。党团工会的会议和社会活动,在通常情况下,应该控制在六分之一的工作日以内。必须大力精简会议,改进工作方法,提高工作效率。尽量减少教师的兼职,兼任行政职务的教师也必须保证必要的业务工作时间。教学以外的业务工作时间和业余时间,除学校统一规定的重大政治活动以外,由教师自己支配,不实行上下班制度。建立教授、副教授和讲师的轮流休假制度,使他们能够有一段集中的时间从事进修、科学研究或者其他工作。

[②] 中共中央关于召开全国科学大会的通知中明确指出:"要像保证工人农民的劳动时间一样,保证科学研究人员每周至少必须有六分之五的业务时间。"转引自:中共华中工学院临时委员会,院发字(1977)74号,《印发教务处和教师工作组"关于教师六分之五业务时间的初步调查"的通知》,1977年10月11日,华工档案号:[77Ⅰ党1-1,C1]。

谈，还可以多看，多听。

2. 接待工作要控制。人家来了，不接待不好，而且要热情接待。看来可以这样，尽量由院有关单位负责接谈，如对方要求先去看看，也由院机关干部陪着下去。如院里接谈满足不了要求，再介绍到系。只是万不得已时，才介绍到教研室。尽量控制，尽量把关，尽量不到教研室。即使到了教研室，也不一定非负责人接待不可，可以由部分教师适当分担，千万不能集中在一两个人身上。

3. 加工问题已有规定，严格执行。材料问题，属于内部的任务，由科研生产处设备科负责归口，但特殊物资有关方面必须提供线索，否则找不到门路，还是落空；属于来自外面的任务，委托单位必须负责，只给钱，不给物，还是"无米之炊"。

要真正做到"每周至少必须六分之五的业务工作时间"，还须继续调查研究，还有许多工作要做。这里只是初步的意见。①

除了这些措施之外，我们还想办法改进政治理论学习的方式，采取开书目、列文件，由教师自由安排时间学习，最后统一检查学习情况的灵活办法，减少政治学习占用教师的时间。②

当时这些措施落实后，从反馈看，教师们还是比较满意的。③

---

① 中共华中工学院临时委员会，院发字（1977）74号，《印发教务处和教师工作组"关于教师六分之五业务时间的初步调查"的通知》，1977年10月11日，华工档案号：[77Ⅰ党1-1，C1]。

② 中共华中工学院临时委员会，院发字（1977）82号，《转发党委宣传部〈关于改进教职工政治理论学习的意见〉的通知》，1977年11月4日，华工档案号：[77Ⅰ宣3-1，C2]。

③ 参见：中共华中工学院临时委员会，院发字（1977）94号，《坚决保证"六分之五"充分利用"六分之五"》，1977年12月23日，华工档案号：[77Ⅰ党1-1，C1]。

◆ 始终要在生活上多关心教师

在生活上关心教师,在这一点上,凡是有所作为的中国大学校长总是共同的。这是因为中国是一个与西方资本主义国家不同的"单位制"国家,一所大学在很大程度上并不首先被看作一个特殊的学术组织,而首先必须是一个普普通通的事业"单位"。国家所有的一切资源是通过各个大小不同的"单位"进行有序的分配和管理。大学校长除了要考虑学校的学术发展,还得负责全体教职员工的福利待遇、生老病死,因此,大学就成了五脏俱全的小社会。

我所处的治校时代是比较特殊的困难时期。国家实行极度严格的集中计划经济,经过"大跃进"和"单位"的不断折腾,国民经济极度困难,几度处在崩溃的边沿。有一组数据可以看看当时中国人的窘境:"1978年和1950年相比,人均居住面积由4.5平方米下降到3.6平方米,缺房户869万户,占当时城镇总户数的47.5%。"[①]

国家经济落后,当然给大学的经费和物资供应就非常有限,自然给大学校长的治校造成极大阻碍。在华工有关的档案记录中,有几个数字可以反映当时资源的匮乏。

> 1972年、1973年平均每年教学设备费仅42万元,只有"文化大革命"前1965年设备费140万元的零头。[②]

在1976年关于教工住房情况的一份报告中有以下这样的记载。

> 现有住户1856户中,住在正规的家属住房的有1143户,其中有215户几家合住,共用厕所、厨房,非常不便,有的出现纠纷。非正规住房中有713户,其中学生宿舍改为家属住房7栋住有410户,与单身宿舍混住7栋住有180户,改

---

① 黄小凡:《从分房到买房:新中国的居住革命》,载《安徽日报(农村版)》,2017年4月7日11版。

② 华中工学院革命委员会,院革字(1973)140号,《关于要求解决实验室建设急需经费的报告》,1973年7月23日,华工档案号:[73Ⅱ财17-1,B21]。

建猪房牛棚的 6 栋住有 62 户,西二区 25 栋和 26 栋住有 30 户,学生宿舍住有 2 栋 13 户,借用团山水厂 1 栋住有 8 户,其他生产组门房和厕所边住有 10 户。两代 4 口,小孩满 12 岁以上现在住 1 间的有 140 户,两代 3 口/小孩满 12 岁以上的现住 1 间的有 70 户。①

就是当时老资格的赵学田教授,家中有三代 5 口人,住房面积也只有 29 平方米,平均每人只有 5.8 平方米。② 我们这些学校领导的住房同样非常紧张。1972 年,我自己也仅住在只有 29 平方米的两间住房里,而家中人口实有 7 人。有同事说:

> 由于找领导汇报工作人多,影响家属起床和睡觉。有一次教革组钱福兴因有急事早上 6 点多去找朱九思同志汇报,以致 20 岁的女孩无法起床。③

副院长邱静山全家 6 口人(2 个大男孩、2 个女孩)仅住两间小房;总务处处长孙宝库全家三代 5 口,住房也只有两间小房。④ 即使到了"文革"结束以后,与全国各单位的情况一样,1980 年华工的住房"仍然十分紧张"⑤。关于当时房子的分配,"最有名的故事是关于数学家陈景润的。按照当时所里的规定,陈景润是个单身汉,职称低,又不担任行政职务,要改善居住条件的话,也只能住四人一间的集体宿舍。但是即使帮助陈景润住集体宿舍这样的事情,也一直拖着没有能够解决。后来,在胡耀邦的关心下,数学所最后费了很大力气,

---

① 总务处《关于教工生活住房情况的报告》,1976 年 12 月 29 日,华工档案号:[76Ⅱ总 18-1,B16]。
② 华中工学院革命委员会,院革字(77)118 号,《报送我院骨干教师住房情况及实验室调查情况》,1977 年 9 月 24 日,华工档案号:[77Ⅱ科 5-8,B30]。
③ 《华中工学院高干、高级知识分子住房拥挤典型汇报材料》,1972 年 9 月 2 日,华工档案号:[72Ⅱ总 18-1,B34]。
④ 华中工学院革命委员会,《华中工学院关于一九七七年基建计划的建议》,1977 年 6 月 20 日,华工档案号:[77Ⅱ基 16-1,A23]。
⑤ 华中工学院党委宣传部编:《今年全院住房十分紧张》,载华中工学院党委宣传部编《情况反映》,1980 年 9 月 16 日,第 521 期。

终于为陈景润调整出一间 16 平方米朝阳的房间"。①

在这一宏观背景下，一方面，国家现代化建设的征程刚刚起步，发展的愿望非常强烈。我们也雄心勃勃，推动着华工快速发展，教师和学生的增长速度很快；另一方面，国家非常困难，财政投入又非常有限，呼吁了很多年的教育投入 4% 的问题，也是一拖再拖，到 2012 年才最终实现。所以，仅仅依靠国家投入，不可能跟上学校发展的需要。在这种情况下，我力求作为，积极改善，可以说是为此千方百计、绞尽脑汁啊！②

作为大学校长如何分配匮乏的资源？如何发挥有限资源的最大效力，可以最充分地表现出其治校智慧，传达出其教育思想的信息。

> 一九七九年新落成的四百户住宅，百分之七十分给了教师。同干部和工人比，教师的工龄晚五年的，也可以分到比较宽敞的新住宅。朱九思同志强调在同等条件下要优先照顾在教学第一线的教师特别是基础课教师。③

另外，学校还从极其有限的经费中挤出部分，给教师发放困难补助；在物资紧俏的时期，设法给全院教职工发放电扇、洗衣机，建立煤气站，配发煤气灶等。这些措施极大地改善了教职工的生活条件，成

---

① 黄小凡：《从分房到买房：新中国的居住革命》，载《安徽日报（农村版）》，2017 年 4 月 7 日 11 版。

② 华工教职工住房条件的改善在全国高校中是最早的，而且是向教师倾斜的，因此才有哪些房是"贡献楼"、"招贤楼"，哪些房是"教授楼"的口碑。当北京的许多名大学的教授、副教授们还是"三代五口，单间双层加阁楼"的时候，我们的三室一厅、二室一厅已经很普遍了，家家户户较早地改变了传统的生活方式，从煤炉、吹烟、搓洗、竹床、露宿消夏的生活方式向电风扇、洗衣机、煤气炉的现代家庭生活过渡，使教师从"紧张的早晨，战斗的白天，疲惫的夜晚"的困境中解脱出来。九思同志还一再要求把幼儿园、附小、附中办好，认为这是解决教师后顾之忧的重要环节。我们身在华工的教职工，真有"风景这边独好"的感觉，为引进人才增加了引力。

见：梅世炎、胡伏秋《一段难忘的历史——原华中工学院师资队伍建设和朱九思》，载《高等教育研究》，2003 年第 5 期。

③ 张天来：《爱才者：记华中工学院党委书记、院长朱九思》，载《人民教育》，1980 年第 2 期，45 页。

为当时高校中的佼佼者和羡慕的对象。① 即使这样，也只是有所缓解罢了。要更好解决，还要依赖国家的发展和强盛。

现代大学：学科结构要综合化

学科之于大学如细胞之于人体，生命活力来自于细胞之能量，细胞枯荣就意味着生命之状态。学科对大学生命活力的决定性，使得学科建设居于大学各项基本建设之首。

从大学发展史看，大学学科随着科学的不断分解而由少到多，由混沌而清晰，经历了不断裂变、再由裂变到不断聚变而发生新的综合这么一个发展过程。中世纪大学设立的学科一般有哲学、文学、法学、医学和神学，是一个囊括当时人类认识自然所有知识领域的机构。而后学科加速分裂使得学科数目急剧增长。于是，大学很难在所有学科实施全方位出击，选择性综合、特色化综合成为必然。在工业生产分工运作模式的影响下，逐渐出现了一些不再追求学科齐全而追求学科结构更加合理的专业院校。

但是，随着综合化的趋势日趋明显，一些新建立的大学又走过了一个由学科相对比较单一的专业院校而不断进行学科适度拓展的综合化过程。美国大学就是其中的典型代表。与此相反，有的国家为了适应工业化大生产的社会需求，一度纷纷建立与行业直接对应的大批单科性院校，专业与工业生产甚至产品、工艺一一对口，期待尽

---

① 梅世炎、胡伏秋：《一段难忘的历史——原华中工学院师资队伍建设和朱九思》，载《高等教育研究》，2003年第5期。

可能地缩短人才培养与社会适应之间的周期,提高人才和知识的生产效率。苏联模式便是一个典型代表。

随着社会的变迁,大学要涉猎的学科逐渐复杂,一项科技攻关可能成为众多学科的大会战,一项理论创新可能是文理高度交融的产物,一个不复杂的技术问题却可能涉及复杂的意识冲突、社会问题、伦理纠缠、道德取向。靠单一的学科结构难以适应这种要求,也培养不出高水平、高适应性人才,更产生不了创新性的成果。

所以,世界高水平大学基本都是学科结构适度综合的大学。美国具有世界级水准的高等教育,与美国拥有较多学科综合的大学有密切关系。高等教育曾经比较发达的一些欧洲大陆国家,而今众多的专业院校再也难以支撑起过去的辉煌。正是因为这样,现代大学变得比以前综合性更强了。大学学科适度综合、交叉、融合成为世界高等教育的一个基本走向。"二战"以后,世界高等教育的发展已经非常清楚地表明了这一点。我相信,今后这一趋势依然不会有实质性改变,只是形式、方式会改变罢了。

非常遗憾的是,新中国建立以后,在建立自己的高等教育系统的时候,没有搭上世界高等教育飞速前进的列车。盲从地从苏联那里搬来了人家的模式,把在20世纪上半叶好不容易建立起来的一些综合大学全部肢解为一所所独立建制的专业院校,即使是那些被我们称为综合大学的大学也只是文科加理科而已。社会科学、一些人文学科因为在政治上的不可靠,被取消、停办。工科、师范等等学科被抽取出来建立起相应的院校。更令人遗憾的是,经过几十年的探索,我们竟然固守这种模式,甚至把这种模式僵化成为社会主义高等教育的基本特征。要突破这种模式的禁锢,必然会面对来自各方面的阻力和压力。为了改变这种僵化的模式,新中国的大学校长做出过许多探索,付出过许多心血。

经过前期实践与反思,以及1979年历时近三个月对世界著名大学的考察学习,坚定了我对苏联模式的这种认识,坚定了我办现代大学的决心,坚定了我对现代著名大学就是要学科综合的判断。于是,在1980—1984年,为率先推动在我国突破苏联模式,我坚决推动华工走向现代化、综合化发展之路,期待为我国高等教育的现代化开启大门,为华工后来的发展奠定现代大学的基本框架与坚实基础。

下面简单回顾一下。

在20世纪50、60年代的治校中,我与所有党员干部、全国人民一样,也是带着政治上的狂热忠实地执行党的路线、毛主席的指示,对苏联高等教育模式没有怀疑过,也不敢有所怀疑。只是经过那场浩劫之后,在被"解放"出来,回到校园的时候,校园的寂静才使得我在经历风雨之后有了一分清醒。书被抄走了,自然不能用看书打发时间,我就把难得的闲暇时光用来思考一些高等教育的重要问题。回顾新中国成立以后自己治校实践中的风风雨雨,结合自己早期对大学的印记,开始对曾经深信不疑的模式有了怀疑,破除了对学习苏联的迷信,产生了一些基本的想法。诸如,"1952年以后,为什么要学习苏联?有多方面的原因,但我认为最主要的是政治上的原因。从教育科学来看,找不出原因。""院系调整时一刀切,以致全国没有一所真正的名副其实的综合性大学,这是没有多少道理的。"[①]

这些思考最早体现在文字上的时间是1975年11月23日,华工在专业的设置问题上向湖北省和中央教育部提交了《关于我院"五五"期间增设理科专业意见的报告》。在报告中,我写道:

> 解放以后,"理"和"工"分了家,这种现象显然是不合理的,目前已给我们的工作带来一些困难,如不解决,今后将带来更大的困难。特别是为了今后25年内实现四个现代化,我们认为在若干有基础的工科大学中设置理工结合、以理为主的专业是必要的。为此,我院建议在今后五年中设置以下

[①] 朱九思:《历史的回顾——关于华中工学院的办学历程》,载《高等教育研究》,1992年第4期,3页。

8个专业。①

这可能是最早对我国20世纪50年代形成的理工分家的格局正式提出的批评意见,也是要求实行理工结合的最早设想。后来,由于"反击右倾翻案风"骤起,应对政治斗争都忙碌不过来,谁还有心思管这种反叛性、前瞻性的问题呢!自然如石沉大海,没人理会,也没有反应。理工结合的认识,是我在校内发动对发达国家的著名大学尤其是理工科大学进行大规模调查之后,进一步得到巩固的。在调查之后的"赶超报告"(1978年4月)中,我们把美国麻省理工学院(MIT)作为赶超的具体目标,继续重申了上述当时并没有人理会的观点——"调整和改造专业,实现理工结合。"②

如果此时我的这些观点还不够清晰、不够有力的话,那么在学校贯彻1978年5月全教会精神的全院大会上,对此的认识就更加深刻了,实现理工结合的决心更大了。我说:

> 重新考虑我们的系和专业,总的指导思想是必须理工结合,工向理靠。解放以后,我们学习苏联,有成绩,也有教训。最大的问题是理工分家。理工分家带来的困难,我们工科学校比综合大学更大。总结28年来的经验,我们要提高教学质量,适应四个现代化的要求,必须做到理工结合。具体地说,我们要设置一批理科专业。我们要准备设数学力学系、物理系、化学系、生物系,不管有多大困难,非设不可。现有的工科专业,要加重理的成分,工向理靠。
>
> 前几年,由于林彪、"四人帮"的干扰和破坏,搞了理向工靠,削弱了基础理论,现在应该工向理靠。我们现在的工科专业,口径很狭,不能适应现代科学技术发展的需要。要下

---

① 华中工学院革命委员会,院革字(75)145号,《关于我院"五五"期间增设理科专业意见的报告》,1975年11月23日,华工档案号:[75Ⅱ教4-2,B21]。

② 华中理工大学档案馆编:《华中理工大学建校以来文件选编(第二集)》,1998年,25页。

决心加强理的成分。我们准备花10年左右的时间解决这个问题,在1988年左右办成名副其实的理工学院。做到这一点,是有很多困难的。我们要下决心去克服困难。道理很简单,不加强基础理论,不加强理的成分,赶超世界先进水平就会成为一句空话。教育部要求我们在7月底把专业调整的意见报上去。请同志们认真讨论一下这个问题。讨论中,请同志们多从事物发展的规律,多从现代科学技术发展的要求考虑问题,多从新时期总任务的要求考虑问题。不能过分强调困难。强调困难,这也办不了,那也办不了,怎么实现四个现代化? 我们一定要有克服困难的勇气和决心,而不能被困难所吓倒。①

有了这样的决心和勇气,我在1978年8月给教育部报送的《关于专业调整的设想方案》②中,非常明确地提出了理工结合、增设理科系、专业增加理的成分等专业调整基本原则。可见"理工结合"的思想在1978年就已完全成型。但这时我还没有认识到在理、工学科之外,人文、经管等学科也应该加入学科综合化的进程。直到1979年2月,我在传达贯彻党的十一届三中全会精神的党委扩大会上的讲话中,才开始提出:

> 要下决心用20年甚至更长的时间逐步实行理工结合,并进一步向综合性方向发展,更好地发挥学校"两个中心"③的作用。要逐步设置数学、物理、化学、力学、信息科学等系。现有的工科专业要调整,增加理的成分,放宽专业口径,如材料专业要大大增加理的成分。要设置经济管理、经济学方面

---

① 《认真落实全教会精神——朱九思同志在全院教职工大会上的讲话(摘要)》,1978年5月,5-7页。华工档案号:[78Ⅱ行综1-3,A4]。
② 忻福良:《当代中国高等教育家》,上海交通大学出版社,1995年,233页。
③ 即,教学中心、研究中心。

的专业,设置科技英语专业,以适应国家发展的需要。①

带着这样的初步想法,1979年3—5月,我受教育部委派,带队出访美国、加拿大、日本三国多所著名大学②之后,我"受了一种刺激"③。

第一次出国考察高等教育,留下的"一个突出的感受是,几乎所有的著名大学都是综合性的"。"美国一般知名大学这种从小到大、从单科或者学科门类很少到综合性大学的发展过程,归根结底,反映了美国整个国家在过去200多年当中不断发展的需要。也可以说,这是一种不以人们意志为转移的客观规律。"④

考察回国后,在给教育部的汇报时,"谈到我国高等教育把文、理和工、农、医、师截然分开,不符合教育发展的客观规律,提出'大学的学科结构要综合化,要办一些理、工、文、管相结合的综合性大学'。"⑤

我不是那种喜欢放空炮、只说不干的人。有了想法,只要我认为是正确的,认为符合"客观规律",就会寻找一切可能的机会,千方百计,酝酿如何把想法变为现实,哪怕阻力再大,哪怕阻力来自顶头上司,也在所不辞。这种倔强,这种胆识,这种"主观"⑥,我以为,正是成功大学校长必需的一种最重要的精神品质。"不管有多大困难,非设不可。""我们一定要有克服困难的勇气和决心,而不能被困难所

---

① 《朱九思同志在院临时党委扩大会议上的讲话》(根据记录整理),1979年2月5日,华工档案号:[79Ⅰ党1-1,A1]。
② 1979年教育部根据联合国教科文组织的安排,由教科文出钱,我们国家派两个高等教育考察团出国访问,一个到美国、加拿大、日本,一个到西欧的西德、英国可能还有法国。我参加的是访问美、加、日三国的团,指定由我负责,一共5人。3月16日从北京起飞,5月底回到北京,一共是两个半月。其中在美国待的时间最长,37天;在加拿大17天;日本19天。
见:朱九思《历史的回顾——关于华中工学院的办学历程》,载《高等教育研究》,1992年第4期,4页。
③ 朱九思:《历史的回顾——关于华中工学院的办学历程》,载《高等教育研究》,1992年第4期,5页。
④ 朱九思:《历史的回顾——关于华中工学院的办学历程》,载《高等教育研究》,1992年第4期,5页。
⑤ 忻福良:《当代中国高等教育家》,上海交通大学出版社,1995年,232页。
⑥ 有不少人批评朱九思时,如是说。——整理者

吓倒。"

所以,我在1979年12月1日新华社《国内动态详情》的一次谈话中,进一步深刻阐发学科单一化导致的弊病,指出:

> 1963年中科院就曾反映大学毕业生的"后劲不够",就是理工分家的后果之一,当时教育部对"后劲不够"的严重性认识不足,研究不深。现在许多四十岁至五十岁的中年教师感到物理、数学的基础不够,特别是近代应用数学知识不够,这是"后劲不够"的大暴露。……要解放思想,从苏联的框框中跳出来,改变结构,实行理工结合;牢固树立以教学、科研为中心的思想,把教师队伍的建设作为三年调整时期的一项战略任务来抓;加强对实验室的投资;加强国际交流。①

所以,经过两年的酝酿和继续思考,我于1980年4月向全校正式提出:

> 把华工办成以理工为基础的综合大学。这就不仅要求实现理工结合,而且要把实际已经开始设立的文科和经济学管理学科加以扩大。
>
> 这样做,好处甚多。第一,符合客观教育规律,有利学校的发展和提高;第二,符合国家的需要。现在的情况是工突出的多,理科少,经济管理更少;第三,符合扩大国际交往的需要。②

我的这些思想以《对当前高等教育中几个问题的我见》③为题,公开发表在1980年7月10日出版的《光明日报》上。

至此,关于大学学科结构要综合化的思想,经过理工结合再到逐

---

① 《华中工学院院长朱九思对解放思想办好工科院校的意见》,见:新华社《国内动态详情》,1979年12月1日。

② 华中理工大学档案馆编:《华中理工大学建校以来文件选编(第二集)》,1998年,53页。

③ 朱九思:《对当前高等教育中几个问题的我见》,载《光明日报》,1980年7月10日,第2版。

步综合这一过程之后就完全形成了，构成一个从总结认识苏联模式给我国高等学校带来的严重问题出发，到对高等教育规律的深刻把握。这样一个既有治校实践中的切实体会，也有在体会中根据解决问题的实际需要在理论上的阐释，勾描出大学校长治校思想形成的基本过程：实践中提出问题—解决问题的理论思考—实践中予以检验—理论的继续升华。

在"综合化"思想的正确指导之下，华工学科结构开始发生质的转变。从1979年起，先后建立起了管理系，以及数学系、化学系、物理系、力学系等理科系，建立了中国语言文学系、外语系、新闻系、经济系、社会学系、高等教育研究所、哲学研究所等人文、社科系、所，还建立起了建筑学系①。

从1978年综合化思想的正式提出，到我卸任的1984年底，基本实现了学科综合化的宏愿，使华工比我预期更早地建立起现代综合大学的学科架构，为今天的华中科技大学奠定了坚实的发展基础。在不到六年的时间里实现了一所大学学科结构质的跨越。这不能说不是奇迹，但这个奇迹确实发生了。只是计划中的历史研究所没有来得及建立，成为后来我深感遗憾的一件事情。

和其他教育思想一样，我的大学学科综合化的思想也不是缘于理论的推导和书本现成的教条。我本来就不是一个本本主义者，更不是一个教条主义者。在新中国的环境下（也许在任何环境下），如果是一位死守教条、死抱本本、高呼万岁的大学校长，那么他就永远成不了一位成功的大学校长。

我就是在对自己亲身经历的治校实践的不断思索和对国外高等教育调查研究的切身体会中，逐步认识到学科的过度分裂、过度阻

---

① 为了筹办建筑学系，九思同志真是操碎了心，请来了几位建筑学界知名学者，如周卜颐、黄康宇、蔡德庄等。周卜颐全家在招待所住了较长一段时间，九思同志往往亲自过问其生活状况，有的学者，九思同志还与他们结为终生挚友。

见：梅世炎、胡伏秋《一段难忘的历史——原华中工学院师资队伍建设和朱九思》，载《高等教育研究》，2003年第5期。

隔，不符合高等教育发展和科学技术发展规律，因而提出必须理工结合、进而要学科综合，并且用实际行动推动了专门院校（实际上，院系调整后的新中国大学都是专门院校）如何实现学科综合问题的研究和解决。

实现学科综合化对于专门院校来说，除了要排除来自观念的束缚、来自体制和机制方面的阻力外，还要突破专门院校自身力量之局限。一般来说，专门院校的学科数量有限，师资力量自然就局限于有限的专门知识领域，基础理论薄弱，要突破学科领域在横断面上的障碍，实现学科结构的拓展，必然有来自资源（包括知识准备、人力构成、实验设备、图书资料等）不足的矛盾。当时的中国社会人财物等诸多资源高度紧缺，自然，我们华工也面临同样的严重制约。

华工在1977年恢复高考以后，由于我急欲更多地为"实现四个现代化服务"，克服一切困难，想方设法，大干快上。招生人数激增、科研规模继续扩大、师资培训繁忙，使得华工一直处于快速发展时期。一方面，对资源极度的渴求使得资源显得非常非常有限；另一方面，也更严重的是，教师队伍长期以工为主，而且大多数是新中国成立以后在苏联模式下自己培养起来的，基础不够扎实，知识面不宽，让他们改行去从事理科、文科，确实太难了！要"无中生有"地办理科和文科、社会学科必用奇招。对此，我采取了以下措施来强力推进。

◆ 借鸡下蛋

就是说，自己没有资源、力量就从有资源、有力量的地方引进来、请进来，或借用别人的力量为我所用。

我发动大家一起千方百计地寻找、邀请其他大学、研究院（所）的著名学者前来主持新办的学科、担任兼职教师（主要是文科和理科）、短期讲学、合作培养研究生、开办讲习班、举办学术会议等。请名师指点、帮助建立起新学科，并创造条件，使得学科的建立从一开始就立意高远一些、站在比较高的起点上，避免低水平和窄视野。

比如，办数学系时，就聘请吉林大学数学系著名数学家徐利治教授来兼任系主任；办建筑系时，聘请了清华大学周卜颐教授来兼任系主任；建中国语言研究所时，就聘请著名语言学家严学宭教授担任所长、中国社会科学院民族研究所喻世长研究员和华中师范学院中文系副主任邢福义教授担任副所长，还聘请中国社会科学院语言研究所及民族研究所、中央民族学院语言研究所及民族语文系、北京大学中文系、南开大学中文系、中山大学中文系、复旦大学中文系、四川大学中文系、吉林大学中文系等有关专家教授50位左右为各研究室研究员或副研究员，开展学术研究并负责指导培养研究生工作。

通过聘请外界学术权威创办新学科，依靠他们的视野和在学术界的威望，学科方向、师资水平等方面都得以保证，提升和带动了我们的水平，能够让我们迅速入主流。同时，还主动作为，非常诚恳地聘请了钱伟长、陈景润、赵忠贤、高庆狮、邱励俭、何祚麻、费孝通、王力、吕叔湘、傅懋勣、马学良等一大批著名大师级学者来校担任兼职教授，来学校讲学、办讲习班、进行学术合作、共同培养研究生、指导师资培养，等等，并通过他们让我们与学术组织、学者建立起优良的学术联系。他们非常支持和理解学校和我的想法，对学校的发展帮助很大，我非常感谢他们，学校也应该铭记他们。

除了充分利用国内力量之外，我还注意把视野拓展到海外，实行开放办学。想方设法邀请世界知名教授、学者来校帮助发展相关学科。这种事例很多。如：邀请美国华裔著名学者冯元桢教授举办讲习班，促进和带动了当时还属于国际发展前沿的生物工程学科的建立和发展；邀请美国院士、激光专家坎特罗威茨教授来帮助解决学校激光学科在发展中碰到的难题，等等。

同时，我们通过积极争取，举办一些有重大影响的全国性、世界性学术会议，邀请一大批学界名流与会，建立和加强与学术界的紧密联系，从而让新学科、新学者挤进学术圈子，争取外界的积极支持。这样，新学科逐渐得以建立，老学科也焕发出新的活力。

◆ 节外生枝

大学发展新的学科，很重要的问题，就是要找准新的生长点和恰当的结合点。不能盲目抄袭复制，而要发挥优势，走特色之路。

我当时的想法就是，充分利用学校原有工科具有的较强基础，以工科为生长背景，发展具有自身特色的文、理学科。这样不但建立新学科相对容易，教师能较快实现学术转向，也使得新建立的学科面貌一新，富有自己的特色。如建立科技英语、科技哲学、技术法学、计量经济学、应用数学等具有明显工科"风味"的新专业。建立起来并形成一定基础之后，再不断深化研究内容，拓展学科视界，提升学术水平。

一位同事说：

> 九思同志把新学科创办和师资队伍建设紧紧扣在一起，"逼"着教师改变知识结构，在干中学，在学中干，使教师迅速得到提高，同时也带动学科得到改造和创新，为今天的学科结构定下了基调。[①]

在这个过程中，学校就下力气动员既具有一定文、理、管理学科基础，又有学术兴趣的教师中途学科转向，参与新学科的建设。所以，在华工一度形成教师转行的热潮。有同事回忆说：

> 计算机外部设备专业，在专业创办初期，人们并不知道它的详细专业内涵（此专业是上面委托我们学校办的、全国唯一的一个专业），但九思同志能独具慧眼，坚决从机械系将搞精密机械的学科带头人抽到计算机外部设备专业来边干边学。管理学科开始也是从机械系转来的教师创办的，他们只不过在机械系学过或教过一点工厂管理方面的课。系统

[①] 梅世炎、胡伏秋：《一段难忘的历史——原华中工学院师资队伍建设和朱九思》，载《高等教育研究》，2003年第5期。

工程研究所则是要年近花甲且转过一次行的陈珽教授挂帅组班子，他们没有暑假，坚持全班人马在图书馆博览世界有关书刊的800篇文章以后才开始起步。图像识别研究所的经历和系统工程类似，从科研起步开始自己的长征。①

建立生物工程系的时候，王君健教授原来是从事力学领域研究的，我发现他干事情很有热情，基础也不错。当我请他转行搞当时新兴的生物力学学科的时候，他很乐意，立即改行从新，并取得了不小成绩。当发现这个领域比较狭窄的时候，他又转向搞生物技术。不久，此学科便获得我国第一个生物工程博士学位授权。像这样多次改行的教师在新办的经济、管理等学科还有不少，以至于一些不理解的教师给我提了很多意见，希望学校要稳定教师的学术方向。但，事后看来，这些都是在特殊环境下，不得不采取的必要而有效的措施。

◆ 科研先行

按照我多年心血凝聚的"科学研究要走在教学的前面"思想，在没有正式建立专业之前，组织大家大力开展研究工作，通过研究来积累学术基础、集聚学术力量、招收研究生、储备专业教学资源等先行措施，完善条件，大干快上，然后再正式建立专业和学科。

具体情况，请阅科研部分，在此不赘述。

◆ 刊物推动

为了活跃学术氛围，让学者们有成果发表的园地，扩大学术交流的范围和影响；同时也为了获得学术界支持，沟通与外界的联系，加强学术信息交流，广泛结交朋友，在当时办学经费本就捉襟见肘的情况下，我们还是咬紧牙关与相关学会、学者联合创办起了10余种高

---

① 梅世炎、胡伏秋：《一段难忘的历史——原华中工学院师资队伍建设和朱九思》，载《高等教育研究》，2003年第5期。

水准的学术刊物,其中一些刊物从创刊开始就直接以英语版面向国外发行。这些刊物涉及数学、理论物理、化学、力学、语言、建筑和高等教育等学科领域。学校为此每年要补贴 30 多万元①,尽管内部有些看法,但后来想想,还是很值得。我说:

> 我们的工科由于历史较长,在外面的联系已经很广,而文科、理科历史短,关起门来无论如何是不行的,必须广交朋友,参与广泛的外界活动。②

通过创办这些公开发行的学术刊物,聘请了一大批知名科学家和社会名流担任编委,赢得他们的支持,获得外界许多帮助。如《语言研究》就从全国聘请了 16 名最著名的语言学家担任杂志编委,聘请了 13 名语言学家担任学校成立的中国语言研究所的学术委员会委员;《理论物理》(英文版)的 30 位编委都是来自全国物理学术界的 16 个研究单位的名流。

来自各地的稿源把各种新鲜的学术成果源源不断地导入华工,形成信息集散地,进一步活跃学校的学术氛围与思想,学术刊物作为学术纽带的作用逐步得到大家的认同,使教师能够较快地把握学术前沿动态,从而促进学科建设的快速发展。

学科作为大学的基本细胞,始终是大学校长治校中必须努力经常抓紧抓好的大事。我的治校实践表明——突破苏联模式,按照高等教育以及科学技术的发展规律来举办现代大学,才是符合中国国情的;学科适度综合作为现代大学的基本特征已是共识,符合当今世界高等教育的发展规律。当然,综合化不是搞大而全,而是要结合学校的定位与目标,形成良好的学科生态圈,才有利于人的教育、学术的创新。

---

① 朱九思:《高等教育散论》,华中理工大学出版社,1990 年,142 页。
② 朱九思:《高等教育散论》,华中理工大学出版社,1990 年,143 页。

学术自由：大学之真谛

每一个人总是有自己的偶像。大学校长治校也会对某些前辈产生这种共鸣，不自觉地借鉴他们的思想，获得精神滋养。

在谈及我的治校时，我曾几次提到对我国老一辈教育家中最钦佩的有三个人：蔡元培、张伯苓和竺可桢。[①] 蔡元培先生是我国近现代高等教育最重要的奠基之人，他把早年留学德国所学习到的洪堡教育思想运用于他领导下的北京大学，循"思想自由，兼容并包"之思想，把一所比较腐败的大学改造成为我国第一所具有现代大学气息的高等学府。其中重要秘诀就是聘请了一批有真才实学的教师，如陈独秀、李大钊、胡适、梁漱溟、辜鸿铭等，并给予他们学术自由。张伯苓在严范孙的大力支持下，在极端严峻的时代和条件下把一所私立大学办得能与当时国立大学媲美，究其原因也主要是克服一切困难，聘请了一批诸如姜立夫、竺可桢、范文澜、罗隆基等著名学者为南开服务。[②] 而竺可桢则是在中国处于民族危亡的抗战期间（1938年5月）就任浙江大学校长。浙大在战乱中先后搬迁4次，被称为流亡大学。在当时极为艰苦的条件之下，仍然保存下来了浙江大学的教师队伍，且还让学校有所发展，被誉为我国高等教育史上的一个奇迹。竺可桢树立的"求是"校风成为浙江大学最宝贵的精

[①] 朱九思：《教育必须按规律办事》，见《高等教育散论》，华中理工大学出版社，1990年，105页；朱九思：《张伯苓与南开》，载《南开教育论丛》，1999年第3期。

[②] 参见：南开大学校史编写组《南开大学校史（1919—1949）》，南开大学出版社，1989年。

神财富。他认为:"校长之最重要在能聘请得良好之教员","大学实施教育,教授人选最为重要"①。

这三位卓越的大学校长都对教育事业无限热爱和不懈追求,重视教师在治校中的重要作用,极力延聘具有杰出水平的教师,极力保护教师及其学术自由。他们的这些教育思想对我治校都产生了重要影响。1999年,我在论及自己的教育观时说:

> 我的教育观是"学术自由,追求真理"。……八十年前,蔡元培先生任北京大学校长,就宣布"思想自由,兼容并包"。对此我早就知道,但领会不深。直到"文革"以后才逐渐有进一步的理解。②

我的不少教育思想和治校措施常受这三位大学校长的启发,有不少相似,只是具体内容和运用背景发生了变化而已。更重要的是,他们的精神始终激励着我在异常政治气氛笼罩中国大地的时候,冒着被打倒、被批斗的极大政治风险,收罗"走资派",积蓄人才,保护知识分子,尊重教师,充分发挥他们的治校作用。

于是,经过治校实践与后来的多年思考、研究,我提出——"学术自由,追求真理"是大学生命的真谛。

大学作为探究高深学问的学术机构,学术是其安身立命的根基,追求真理乃是大学存在的目的、追求的终极目标。学术自由是追求真理的最基本也是最重要的前提。因此,学术自由本应是大学的天然禀赋,自由思想、自由争辩应成为学者的基本行为和必要权力。

我国古代书院的基本精神就是自由讲学和自由研究,是对太学被皇权禁锢太死的一种反抗。而西方古典大学一经产生就争取到了学术自由之权,学者秉持不同学术观点并不会因此而受到迫害。这种

---

① 浙江大学校史编写组:《浙江大学简史(第一、二卷)》,浙江大学出版社,1996年,162页。
② 朱九思:《大学生命的真谛》,见《竞争与转化》,华中科技大学出版社,2001年,90页。

传统对西方大学基本价值观的形成产生了深远影响。所以,学术自由作为大学精神的核心部分,向来都是大学校长悉心保护、奋力抗争的最基本治校目标,也成为有所追求的大学校长的基本治校理想。洪堡倡导"大学应具有相对独立性与学术自由"①,使得德国大学一跃进入世界最强之列。蔡元培先生治理北京大学首倡的治校方针就是"思想自由,兼容并包"和"教授治校",使一个没有追求的、腐败的北大逐渐转变成为人才荟萃、学术繁荣的现代大学,给我国近现代高等教育奠定了学术自由之风气,并使我国高等教育走向现代化,逐步缩短与世界的距离。

新中国建立后,从政策上讲,中央曾经制定过开明的繁荣社会主义文化的指导方针。

1956年4月28日,毛泽东在中央政治局扩大会议上说,艺术问题的"百花齐放",学术问题上的"百家争鸣",应作为发展科学技术、繁荣社会主义文化的方针。5月2日,毛泽东在第七次最高国务会议上重申了这一方针。26日,中宣部部长陆定一在中国科学院和中国文学艺术界联合会举行的报告会上做了《百花齐放、百家争鸣》的报告,对这一方针做了详细的阐述:"百花齐放"是指在文学艺术方面允许不同形式、不同风格的作品自由发表;"百家争鸣"是指在学术发展上允许不同派别的观点自由争论。"双百方针"的实质在于用自由讨论的方式代替行政强制,目的在于繁荣文化,发展科学,在文艺工作和科学工作方面,把一切积极因素都调动起来,使知识分子发挥更大的积极性和创造性,更好地为人民服务。②

1957年2月27日,毛主席在最高国务会议上"关于正确处理人民内部矛盾的问题"的长篇讲话中又指出:"百花齐放、百家争鸣的方针,是促进艺术发展和科学进步的方针,是促进我国的社会主义文化

---

① 转引自:肖海涛《大学的理念》,华中科技大学出版社,2001年,61页。
② 吴本样:《中华人民共和国史》,高等教育出版社,1996年,100页。

繁荣的方针。艺术上不同的形式和风格可以自由发展,科学上不同的学派可以自由争论。"①

如果从此我们能够按照"双百方针"来对待一切学术问题,那么学术自由问题就会在正确的轨道上不断前进,至少不会发生后来在"反右"扩大化、历次"教育革命"和十年"文化大革命"中那种把不同学术观点作为反党、反社会主义的主要依据,而对知识分子进行无情的、甚至是残酷的迫害,使知识分子不敢发表与"标准"观点相左的任何学术性见解和建议。把学术问题与思想问题、学术立场与政治路线混同待之,对文艺作品和学术观点进行毫无道理的批判,轻率地杜撰出"数学形式主义""机械外因论""物理唯心主义"等荒谬的政治批判靶子,严重偏离了既定的"双百方针",高等学校成为失去学术自由的政治斗争漩涡。在走出"两个凡是"阴影之后的中国,"实践是检验真理的唯一标准"逐渐深入人心,学术自由在高等学校有了恢复,追求真理的氛围开始浓厚。

在害怕从共产党内部产生修正主义而首先向"资产阶级"知识分子开刀的大背景下,高等学校的领导者们作为中国共产党的执政代表处于两难境地。一方面,作为大学校长理应捍卫大学应有的学术权力,保护学者享有学术自由;另一方面,又必须代表中国共产党,执行不同时期的政治路线,不得不组织一次又一次的政治斗争,哪怕是违心的。如果过度行使第一种权力,就会受到来自政治方面的压力,甚至受到政治迫害,不少大学校长都有过类似的遭遇;如果做一位"最高指示"的忠实执行者,随风摇曳,而不是用马克思主义的基本立场和观点,实事求是地正确对待接连不断的政治风暴,那么知识分子就会在他们手下因为不同言论、大胆观点被无端地打入牛棚,成为"牛鬼蛇神"。在"以阶级斗争为纲"的年代,这样的大学领导者也不会是极少数。

---

① 《毛泽东文集》(第7卷),人民出版社,1999年,230页。

正是有过这种悲切的历程,新中国大学校长才格外珍惜用惨痛教训换来的学术自由。我在卸任 16 年之后,还那么深切地把"学术自由,追求真理"认定为大学生命的真谛,这是经过 30 年治校实践,多年潜心研究思考和在现实中碰到的诸多事件之后,对大学本质特征的透彻理解和发自内心的真切呼吁。我以为:

> 大学是研究高深学问和培养高级人才的场所。大学的根本特性可以概括为两个字:学术。……由此可见,也可以说,学术自由、追求真理是大学的灵魂。

接着,我发出了一连串为了中华民族高等教育兴旺发达的急切询问:

> 须知世界一流大学的主要标志是具有世界一流的学术水平。若没有学术自由,哪能达到一流的学术水平?
>
> 如无学术自由,哪来知识创新?
>
> 如无学术自由,学术如何自由发展?社会如何进步?国家如何兴盛?[①]

这不但是我对大学学术自由这一基本观点的论述,也是作为一位老教育工作者对国家高等教育发展寄予的无限希望。

虽然这些思想是从大学校长岗位卸任 16 年之后才发表的,但是,这绝对不是我的即兴之作,而是思想经过多年积蓄后的一次总爆发。因为在治校过程中,我一直重视贯彻党的"双百方针",努力倡导学术争鸣的风气。

1961 年,在我主持完成的华工《三年工作的初步总结(1958—1960)》中,在寻找对待教学和学术问题的轻率态度在政策思想根源上"左"的错误的表现时,明确指出:

> 没有执行"百花齐放、百家争鸣"的方针,把自然科学家

---

① 朱九思:《大学生命的真谛》,见朱九思《竞争与转化》,华中科技大学出版社,2001 年,89-97 页。

的世界观与自然科学本身的系统、原理、定理、公式混同起来，把许多具体的科学技术问题，一律提到世界观上来开展批判。特别是不从研究客观规律出发，强调从观点方法入手……乱贴标签……这样一来，使在教学改革中持有不同意见的人不敢说话，甚至不敢参加，因而不能贯彻执行"百花齐放、百家争鸣"的方针……因而学校里没有学术上自由讨论的空气。[①]

所以，在谈到今后的十条改进工作的意见时，专门用一条来谈"贯彻执行'百花齐放、百家争鸣'的政策，开展学术上的自由讨论"，指出：

> 鼓励不同学派、不同学术观点自由地开展讨论，相互"争""鸣"，目的是为了促进科学的发展，提高科学水平。提倡学术上的自由讨论，互相探讨，也是促进教学质量提高的重要措施。这不仅是由于能够提高教师的业务水平，丰富教学内容，而且，让学生了解不同的学术观点，还可以扩大学生的知识领域，提高学生的识别能力。……

接着，非常明确地提出在执行这一方针中应注意的界线划分问题。

> 要正确贯彻执行"百花齐放、百家争鸣"的政策，必须划清政治问题、思想问题和学术问题的界限。……不能把思想上的落后和学术上的不同意见，都当成是政治问题。学术问题里有世界观问题，但也不完全都是世界观问题，有许多可能是认识水平问题，是所掌握的材料和方法不对头。……无论如何不能把任何问题都提到世界观上去批判。对于学术上的问题，应当保持慎重的态度，不要轻率地作结论。……

[①] 华中理工大学档案馆编：《华中理工大学建校以来文件选编（第一集）》，1998年，216页。

就是对待世界观问题,对待人民内部的思想问题,也不能用简单的方法去处理。而应当采取讨论的方法,说理的方法,去发展正确的意见,克服错误的意见,切不可乱贴"标签",乱扣帽子。

应该鼓励不同学术观点的人自由地参加讨论,勇于发表自己的意见,坚持自己的意见,保留自己的意见,而不要有种种顾虑。应该提倡各个学派在党的领导下相互尊重,相互探讨,而不要互相轻视,互相排斥。[①]

同年,在我授意下,《华中工学院学报》复刊撰文中,又重申了上述观点。指出:

在学术活动中,应该执行"百花齐放、百家争鸣"的方针,提倡学术上的不同意见互相探讨、热烈争鸣。鼓励每一个教师积极地把自己的学习和研究心得拿出来参加讨论,不要害怕别人批评。只有通过讨论,才能够逐渐认识真理,求得进步。学术问题的研究和探讨,要经过长期的积累……在学术讨论中要提倡勇于争辩、勇于坚持真理,也要提倡对别人的长处虚心吸取,对别人的不足热情帮助,真正做到互相切磋,取长补短。共同提高。[②]

1962年,在谈到树立良好的学风和校风时,我再次说:

在学术上自由讨论,敢于争辩,追求真理,坚持真理……[③]

这里就把学术自由、追求真理提高到治校中必不可少的学风的高度加以培养。这些论述充分表达了在经过"拔白旗"之后,我的严肃

[①] 华中理工大学档案馆编:《华中理工大学建校以来文件选编(第一集)》,1998年,226-227页。

[②] 华中理工大学档案馆编:《华中理工大学建校以来文件选编(第一集)》,1998年,262-263页。

[③] 华中理工大学档案馆编:《华中理工大学建校以来文件选编(第一集)》,1998年,275页。

思考和对治校的基本追求。治校不但需要智慧,更要有胆识。

"四人帮"倒台后不久,1977年9月24日,我在一份《关于召开全院一九七七年科学报告会的通知》中,强烈要求科学报告会:

> 要认真执行百家争鸣的方针,提倡不同学术观点的自由讨论,鼓励为加速实现四个现代化提出的见解和创意,提倡尊重劳动成果,鼓励发明创造,活跃学术空气。同时提倡为革命著书立说。①

这是在开展真理标准问题大讨论之前的一次自觉思想解放行动,也是一次"自由"精神化为的具体行动。

由此,我的"'学术自由,追求真理'是大学生命的真谛"这一思想的基本内涵可以概括为以下几点:

一是大学的根本特性可以概括为两个字——学术;

二是要正确执行党的"双百方针",划清学术问题与政治问题、思想问题的界限;

三是积极鼓励不同观点的自由探讨、热烈争鸣,相互包容;

四是培养自由讨论、追求真理的学风。

这些思想虽然产生于政治气氛笼罩中国大地上所有活动的特殊时代,不用说,是需要有"追求真理"的勇气的。即使在今天看来,对于大学的发展仍具有永恒意义。难怪涂又光教授认为:"(我)发现'大学的根本特性可以概括为两个字:学术(92页)(注:指《竞争与转化》一书的页码)'。这是理论的创新。这是著者独特的贡献。怪不得他平日讲大学管理,总是讲以学术管理为中心。惟其理论意义不止于此。其理论意义在于,'学术自由'与'追求真理'由此贯通起来,是内在的贯通,不是外在的撮合,是'同心结',不是'拉郎配'。惟有大学的根本特性是学术,以此为内在根据,所以学术自由,追求真理

---

① 中共华中工学院临时委员会,院发字(1977)66号,《关于召开全院一九七七年科学报告会的通知》,1977年9月24日,华工档案号:[77Ⅱ科5-4,B26]。

才是大学的灵魂。"①

即使有这样的认识,在浓厚的政治氛围与铁一般的体制机制之下,如何正确对待学术及其自由,我也有过深刻的经验教训——包括在极左政治路线指导下,对教师、对知识分子的无端压制与批判,以及无数次政治运动中对学术自由的打击与迫害。这些都让我后来扼腕遗憾。比如,在1983年,我国文化界和理论界进行的所谓清除精神污染、反对资产阶级自由化的斗争,我主持下的学校党委就对哲学系一位青年教师的学术观点做出了很不恰当的处理。②

1983年的那场政治斗争主要是批评周扬、王若水等人的所谓人道主义和异化问题。在建立不久的华工哲学研究所里有一位青年教师,他于1981年在武汉大学哲学系获哲学硕士学位后加盟学校。他在攻读硕士学位期间就开始发表关于马克思早期思想的研究论文,发表了数篇研究人性、人道主义、人的价值的学术论文,在学术界颇有影响,是马克思主义哲学学术界崭露头角的青年才俊。可是,因为他的学术观点不合当时的主流意识形态,特别是与主管意识形态的胡乔木同志的意见相左,因而便成了所谓清除精神污染、反对资产阶级自由化斗争的批评对象。

10月下旬,时任中共湖北省委副书记钱运录同志在全省思想政治工作座谈会讲话中,专门点名批判了该年轻教师发表的《人论三题》一文,认为"它是我省理论战线散布精神污染的具体例证"。省委政策研究室编发的《湖北情况通报》再一次提到了这位青年教师的所谓问题。该《通报》指出:"在我省理论战线走得较远的,是某大学的一名党员教师。近两年来,他在有关刊物和会议上发表了一系列宣扬抽象人性、人道主义和所谓异化问题的文章及讲演,影响很不

---

① 涂又光:《〈竞争与转化〉一解》,载《高等教育研究》,2001年第3期,3页。
② 本案例转引自:王焰华《朱九思评传》,华中科技大学出版社,2011年,240-242页。——整理者

好……他的不少观点,不是批判资本主义,而是批判社会主义。"为了响应和贯彻,我便在华工掀开了对这位年轻老师的错误批判。

12月23日,华工党委印发了宣传部整理的《×××同志谈论人性、人道主义、人的价值的一些言论》,派出了以校党委宣传部副部长为首、有统战部和教师工作部干部参加的工作组进驻哲学研究所。工作组进所后,采取政治运动搞批判斗争的形式,"先党内、后党外","背靠背"地发动群众,培养积极分子,然后正式召开全所会议进行批评,还派人前往该老师曾经工作过的新疆各地,进行诱导性调查。在党内批评会上竟然还涉及他父亲黄埔军校出身的所谓"历史反革命"问题,称其人道主义和异化观点是反社会主义的,而且是与其父的出身相联系的。性情刚烈的年轻老师拒不认错,拒不检查。哲学所党总支书记去他宿舍找他谈话,也被拒之门外。于是,这位总支书记无法进门,便绕到房后的窗口,掏出小笔记本,对着他的房间念道:"九思同志指示:希望×××同志像周扬、徐迟同志那样做一个共产党员应该做的自我批评。"可是,这位年轻老师仍然拒不检查。

工作组决定召开哲学所全体会议,专题批评其所谓人道主义和异化问题。可是,那天晚上那场紧张而严肃的批评会却出事了。工作组布置的积极分子的批评发言刚刚结结巴巴地念完,竟发生了几乎令所有与会者都预想不到的事情:三位青年教师挺身而出,捍卫他的观点,反驳批评者。一位老师还声泪俱下地说:"×××是我读研究生的同学,我非常了解。他是拥护三中全会的路线的,他批判'四人帮'的假社会主义是对的,你们说'四人帮'是反社会主义,不是假社会主义,反倒是不对的。"接着,他将事先带来的邓小平有关"四人帮"是假社会主义的讲话,让坐在旁边的青年老师一字一句地念出来,一下子就镇住了工作组和对该年轻老师持批评态度的其他教师。

一位时处不惑之年的老师也脸红脖子粗地说:"我刚从长沙参加纪念毛泽东90周年诞辰学术讨论会回来,会下已经流传关于'清污、反自由化'的种种议论。我们哲学所刚刚有些影响,学校也刚刚开始办文科、向综合大学发展,这时来搞'清污、反自由化',试问我们还要不要办哲学研究所?学校还要不要办文科、向综合大学发展?思想要解放,学术无禁区,学校应当鼓励自己的教师搞研究,鼓励自己的教师发表不同意见,只要持之有故,言之成理,就要保护;而不是这样来跟形势,搞'清污、反自由化'。如果这样清下去,反下去,谁还敢搞研究?谁还敢发表不同学术意见?哲学研究所还怎么发展?学校还怎么向理工文管综合大学发展?"

因为几位中青年教师做的反批评发言,主持人只好宣布散会。哲学所的"清污"也就这样流产了。最后,我也意识到我们可能存在的问题。于是,学校党委发了一个文件,以屡见不鲜的"官样文章"结束了这场清除精神污染、反对资产阶级自由化的斗争。

经历过这次批判之后,这位初露头角的年轻老师以及另外几位在各自专业领域崭露头角的青年教师要求调走了,给成立不久的哲学研究所后来的良性发展带来不少遗憾。

每当我忆及此事,总是对此仍深感惋惜与自责。如有机会,我真的应该给他们鞠躬致歉!对此,我真诚地说过:

> 我虽然看过一些哲学书,但对异化根本不懂,盲目崇拜胡乔木。胡乔木是高我三届的扬州中学校友,党内一支笔和理论家,我看过他的《关于人道主义和异化问题》,无条件地相信他的文章。我还把人道主义和人性混为一谈。

这是多年以后,认真反思与总结之后,我道出的真实而坦诚之言。

不得已呀!如果回到当时的社会形态与政治氛围,这场清除精神污染、反对资产阶级自由化的全国性斗争,作为党委书记,我很难不执行,尤其是被省委指名道姓地指出之后。加之,在浓厚的政治氛围之下,如何对待人文学科、社会科学的学术自由,尤其是不同的非主流观点,一直到今天都是一个值得严肃对待的事情。

事实表明,要办好人文社会科学真的需要更加宽松、宽容的学术自由与争鸣环境。对此,需要我们大学校长共同创设与精心呵护!

正是因为有多年治校实践正反两方面的经验与教训，我才会那么尊重教师，爱护教师，才会那么尊崇学术。即使是在政治运动中自身难保的情况下，只要有可能我就以实事求是的态度修订给每一位教师的政治性结论，尽可能不以教师的学派、所持的不同观点大扣帽子，乱贴标签，并鼓励争论、鼓励争辩。正是因为有了把学术作为大学的命根子的思想，我才能在曾经创收风盛行于大学校园的时候，高呼高等学校决不能要钱不要命，决不能以牺牲教育质量和学术水平这个命根子作为代价。① "钱是要搞的，但如果因为搞钱，而降低了教育质量和学术水平，那就付出了太大的代价，学校就要滑下去。……开展有偿服务的根本目的，应该是保证教育质量的提高与科学研究的完成。必须有组织计划地进行，决不能放任自流。无论如何学生不能做买卖。"②

也正是因为有了这些思想，我才会在多年的办刊（包括《高教研究简报》和《高等教育研究》，尤其是前一份内部刊物）过程当中，力排各种阻力，坚持刊用不同学术观点的争鸣性论文，倡导学术自由，透射出学术刊物本有的学术光辉，受到学界广泛欢迎。

所以，在 2000 年，我受邀为《面向 21 世纪我的教育观（高等教育卷）》③一书撰文时，就把"学术自由，追求真理是大学生命的真谛"作为自己的教育观，认为："学术是大学的生命。"可以说，这是多年思想累积、情感积蓄、正反经验总结的自然表达。

---

① 朱九思：《重大的历史责任》，载《高等教育研究》，1989 年第 1 期，13 页。
② 朱九思：《竞争与转化》，华中科技大学出版社，2001 年，65 页。
③ 汪永铨：《面向 21 世纪我的教育观（高等教育卷）》，广东教育出版社，2000 年。

科学研究：要走在教学的前面

自从德国教育家洪堡在19世纪初叶创立柏林大学时，就明确提出了教学与研究相结合的思想。逐步地，科学研究被公认为大学的一项基本职能。大学不但是知识的传递机构，也成为知识发展的场所。因此，近现代大学校长都非常重视大学科学研究职能的发挥，并有切合自己治校实际的、关于科学研究的理性认识，指导其治校实践并在治校实践中予以丰富和完善，也因此留下了许多精辟论述，成为我们高等教育事业发展的重要财富。

在我国近现代高等教育的发展过程中，蔡元培先生根据德国洪堡的治校思想，于1917年1月9日《就任北京大学校长之演说》中明确指出："大学者，研究高深学问者也。"[1]他还提出："所谓大学者，非仅为多数学生按时授课，造成一毕业生之资格而已也，实以是为共同研究学术之机关。"[2]蔡先生因此在北大大力倡导学术自由，积极营造浓厚的研究风气。由此，科学研究作为大学的基本职能得以在我国逐渐发展，形成风气。

所以，在新中国建立以前，北洋政府和国民政府时期的大学，只要条件具备总是要进行一定科学研究，提升大学的学术品质。大学开展科学研究成为一种非常正常的基本教育活动。在中国共产党领

---

[1] 蔡元培：《就任北京大学校长之演说》，见《蔡元培全集（第3卷）》，浙江教育出版社，1997年，382页。

[2] 北京大学月刊，1919年1月发刊词。转引自：蔡元培《孑民自述》，江苏人民出版社，1999年，131页。

导下的革命根据地的高等教育，由于在办学形式上服务并服从于战争环境和革命形势的需要，主要担负干部的培训、输送革命干部和其他各类急用人才的任务。在这种条件下，自然很少开展科学研究工作。即使为了开展很有限的科学研究，也是主要通过在延安成立的"延安自然科学院"来完成。我党革命根据地举办大学的这种传统，对新中国成立以后高等教育功能的正常发挥产生了一定影响。

新中国成立以后，由于政治上的原因和国际环境的逼迫，新中国在改造和建立自己的高等教育体系时，很快完全照搬了苏联模式，将科学研究工作人为地从大学分离了出去，在大学以外新建立一个完全独立运行的科学院系统，以至于大学和科学院两大系统相互为了人才问题发生过"两个聋子吵架"[①]的传闻。由于这两套系统独立存在，单独运行，以至于在新中国成立以后很长一段时间里，人们误以为科学研究就是科学院的事情，大学只是一种地道的人才培养教学机构而已。[②] 这种认识对于我国高等教育的发展、对于科学研究的开展无疑在认识上和事实上都造成了严重的负面影响。

为了纠正这种偏识，新中国大学校长们进行了不懈的努力。直到1956年，国家在制定"十二年科技规划"时，将大学也列为国家科研的一个方面军，大学才开始考虑科研问题，但在"正式下达的事业费中没有科研这一项"。[③] 所以，20世纪50年代后期，在向科学进军热潮中，大学在开展科学研究方面有了形式上的突破，被视为国家科技体系的一个方面军。遗憾的是，用政治之热情来代替科学之理性，必然会导致实践之狂热。各所大学也随着政治热潮一起"跃进"，以致科

---

① 当时中国科学院院长郭沫若和教育部部长杨秀峰因为听力都不好，与外界沟通须借助助听器，而被毛泽东戏称为"聋子"。毛主席批评当时教育部和科学院之间为人的问题而相互扯皮为"两个聋子吵架"。

② 有趣的是，现在科学院也建立起了大学，开展研究生和本科生的培养。而大学开展科学研究活动早已不是争论的话题。

③ 朱九思：《科教兴国的两个问题——〈美国研究型大学形成与发展〉序》，载《高等教育研究》，1999年第2期，10页。

研活动过多冲击了大学正常的教学活动。因此,在经历了"大跃进"之后,1960年代初期,不得不进行"调整、巩固、充实、提高"。

大学的调整是以1961年9月15日颁行的《教育部直属高等学校暂行工作条例(草案)》(也就是后来一直惯称的《高校六十条》)①为依据。这一重要历史性文件的基本精神之一就是:"高等学校必须以教学为主",也就是大学在开展科学研究方面要做必要收缩。"文革"的爆发,大学首当其冲受到无情冲击,成了政治斗争的场所和培养革命"干将"的教育训练机构。科学研究成为资产阶级和修正主义的毒草被排斥,绝大多数大学的研究工作处于停滞状态,只有少数国防需要的项目仍然在断断续续地开展。

幸运的是,1977年邓小平复出,他自告奋勇亲自抓科学和教育工作。他提出,高等学校特别是重点高等学校,要成为两个中心——既是教育中心,又是科研中心。在他的提议下,全国科学大会在1978年3月召开,迎来了"科学的春天"。从此,科学研究工作在大学尤其是重点大学当中逐渐形成风尚,高等教育才逐渐恢复其本来面目。

以上这个过程,我都是亲历者。就是在这个大背景之下,我逐渐形成自己关于大学开展科学研究的理性认识。

回顾华工的发展历史,虽然在校史等史料中没有关于我在20世纪50年代就学校科研工作发表意见的记录,但是就一些对我比较了解的华工老教授的回忆看:"他对教师搞科研非常支持,也很积极。"②这就是说,建校不久,我对大学开展科学研究的必要性是有些感性认识的。这种认识可能是来源于我在20世纪30年代求学时对大学的直接体悟。如果没有这样的认识,在20世纪60年代的大调整中,我就会受制于宏观大背景,机械地按照《高校六十条》中规定的"高等学校必须以教学为主,努力提高教学质量"要求,为教学而教学。

---

① 中国教育年鉴编辑部:《中国教育年鉴(1949—1981)》,中国大百科全书出版社,1984年,693页。

② 访谈,21、25。

当时,作为党委书记,针对一些教师和教研室片面强调以教学为主,忽视开展学术活动和科学研究的重要性等模糊认识,我授意有关同志在华工院刊1961年11月第302期和303期连续发表两篇社论:《论当前提高教学质量从何着手——兼论开展学术活动的重要性》《必须把师资培养进一步全面抓起来——兼论如何正确地对待新生事物、爱护新生力量和积极分子》。院刊社论着重分析了师资培养工作的重要性和迫切性,分析了开展科学研究和学术活动对于提高师资水平和提高教学质量的重要作用。指出:

> 经常地注意教学效果,改进与提高各环节的教学工作,这还只是提高教学质量的一个方面,甚至可以说是类似于治标的办法。……从根本上讲,要提高教学质量,还必须提高师资水平和培养学术空气,因此就必须抓紧师资培养工作和开展学术活动。

与此同时,为推动学术研究工作尤其是浓厚学术交流风气,学校决定恢复出版《华中工学院学报》(1961年11月25日)。在复刊词中,我进一步分析了开展学术活动和科学研究与提高教学质量的关系,指出:

> 不能设想,作为一个高等学校,如果没有蓬勃发展的学术活动和科学研究,能够有较高的学术水平和教学质量。作为一个高等学校的教师,如果不积极参加学术活动和科学研究,他就不可能不断提高科学水平,创造性地以丰富的知识教育学生,培养出能够独立思考的专门人才。这样,他也就与一般中等学校的教师没有什么区别了。

在当时背景之下,这些认识不但表达了作为一位大学领导者应该具有惯常的胆量,还要有对于高等学校基本特点和高等教育规律的基本认识——把科学研究工作的作用置于提高学术水平和师资水平的高度之上,把科学研究置于提高教学质量之本的高度来看待。作为大学领导人,须系统地、理性地对待各项工作,而不能仅仅盲从于上级文件之指令,当然这需要有实事求是的思想路线和最起码的胆识。

在"文革"爆发前的20世纪60年代那几年里,在我这种思想的指导下,学校的科学研究工作还是有较显著的发展。科研力量成长起来了。据档案记载:

> 全院有80%以上的教研室进行过科研。副教授以上的教师,大多数承担了国家科技发展规划的研究任务。少数青年教师也成了科研工作中的骨干。[①]

同时,学校取得了一批有影响、有水平的研究成果,与校外工厂企业、科研机关、设计单位和兄弟院校建立了协作关系,与243个单位签订了技术情报系统合同;还建立了3个专门的研究机构,即中南机床研究所、柴油机研究室和电机研究室。[②]

科学研究的开展,也的确促进了师资水平和教学质量的提高。据1983年学校组织的对"文革"前毕业生质量的大范围调查,这一时期的毕业生"政治热情高,要求上进,有事业心,工作认真负责,能够艰苦奋斗,作风比较朴实;业务上上手比较快,设计能力和现场处理实际问题的能力较强,学风比较严谨"[③]。这些治校成果无疑是在正确的教育思想指导之下取得的,经过实践检验也是正确的。

遗憾的是,正在兴致勃勃地想甩开膀子继续干下去的时候,国家政治风向突然逆转,个人崇拜逐渐达到顶点,"文革"风暴席卷中华大地。正确的教育思想受到无情批判,我的思想与做法成为批斗"资产阶级当权派"的主要罪状。不过,尽管在最乱的岁月,学校仍然有少数几项研究课题仍在继续开展。但是,整体上说,学校和全社会并没有形成科学研究所需的必要气候。

---

① 校史编写组:《缩影:华中理工大学的四十年》,华中理工大学出版社,1993年,101页。

② 校史编写组:《缩影:华中理工大学的四十年》,华中理工大学出版社,1993年,103页。

③ 校史编写组:《缩影:华中理工大学的四十年》,华中理工大学出版社,1993年,6页。

1970年,当我被"解放"出来以后,一有机会还是"死不悔改"地执行自己一直认为正确的"资产阶级"科学研究路线。经过在空荡荡的校园里反复思索之后,仍然坚持我在20世纪60年代的治校主张,在学校放手大抓科学研究。此时,部分教师经过几年"文革"狂热之后也逐渐冷静下来了,开始醒悟,不愿意把宝贵时光浪费于无谓的打斗之中,开始想找点事做。另一方面,绝大多数其他社会机构仍然还在忙碌于极左的政治斗争,社会运行几乎处于瘫痪状态。就在这个时候,我看到了发展的可能机遇。

我利用人家还在睡觉的机会,开始了"龟兔赛跑"。1972年,学校便设立了科研生产管理机构,负责全面推动科研工作。在没有多少人愿意承担重任的情况下,我们却积极承担国家部委和一些企业提出的重要课题。如,1971年4月,新成立的无线电通讯专业承担了第四机械工业部下达的"研制移动式对流层散射通信设备"的任务。经过两年多的时间,完成了第一代样机的研制,1976年又研制出第二代样机。1972年,刚刚成立的激光专业承担了第四机械工业部下达的"激光加工集成电路生产线"的研制任务。船舶工程系接受了第六机械工业部的"编制一项潜艇结构强度设计规范"的这块硬骨头。同时,这个时期还接受了第二机械工业部西南物理研究所"受控热核聚变反应装置"等系列课题。研制成功了数列处理计算机、自动换刀的数控镗铣床(又称"加工中心")等一批综合性的先进设备。

在学校努力和主动的推动之下,科研项目逐年增多。1971年是53项,1972年是92项,1975年达到110项。就在"四人帮"还在猖狂横行的1976年,我们仍然与32个单位协作,承担了138项科研任务,在当时背景下,这无疑算是一个奇迹。从1971年以来,进行的科研项目总共达到393项。据统计,到1976年底,已完成用于生产的项目为146项,取得阶段成果的有105项,其中有25项填补了国家的空白。① 难得的是,在这种思想指导之下取得的成就,是在同"四人帮"的卓绝斗争中,是在搞不搞科学研究成为一个路线斗争问题的激烈政治对抗的背景下顶着逆流开展和取得的。

1974年,"四人帮"大肆反对所谓"回潮"和"复辟",周总理的纠"左"受阻,他们攻击和侮蔑基础理论研究。校内"革命干将"围攻学校党委,妄图篡夺领导权。即使在这种声势浩大的批林批孔运动形势下,华工的科研项目不仅没有减少,反而增到108项。在1977年的一份科研座谈会材料中,固体力学教研室这样介绍了"断裂力学科研组"成立时的经过:

> 1974年初,教研室根据院党委的意见,组织了断裂力学科研组,此时正是"四人帮"在清华的黑干将大反所谓"教育界复辟回潮",使得清华大学的断裂力学科研下马之日。当时,"四人帮"刮起的取消基础科学的妖风甚嚣尘上。我院也有人认为学校搞科研是"不务正业",搞基础理论研究是"走歪路"。科研组在党组织的支持下,顶住了这股压力,把断裂力学基础理论研究工作扎实地开展起来。②

就是在"四人帮"叫嚣最厉害的1976年,也是中国最不幸的一年,"反击右倾翻案风"突如其来,当时华工校内的造反派趁此机会多次收集、整理、上报状告我的材料。"四人帮"被打倒之后,在一位造反派头目的一份交代材料中,有这样的记录。在前言中写道:

> 朱九思是华工修正主义的祸根……他不撤职,不调离华工,华工的教育革命就不可能真正搞好。

该材料分三大部分:

一、朱九思在文化大革命前是走资本主义道路的当权

---

① 校史编写组:《缩影:华中理工大学的四十年》,华中理工大学出版社,1993年,140页。

② 华中工学院固体力学教研室:《开展基础理论科学研究的体会》,在中共湖北省委宣传部科研座谈会上的发言,1977年7月,华工档案号:[77Ⅱ科5-7,B29]。

派,走资派的卫士;二、朱九思在文化大革命后,仍然顽固坚持走资本主义道路;三、朱九思去年(注:指1976年)7、8、9月以来,是搞右倾翻案风的急先锋。①

这一年,我因此受到攻击,被迫搬离华工校园,之后一直居住在湖北省委的宿舍里。

即使在这种情况之下,1976年的科研课题还是达到138项之多,不能不说这是了不起的成绩。而且,我们还在全院举行了院级学术报告会15次,各系开展学术讲座96次。全院有100多个科研组活跃在科研一线。②

据1977年6月20日的一项统计,当时参加科研的专职科研人员624人,占教师总数的33.1%,兼职科研人员454人,科研总人数达到1078人,占教师总数的57.2%。③ 在当时高考尚未恢复,只有少量工农兵学员的情况下,许多教师没有教学工作,或者教学任务很少,恰恰给他们大量参与科研提供了可能。

科学研究的广泛开展,大大推动着学校的迅速发展。当时,华工实际情况是,新办了包括激光、通信、计算机等9个新技术方面的专业以及其他工科专业,专业数量由"文革"前的18个增加到36个。专业急剧增加,急须加强专业建设才能得到相应发展,尤其是新办的高新技术专业几乎是在零的基础上开始,没有人手、教材和实验手段。与此同时,我们大胆地从全国各地大量罗致"臭老九",教职工人数由1970年3249名(其中教师1138名)增加到1977年的4419名(其中教师2005名)。

---

① 赵文成学习班整理:《赵文成问题的初步材料》,1977年5月10日,华工档案号:[77Ⅱ人3-3,A5]。
② 华中工学院《先进科技单位登记表》,1977年,华工档案号:[77Ⅱ科5-4,B26]。
③ 《华中工学院科研工作基本情况汇报》,1977年6月20日,华工档案号:[77Ⅱ科5-4,B26]。清华大学科研人员占教师数的比例由"文革"前的30%下降为的10%。见《揭露清华大学"反复辟"运动的文章》,载《光明日报》,1977年12月1日。转引自:周全华《"文化大革命"中的"教育革命"》,广东教育出版社,1999年,276页。

人员急剧增加,也需要学校的大力发展,才能给这些从被批斗困境中幸运走出来的"困兽"们提供必要的工作条件和施展才华的机会。另外,1971年招生,在校工农兵学员由1971年677名增加到1977年的4100名,教学任务的恢复和增加,向改善教学条件尤其是新建设专业也提出了新要求。

就在华工规模扩大、人员增加、新专业急需建设的同时,高等教育体制在1971年发生了变化,原来由中央教育部管辖的高等学校被下放到各个省市。华工交由湖北省管理以后,由于当时处于"文革"混乱期间,加之各个方面的供给关系没有理顺,使得学校的建设出现了很多困难。1975年,在华工革命委员会给上级的一份报告中,诉说了体制下放后存在的包括经费在内等问题:采取以1970年没有招生时的基数实行经费总额包干,没有新专业建设费,没有外汇,科研经费很少;教学科研设备、物资供应渠道不畅,等等。①

当然,最主要的是当时政府下拨的经费大幅度减少,而且一直处于非常紧张的状态。缺钱、缺物成为我办学最深刻也是最触及痛处的记忆。

政府拨给华工的教育经费的实际情况是:②

1972年教育经费536万元,科研经费2.0万元,占0.4%;

1973年教育经费537万元,科研经费42.7万元,占8.0%;

1974年教育经费593万元,科研经费41.4万元,占7.0%;

1975年教育经费595万元,科研经费30.0万元,占

---

① 华中工学院革命委员会,院革字(1975)149号,《报送〈体制下放后我院存在的问题〉汇报材料》,1975年11月29日,华工档案号:[75Ⅱ行综1-1,A3]。

② 校史编写组:《缩影:华中理工大学的四十年》,华中理工大学出版社,1993年,145页。

5.0%。

显然,靠下拨的经费难以解决当时学校的大发展尤其是科研的大发展问题!为难的是,恰恰这个时期又没有其他任何允许的、可能的创收渠道。在这种情况下,发展起来的科学研究无疑可以解燃眉之急,能支撑甚至于促进学校的发展。这个时期在正常下拨经费之外,获得了大量的、增长迅速的科研经费。

1972—1976年实际获得的科研经费为:[①]

1972年　161.81万元;
1973年　141.20万元;
1974年　294.07万元;
1975年　297.34万元;
1976年　205.94万元。

五年总计为1100.36万元,年均达到220万元。绝对数量在今天看来并不是一个惊天动地的大数,但放在当时的历史背景下,其占全部教育经费的比例却相当的高,在全国无疑应该首屈一指。在当时的极左路线还处于统治地位的大环境之下,对于当时的物资供应、物价水平和学校本身的实际来说,可以说,既促进了学校科研的大发展,也解了学校发展的燃眉之急,可谓是一箭多雕,获益多多啊!

通过开展科学研究,大大提高了教师的学术水平,教师在科研实践中不断得到锤炼,不但为学校后来的发展锤炼出一支敢打硬仗的科研队伍,也培养造就了新办专业急需的一批专业师资,大大推动了专业建设。这也就是为什么科研要走在教学前面的实践逻辑!

同时,在国家投入大幅度减少的情况下,通过科研,办学条件获得较大改善。这可以从教学设备的增加数据窥视出科研经费增加的好处。1972年设备总值为2285.80万元,而到了1977年增加到了

---

① 校史编写组:《缩影:华中理工大学的四十年》,华中理工大学出版社,1993年,146页。

3202.34万元,净增916.54万元,扣除淘汰减少的334.48万元(肯定都是老设备),实际增加数达到1250余万元。① 当然,增加的数字中包含了很小比例的上级拨款,但是从上面引用的数据看,如果没有科研经费的额外补贴,实验设备总值是不会有如此大幅增加的。激光、通信、计算机等新专业就是这样在不断开展科学研究中完成了专业招生准备——教师水平在不断研究中的提高、教材的编撰、实验手段的建立,等等。

心理学的研究表明,当人们在一次新的尝试中获得甜头之后,这样的尝试就将继续进行。大学校长治校水平也是在不断尝试的过程中获得有益提高的。正因为我们在顶着逆流开展科学研究中尝到了甜头,看到了大学开展研究的重要作用和重大意义,所以,当邓小平复出以后提出"大学是科学研究的一个重要方面军"和"重点大学既要办成教育的中心、也要办成科学的中心"的时候,我发自内心赞同邓小平的这些观点,以至于忍不住内心的激动,于1977年10月24日给邓小平写信②,表达喜悦的心情和坚决贯彻的决心。

在筹备参加1978年春天召开的全国科学大会的大半年时间里,我异常兴奋地继续在全校推进研究工作的展开,组织大规模的学科调查,举办科研成就展览和科学报告会,营造更加浓厚的研究气氛。这既表达了在科学春天到来之时异常喜悦的心情,也表示了学校将继续沿着我们所推行的正确治校方向前进,以此向科学大会献礼。

1977年10月25日,我在批转科研生产处情况汇报的"通知"时,亲自起草文件,急切号召全院人员参加科学报告会。

> "文化大革命"以后,我院第一次科学报告会的召开已经非常迫近了。……还须作进一步的发动,真正做到百花齐放,百家争鸣,内容丰富,多多益善。

---

① 根据《缩影:华中理工大学的四十年》348页所载数据整理而成。
② 朱九思:《写给邓小平同志的一封信》,见朱九思《竞争与转化》,华中科技大学出版社,2001年,103—107页。

为此,党委决定把手放得大大的:(1)预先把文章写出来,很好,只有提纲,没有文章,照样讲;(2)预先写有提纲,很好,只有题目,没有提纲,照样讲;(3)自己认为成熟,或者比较成熟的,很好,就是不大成熟的,但愿意提出来,照样讲;(4)会议开始以前报了名,很好,但会议开始以后要报名,仍然欢迎,照样讲。

总之,下决心把这次科学报告会开好,开得热气腾腾。打算从12月15日左右开始,开到12月底。如时间不够,延长到明年1月。①

在激动之后如果没有具体的实际行动就会像泡沫,终将破灭。热情需要行动相伴,否则可能只是一时之兴奋。杰出的大学校长之所以杰出,就是因为他们有一种执着的精神和这种精神转化成的毫不懈怠的务实行动。当华工被国家指定要为全国科学大会提交发言稿的时候,我们没有因一时的成就而飘飘然,而是把这次任务作为一次系统总结和升华多年办学中领导科研实践、全面阐释对于大学开展科学研究的基本主张的难得机遇。

在这一次被誉为新中国科学事业之春天的大会上,华工不但是全国两所受到表彰的"全国科学研究先进集体"的高校之一,还有31项研究成果获得大会奖励。引起大家高度关注的不仅是这些,而主要集中于我们向大会提交的发言稿。

这篇稿件的题目和最基本的观点是:"科学研究要走在教学的前面"。这一思想别说是在刚刚苏醒的1978年,就是放在今天也不是没有争议的。也许,我一生就要在争议中度过!没有争议哪来真正的前行!这或许是每一位想干点事情的大学校长必须付出的基本代价吧。好在我从来就敢于直面各种争议,敢于独立思考,敢于坚持办

---

① 中共华中工学院临时委员会,院发字(1977)79号,《批转科研生产处情况汇报的通知》,1977年10月25日,华工档案号:[77Ⅱ科5-4,B26]。

自己认为正确的、符合规律的、有助于学校可持续发展的事情。

我把这篇发言稿寄给教育部和国家科委后,在教育部引起两种不同的反应,有赞成的,也有反对的。

> 不赞成的同志有两条理由:第一,认为这样提,学校就是以科研为主了;第二,认为这个说法虽然有道理,但容易引起思想混乱,最好还是不要提。对这些意见,我们也作了认真的考虑。我们认为还是应该提。我们说科研应该走在教学前面,这是从科学的发展同教学内容之间的关系来讲的,并不是为了回答学校以什么为主的问题。①

不过,会议主持者是国家科技部门,科技部的领导和国家主管领导对此赞成。最终,发言稿还是在争议声中正式印发大会,引来关注。

下面,来看看我们关于科学研究到底有什么思想引起了如此不同的反响,引起这么大的争议?我们认为:首先,是高等学校科学研究与教学的"源"与"流"的关系决定了"科学研究要走在教学的前面"。我从教学和科研各自的特点来看待这个问题。认为:

> 教学,主要是指教师给学生传授书本上的理论知识和实际经验。自然科学理论是生产斗争和科学实验这两个方面实践的总结,它最初从生产实践中提出来,到了科学实验产生以后,才逐渐形成理论体系,从而奠定了各门自然科学的理论基础。随着自然科学的进一步发展,现在,广义的科学实验已包含着各种科学研究的实践活动,它把理论与实践有机地结合在一起,成为现代各门自然科学理论的源泉。显然,只有有了科学研究,即有了科学实验的实践,并把实践经验总结成为理论体系,才有可能进行教学。从这个意义上

---

① 《认真落实全教会精神——朱九思同志在全院教职工大会上的讲话(摘要)》,1978年5月,华工档案号:[78Ⅱ行综1-3,A4]。

说,科学研究是"源",教学则是"流"。科学研究总是走在教学的前面。

从高等学校本身特点看,教学是传授知识,而科研是产生知识的途径,二者之间自然构成了"源"与"流"的关系。从知识的产生顺序看,既然是源头,科研就应该在教学的前面。我以为,用"源"与"流"的关系来论述科研与教学之间的关系是一个理论创新,对高等教育思想是一重要理论贡献,在高等教育发展历史上还没有这么深刻地阐述过这对长期争论的矛盾关系。

所以,这一思想是有理论依据的。正是因为这种"源"与"流"的关系,我对我国形成的大学与科学院分离的局面非常不赞成,多次要求尽快改变这种不符合科学发展规律和高等教育规律的现实。[①] 为了弄清楚美国一流大学的情况,我要求我的一位博士生对美国研究型大学及其体制机制问题进行了系统研究[②],以便学习人家的先进经验。我发现,美国就是合一体制嘛,研究型大学的知识传授就是与知识生产一体化,人的培养与科学研究协调发展,办得很好啊,高水平的大学并没有因为科学研究而贻误人的培养嘛。

接着,我们从现代科学技术的发展来阐明"科学研究要走在教学的前面"的思想。

> 现代科学技术的发展日新月异……在这种情况下,理工科大学如果不开展基础理论研究和新兴技术的研究,取得具有先进水平的研究成果,用以不断提高师资水平,丰富教学内容,革新教学手段,又怎样能够适应科学技术飞速发展的形势,培养出具有先进水平的科技人才?……所以,高等学校只有真正办成科学的中心,才能培养出高水平的人才,真

---

① 姚启和:《高等教育管理学》,华中理工大学出版社,2001年,253页;朱九思:《科教兴国的两个问题——〈美国研究型大学形成与发展〉序》,载《高等教育研究》,1999年第2期,9-11页。

② 沈红:《美国研究性大学形成与发展》,华中理工大学出版社,1999年。

> 正成为教学的中心。在科学史上，凡是科学的中心，都是聚集人才、造就大师的科学基地……大学组织教师和学生开展科学研究，是提高教学质量、培养具有创造能力的人才的根本途径。……所以，科学研究走在教学的前面，这是必然的趋势。

这些观点与我在1960年代初期发表的院刊社论中所表达的观点是一致的。即，把科学研究、教师提高和人才培养作为一个系统的不同方面，三者紧密相关。这也从另外一个角度说明，我们的这种治校思想不是一时心血来潮，而是一以贯之的对大学特点的深刻认识。只是在这里从科学技术迅猛发展，使得知识更新速度加快的角度，说明通过开展科学研究可使高等学校掌握的知识与世界同步，来提高师资水平，进而提高教学质量。

在进行理论上的阐释之后，我又用二十几年来正反两个方面的治校经验教训来说明"科学研究要走在教学的前面"这一思想的正确性。

我说，从20世纪50年代后期到"文革"爆发前，由于一直有计划地开展科学研究，对教学工作起了很好的促进作用。

> 1958年设置的一批新专业很快地成长起来，师资水平有了进一步提高，并且培养了一批新生力量；在这一时期内，我院先后参加了三十几门全国通用教材的编写工作；增加了一批实验设备，开出的实验项目增加一倍……

接着，我又用在1971年之后，华工排除各种无理干扰，大力开展科学研究给学校建设带来的巨大变化予以说明，用几个典型专业发展的事例来说明观点：

> 我院激光专业1972年创办时，没有熟悉这个专业的教师，没有现成的教材，也没有实验设备。通过开展激光技术的研究，不仅出了科研成果，而且培养出一批比较熟悉专业、具有一定水平的教师，编写了反映自己研究成果的教材，建

立了适应专业需要的实验室,1976年开始已经招收了第一届学生。

又用无线电通信专业的建立和金属材料及热处理工艺与设备专业的改造等具体事例说明,学校大搞科学研究,不是削弱了教学,而是促进了教学质量。以这些我们自己亲自推动的成功事例来打消一些人对于大学搞科学研究的顾虑。

针对教学与研究之间的关系和人们认识上的误解,从我治校实践中的切身体会,论述实践中教学与研究可能存在的矛盾。我说:

> 科学研究走在教学的前面,当然不能简单地理解为具体工作的安排上,都要先搞科研,然后才能教学;也不是在时间分配上要使科研多于教学。我们说的是,高等学校里科学研究要占重要地位。有人担心,科学研究要走在教学的前面,是不是要以科研为主,把教学放在次要地位。其实这是一种误解。党中央指出,科学研究应当走在生产建设的前面,谁也不会理解为这是要求工厂以主要时间去搞科学研究,而不以生产为主。相反,这正是为了通过开展科学研究去促进和带动生产建设的发展。……

又根据我们的实践体会,继续论述了教学与科研在实践中必然存在的矛盾和处理这对矛盾应该采取的方法,包括以下四个方面:

(1) 在组织领导和组织机构上,实行系和研究所尽可能结合的办法,教研室和研究室更要尽可能合一;

(2) 在科学研究力量的配备上,实行专职和兼职相结合的办法;

(3) 在研究方向上,尽可能与所设专业的发展方向相结合;

(4) 在学生学习的安排上,尽量使专业课、专业实验课、专业实习与科学研究活动相结合。

关于高等学校科学研究工作的上述思想,都是我们在办学过程中从开展科研所获得益处的深刻体会,也是我们多年治校实践的系统总结和理论升华,是对治校规律的重要理论思索和深刻探究。这是我们对于大学开展科学研究最系统的阐述,在之后对科学研究的推动与论述中仍然一直坚持这种思想。我们的这种思想在时隔一年之后的《光明日报》正式发表[①],引起广泛关注与讨论。

虽然对于"科学研究要走在教学的前面"这一思想一直有来自理论界和实践工作者的议论,有反对的,但也有不少的赞同者,尤其是那些致力于大力发展学校研究工作的大学校长,他们是赞同的。担任天津大学校长7年之久的吴咏诗教授,在1983年11月论及教学与科研的关系时,同样认为,"科研是'源',教学是'流'。"[②]与我有过密切交往的著名科学家钱伟长院士,于1982年到上海工业大学担任校长后,在论及教学与科研的关系的时候,也认为:"科研与教学的关系就是'源与流'、'提高与基础'的辩证关系。"[③]后来,在我的博士生陈运超对钱先生的访谈中,他仍然重申这个观点是正确的。钱先生以此思想治校,使得今天的上海大学发展很快。

1978年以后,在关于科学研究方面的论述中,我再也没有系统而深入的其他重要思想,而更多的是关于如何把上述思想化为具体治校实践的行动纲领和在这一思想指导下开展的治校实践举措。

有了思想武装的我徜徉在科学的春天之中,更加信心百倍地大胆地狠抓科学研究,尤其是强调理论研究的重要性。全国科学大会之后,我在学校贯彻会议精神的一次大会上说:

> 前几年,我们搞了一些科研,成绩很大。但是,应该看到,我们的科研大都是围绕产品转,基础理论和学科理论的研究很不够。因此,今后必须大力加强理论研究。要进一步

---

① 朱九思:《科学研究要走在教学的前面》,载《光明日报》,1979年1月18日,第4版。
② 吴咏诗:《吴咏诗高等教育文集》,天津大学出版社,1999年,50页。
③ 忻福良:《当代中国高等教育家》,上海交通大学出版社,1995年,164页。

搞好调查研究,及时掌握国外的研究动态。①

在这些思想的指导下,学校号召继续以惯有的"敢于竞争、善于转化"的良好精神状态,鼓励教师"要主动","要敢于承担任务","要敢于啃硬骨头",使得华工的科学研究获得了更大的发展。从以下几个数字可以说明当时的发展情况。

1983年,全校参加科研的教师超过1000人,而此时教师总人数为2499名②,承担的研究课题达到441项,当年取得成果43项。1984年科研经费增长到1278万元,取得成果86项,经过鉴定有14项成果接近当时国际先进水平,37项具有国内领先水平,23项是国内首创和填补国内空白的项目。据1985年底的统计,"六五"期间共完成科研课题294项,有100多个项目获奖。③ 这些数据足以说明当时学校科研空前发展的盛况。

与此同时,还建立起一批研究所(室),把比较成熟的研究力量固定下来,继续充实提高;办起一批学术刊物,交流科学研究的学术成果。正因为这样,华工才获得了飞速发展,学术水平也得到提高,受到同行的关注。在国家建立学位制度后的学位授权点申评中,学校后来居上,硕士点达到37个、博士点13个,进而我们这所年轻的大学与其他老牌大学一起成为全国首批22所试办研究生院的大学之一。"科学研究要走在教学的前面"的思想又一次在实践中结出硕果。

其实,这仅仅是在这种思想指导之下所取得的一个重要方面的成果。对于华工今后发展更加具有深远影响的当然是学科结构之变化。前面谈过,在一个工科非常纯粹的院校创办理科和文科当然困

---

① 《认真落实全教会精神——朱九思同志在全院教职工大会上的讲话(摘要)》,1978年5月,华工档案号:[78Ⅱ行综1-3,A4]。

② 校史编写组:《缩影:华中理工大学的四十年》,华中理工大学出版社,1993年,347页。

③ 校史编写组:《缩影:华中理工大学的四十年》,华中理工大学出版社,1993年,201页。

难很多、阻力很大。但是,我从来就不是害怕困难、面对阻力束手无策的那种人。我知道,对于一个已经是60岁出头的人来说,留给自己的治校时间已经不多。干、抓紧干、想办法干是我唯一的选择!只有这样,才可能有一点点进展。

为了加速完成创办综合大学之宏愿,我再一次拿起了在实践中创立的"科学研究要走在教学的前面"的思想武器。上级不批准正式创办文科、理科专业,就采取激光、通信专业成功发展模式,"阳奉阴违"地先创办研究所,积蓄研究力量;再设法招收研究生,壮大研究力量;通过开展科学研究,准备师资,建立教学和研究条件。当有了过硬的条件,"生米做成熟饭"之后,当然就容易说服上级,获准建立相应学科专业。中文、经济、哲学、社会学、外语、数学、物理、化学等学科和专业基本上是按照这种运作模式建立和发展起来的。

纵观我在这种思想指导下的治校实践,具有以下三个特点。

◆ 一是"敢"字当先

敢于竞争、善于转化,浓缩了我治校的基本状态。"敢"字展示的是治校精神状态中是否有"胆识";"善"字体现的是治校精神状态中是否有"智慧"。

对于华工这样一所新办院校来说,没有多少老本可享用。要说有一点老本,也只是在机械、电机、动力等建校时就建立的老学科、传统学科。但是形势的发展对高新技术有了强烈的呼唤,实践中提出的课题都不是仅仅限于传统学科,而多是包含诸多新技术的综合性课题。在没有既有的研究力量和研究条件之下,敢不敢接受任务,既是对大学校长治校胆量的考验,也是对大学校长治校智慧的挑战。

我是不怕挑战或者说是敢于迎接挑战的大学校长。我提出,要敢于啃"硬骨头"[①],要有"敢于竞争、善于转化"的精神状态。所以,当有

---

① 朱九思、蔡克勇、姚启和:《高等学校管理》,华中工学院出版社,1983年,189页。

关部委提出激光、散射通信、潜艇规范、图像识别等难度很大的"陌生"课题的时候,我果断地指示科研人员勇敢地承接下来。我说:

> 一般说来,一项课题,有七分的把握就应该上,就可以上。①

靠"敢"字当先,发展起来一批具有优势的新兴学科,实现了"把劣势转化为优势"的愿望,积蓄并获得了竞争优势。由于我们有了这种"敢"的精神状态,就会有主动积极的态度。于是,我们常派出一些学术上有一定名望、科研活动有一定基础的科研组负责人到国家有关部委和企业参加有关会议,积极介绍自己的研究进展和成果,争取得到校外同志的认同和真心支持。这样才可持续地获取项目,才可筹办新兴专业学科。

◆ 二是集体协同

如果没有相应的措施跟上,"敢"就是蛮干的代名词。

只是敢承接课题,而没有承接之后的成果产出,自然会失信于人,不会有延续的科研机会,科研规模就不可能有那种不断扩大上升的势头。我们就是靠着说话算数的信用,赢得了纵向和横向单位的信任,不断扩大战果。为了把敢于承担的"硬骨头"啃好,我经常亲自出马,调集需要的人员与设备,组成直接领导下的科研小组、团队、研究室、实验室等。大家不懂没有关系,何况在动乱的年代就是懂得一点业务的人,在业务上也荒疏了呢!更不用提对于新技术的把握了。只要肯学、肯钻、肯协调就行。我说:

> 领导者下决心攻坚,并且在组织上条件上提供保证,鼓舞研究人员攻坚的决心,就会大大增强完成科研任务的信心。

由于承接下来的这些课题大多是综合性很强的课题,我们就采取

---

① 朱九思、蔡克勇、姚启和:《高等学校管理》,华中工学院出版社,1983年,189页。

"抽调力量,组织起来,坚持下去"①的办法,从各个相关学科、从社会各地收罗相关人才,集合于相应的课题组。

三个"臭皮匠"总要当一个"诸葛亮"。人员、资源高度集中统一调配,实行分工和协作,缺什么人员就配备、就去找、就去引,缺什么知识就分头去补、去学、去实验、去查找,然后大家共同分享,集体整合。搞集团作战,最大限度地发挥集体的力量。例如,激光项目的成功就是一个范例。1972年10月接受四机部"激光加工集成电路自动线"项目后的展开情况,有一份文献是这样记述的:

> 我院自从接受此项科研任务以后,院党委非常重视,开始党委主要负责同志亲自部署抽调人员,组织力量,成立激光科研组和党支部。立即分别在6个系属的8个专业中抽调人员组成激光科研组并成立党支部,具体领导科研组的工作。……1972年11月抽调教师13人参加调查研究和样机的设计工作。②

到1972年12月就已有激光、光学仪器、电子计算机、自动控制、半导体器件、焊接等不同专业领域的50多位教师参加激光项目大会战。但是由于课题综合性太强、难度太高,仍感人力不足。为了充实研究力量,我们可以说是不遗余力,绞尽脑汁。我们将一度合并过来的武汉测绘学院③的5名教师商留下来充实激光课题组。④ 同时,还从社会上调进人员。因此,到1975年底,科研组的人数就达到61人⑤。

---

① 华中工学院党委:《高等学校要大力搞科学研究(第二次修改稿)》,1977年10月,18页,华工档案号:[77Ⅱ科5-4,B26]。
② 《华中工学院激光科研组工作总结》,1974年9月16日,华工档案号:[74Ⅱ科5-1,A13]。
③ 当时,武汉测绘学院被撤销,教师流散,部分人员分流来到了华工,由华工暂时代管。
④ 华中工学院革命委员会,院革字(72)第219号,《请求调高梯云等五位教师来我院工作》,1972年12月5日,华工档案号:[72Ⅱ人3-6,B19]。
⑤ 《华中工学院激光科研组三年工作总结》,1975年12月,华工档案号:[75Ⅱ科5-6,B22]。

后来继续扩大,把撤销的电真空、高压电器这两个专业的大部分教师也充实到这个课题组。

到1979年,激光教研室的教师就达到72人之多,其中副教授3人,讲师41人。① 这些老师大多数是转行过来的,就是凭着一股"革命干劲和革命的协作精神",把这块"硬骨头"硬是啃了下来,奠定了华工在激光这个领域始终居于领先地位的基础。

◆ 三是强化领导

要完成这样大规模的学科交叉与融合的会战,没有得力的协调,科研的组织管理就不可能跟上。我除了非常重视选配有造诣的学术带头人担任课题组负责人之外,对于宏观协调,尤其人员配属、设备调配、内外关系协同等方面的重大问题,都是直接参与,具体指挥,直到问题得到解决为止。对于并不是出身于理工学科的大学校长来说,要亲临一线指挥,而且还要指挥有度、领导有方,势必要努力学习,由外行变成内行;势必要多向专家请教,尊重他们,服务他们。

下边是1977年1月30日科研生产处在《我院五年来开展科学研究的基本情况的汇报》中的一段记述:

> 几年来党委对科研的领导是科研从少到多,不断扩大研究队伍,取得成绩的根本原因。没有一项大型科研不是党委主要负责同志亲自抓的。从定项目到组织班子都得到党委的重视,如63科研、通信、激光、潜艇规范、加工中心、二汽和一汽的几条自动线均如此。离开了党委的领导,要开展科研是不可能的。②

对于一些重大的项目,尤其是需要大范围协调的多学科协同的项

---

① 华中工学院党委宣传部编:《光学系认真组织修订师资培养规划》,载华中工学院党委宣传部编《情况反映》,1979年11月16日,第173期。
② 华中工学院科研生产处:《华中工学院1971—1976年科研情况统计表》,1977年1月,华工档案号:[77Ⅱ科5-1,A19]。

目,我常是亲自出马。经常跑到教研室、科研组听取情况、了解进展、征求意见、处置问题,这都是我的工作习惯。同时,我还特别注意向老师们学习,请教并尊重他们,了解有关新技术的发展状态与需求,阅读文章和调查报告,逐渐地,自己也不那么外行啦! 抓工作也就有的放矢了,服务教授们的需求也就能够踩在点上。

以上这些思想和在这一思想指导下的治校实践,可以说明这样一个道理,大学的职能不能仅仅局限于教学。科研与教学的"源""流"关系决定的是知识的产出顺序,这个顺序也就逻辑地决定着大学学术水平和人才的质量。也说明,大学校长只要有一股"敢"劲与智慧,办法总会有的,治校总会有所成就的。

创新人才培养:不能抱着走

无论如何,大学所有工作必须落脚于人的培养。培养人才,尤其是培养创造性人才乃大学的真正价值所在。我深深知晓,大学之要务乃培养人才,这是共知性真理。

但是,在培养什么样的人才、怎样培养人才的问题上,各个时代、各个民族、各位大学校长有着不同的认识。从人才培养类型上看,历史地经历了由"知识就是力量"的知识全能型,到"能力万能"的能力主导型,再到"综合素质"的素质导向型人才。从人才的培养模式上讲,有通才、专才,以及通才与专才相结合的人才模式。从阶级属性上看,按照我们过去的说法,可以分为红、专,以及红与专相结合的人才。从大学职能拓展角度看,如果只有知识传授之义,那么强调人才在知识继承上下功夫乃是天经地义之事;当到了大学不但要肩负传递知识,还要发展人类知识重任的时候,研究过程本身就成了一种培养人才的重要手段,要求大学生要具有发现知识的创造精神和实践能力乃属自然。总之,对于大学到底应该培养什么人才,各有各的理解,认识并不统一。这本身体现出世界的多样性、高等教育的复杂性,以及大学各自的特色与大学校长的个性。正是这种万紫千红,才构成了五彩缤纷的世界。

但是,大学作为人类重要的文化传承和创造机构,其最主要的存在价值就在于为人类发展做出的知识贡献和智力支持,这种贡献和支持最主要体现在机体的创造能力和创新水平之上。人才始终是大学的主要产品,是大学创造性的重要体现。在人才的培养上,如果只是注重既有知识的遗传,大学的"产品"就会千年一律,没有更新,终究会被历史所遗弃。大学只有培养大量敢于创造知识、为人类发展不断提供新知识的人才,才能促进社会的发展,受到社会的追捧。所以,凡是具有创造性的时代,总是有一大批具有创造性的大学及其培养的具有创新精神的人才做支撑。近现代以来,人类历史的飞跃性发展便是这样的结果。正因为这样,现代大学把培养人才的创造性提高到非常显著的地位加以充分重视,这成为一个世界性的共同趋势。

为了办出各所大学自身的特色,展现大学校长自己的个性和追求,大学校长总是在治校过程中重视树立某种正确的关于人才培养的理性认识,形成符合社会需求、体现学校特色、实现自身追求的人才培养方面的教育思想。展开高等教育历史,总是很容易地看到一些著名大学校长关于人才教育思想的大量论著,就是这个道理。例如,担任13年(1845—1858年)爱尔兰都柏林新天主教大学首任校长的纽曼(John Henry Newman,1801—1890),他的教育思想就是,大学的任务是提高博雅教育和从事智力训练,培养有智慧、有修养的绅士。[1]

---

[1] 约翰·亨利·纽曼:《大学的理想》,载任钟印主编《世界教育名著通览》,湖北教育出版社,1994年,790-797页。

他的这种人才观,对英国乃至整个世界高等教育的发展都产生了深远的影响。我非常尊敬的蔡元培先生任北大校长时,第一次对学生演说即揭破,"大学学生当以研究学术为天责,不当以大学为升官发财之阶梯"。① 他强调大学培养的人才必须具有研究能力。从这些教育家闪光的论语中可以看到,大学传授给学生的知识不是教育的全部目的,还必须在知识以外获得熏陶,造就一种发展知识的习惯,肩负起推动人类前进之责任。

人类几千年文明史就是一部不断创造的历史,为今天的社会发展积累了丰富的精神财富,但今天我们仍然深感知识的匮乏,深感创新的必要。大学作为智力贡献的重要源头,其人才"产品"的创造性成为一个关注的焦点。同时,由于科技的发展和社会的巨大进步,我们又深感知识在飞速急增。一方面,学生在大学学到的知识实在有限,远远不能满足继续前进的渴求,必须继续学习,必须善于发现新知识,于是终身教育的观念逐渐获得认可。另一方面,知识太多,更新太快,死守在学校习得的有限知识实在难以与时俱进,必须具有较强更新知识的能力。因此,培养创造性人才成为世界性高等教育发展趋势。创造能力的高低成为衡量一所学校及其毕业生为社会发展做出贡献的水平的主要标志。于是,钱学森惊问:我们今天的大学怎么培养不出大师?现代大学校长们惊呼:大力加强人才创造性的培养。我国领导人更是把民族的创新能力提高到是否能够屹立于世界民族之林的高度予以强调,无疑非常正确。

对于这些当今的趋势和明显的事实,现在我们都能看得清楚明白。但是,如果把时光退回到从新中国建立到实行改革开放不久的20世纪80年初期的那段时光,我们就会看到这期间人才培养所经历的一段段曲折。

我一直以为,主要是因为政治上的原因,新中国才直接移植了苏

---

① 蔡元培:《孑民自述》,江苏人民出版社,1999年,119页。

联高等教育模式,建立起自己的人才教育体系。该体系一个重要特点就是:急!——追求立竿见影的效率!

在人才培养模式上,对应于大规模工业建设的实际需要,突出强调为经济发展培养现成的处方式专业人才,讲究人才培养与要从事的实际职业、岗位直接对口。大学设置的专业都是按照具体产品或工艺流程、工作岗位的需要,设定人才培养口径、设置课程体系、编制教学大纲,专业面向非常狭窄,往往是上游、中游和下游知识相互脱节,工科和理科缺乏对人文学科和其他社会科学的了解,文科和社会学科更是很少学习理工科课程。结果,培养的人才确实都是在狭窄领域内的真正"专家",但只适应于非常狭隘的专业工作,缺乏知识的综合与运用能力、岗位迁移与转换能力、拓展与探究能力。因此,专业对口就成为人才使用是否合理的重要标志。

在20世纪50年代,我们出于对苏联的完全信任,不顾学生实际状况,直接照搬人家的教学计划、教材和教学大纲,使得学生学习负担一度不堪重负。学生没有精力去发展自己的兴趣,钻研思索碰到的问题;专业面向太窄,学生没有必要的视野去联想专业之外的空间,解决问题总会就事论事,呆板有余,而创造不足。虽然,在1958—1960年,我们试图改变这样的局面,可惜把从教室节约下来的宝贵时光过多地用在了政治批斗、生产劳动和浮夸的科学研究上面。指导思想的误导,"教育革命"偏离了轨道,不得不在20世纪60年代予以调整,又重回过去,学生负担重的问题仍然是一个积重难返的老问题,以至于毛主席批评说,学校是把学生当敌人看待。

这还只是在教育操作层面上的事实,更为严重的是我们在教育指导思想上的重大偏离。强调"教育必须为无产阶级政治服务",学校就成了政治斗争的工具。首先强调学生是否根正苗红,虽然有"德智体全面发展"教育方针在理论上的指导,但在人才标准的实际判断上,首要考虑的是政治因素。学校教育以转变学生的思想为主线,学校、学生投入到政治斗争领域花费的精力过多,忙于应付接连不断的政治运动，而对民族真正需要的创新能力的培养却重视很不够。这就是新中国成立后十七年（1949—1966）大致走过的历程，这决定了高等教育人才培养的基本规格。自然，创造能力问题并没有得到应有重视，也无暇予以重视。

在那场给中华民族教育事业带来极大灾难的十年浩劫中，我们完全违反人才培养的最起码常识，用出身和手茧作为入学资格，文化基础反而成为最最次要的、可有可无的要求。没有最起码的基础文化知识，哪来文化领域里的创造！把阶级斗争作为主课的教育，"打破老三段，火烧三层楼"成为那个时候一种必要的选择，必然会"结合典型产品与战斗任务教学"，否则只有这样文化基础的学生怎么能完成学业？这种教育还能谈什么知识、能力和素质的培养呢？培养出来的人才还有时代必需的创造能力吗？

有幸的是，这样的历史未能一直持续，1976年10月就走到了它的终点。尽管其在思想上的严重影响还难以挥之即去，使得不少人仍然在改革开放的英明政策之下等待观望，心有余悸，还不敢正视过去教育战线存在的严重的实际问题。在那场被称为中国近现代史上第三次思想大解放的真理标准问题大讨论中，虽然历时三年有余，可是教育部门却"始终按兵不动"，依然认为"教育质量恢复到'十七年'那样就很好"。"这也就是多年来教育改革进展迟缓的重要历史原因。"[①]所以，在拨乱之后，难以纠正，更难反正。

思想上的束缚会直接制约认识上的深化，但毕竟改革的号角已经吹响。直到国门打开以后，"不怕不识货，就怕货比货"。在与人家的不断交往过程中，才知我们自己培养的人才确实是读书的好手，可是一到要求他们去发现问题、解决问题的时候，就难有优势可言。在经过十年浩劫之后，整个民族重新发现培根高喊的"知识就是力量"所蕴含的深刻道理。少数能够进入大学的幸运学子们，如饥似渴地希

---

① 朱九思：《往事重提》，载《高等教育研究》，1999年第1期，8页。

冀从书堆里找回失去的青春。可是，极其有限的教育资源，使得整个教育系统的目标几乎一致地瞄准了一级一级的考试，"独木桥"驱动片面追求升学率成为一种普遍的教育目标。结果，学生成了考试的机器、知识的存储器，练就了一身记忆知识的功夫。他们升入大学学习后仍然沿用老套路，驾轻就熟地死读书，一度高分低能现象非常突出。于是，在1980年代中期，出现了能力教育的思想，引起社会普遍关注。从而在人才培养问题上出现了新认识。

这就是新中国成立后我们高等教育所走过的简要历程。

在这一历程中，我们在人才的培养上取得了不小的成绩，但是对于人才创造性的培养始终重视不够，这不能不说是新中国高等教育的一大缺失。要不，现在我们怎么一直在呼吁，新中国成立后怎么没有培养出大批大师级的帅才？难以实现原创性突破？要不，在走进21世纪之际，我们怎么那么强烈呼吁加强民族的创新能力，把创新作为民族进步的灵魂？这不能说不是对过去的深刻反思，也不能说不是对未来强烈呼唤的准确回应！

就是在这种情况下，在治校实践中，我逐渐形成关于人才培养的教育思想——培养创新性人才不能抱着走，创造性人才的培养才是大学的真正价值所在。

认识到这个重要问题或者说这一教育思想的形成也历经了较长时间。在20世纪50、60年代，我们完全是按照上面的规定依样画葫芦，教学计划、教学大纲、教材都是统一规定的，具有法律一样的效力，不允许有什么改动嘛。到了20世纪70年代初期，我对苏联模式产生怀疑之后，又由于在那种特殊年代里，虽然曾经壮着胆对工农兵学员在业务上有过要求，但毕竟仅仅是凭着一个教育工作者的良心和对民族前程的责任心行事罢了，还没有上升到要对人才培养方面提出什么要求的地步，也不可能想到上升到这样的地步。恢复高考之后的几年里，主要忙于恢复教育教学秩序、重新改正教学计划，抓教师队伍培养，忙于进一步发动科学研究，忙于推进走入世界和学科结构的改造等诸多重要事情。加之,当时的学生人数也不多,人才培养问题主要暴露在基础理论薄弱上,我们就主要强调对学生要补好基础理论,抓好基础课程的教学。所以,在校内就有议论,"九思对教学不重视"。对此,我曾经这么说:

> 说我不重视教学,其实是一种误解。在"文革"结束以前,在那样的情况下,我抓教学也抓不出什么名堂,当然只有把精力放在抓教师和科研方面。①

等到高等教育逐渐恢复本来面目之后,我对教学进行了潜心观察和深入思考。在开放中,对比自己培养的学生去国外深造的表现,以及从派出去的教师源源不断地带回来的高等教育与科技动态信息,我对所了解到的这些情况进行了系统的思考与深入的分析,又从20世纪80年代前期陆续考入的新生在大学的表现,反观中等教育的缺失之后,我开始觉得教学到了有事可抓、也必须立即动手抓的时候了,便认真研究如何推动提高人才培养质量工作。

在我的有关人才培养的比较系统的论述中,最早的一篇便是1982年5月12日在教育部部属高等工业学校电力、电子工程类专业教学工作座谈会上的讲话,题目就是《培养大学生的创造能力》。这一篇讲话似乎有点出语惊人,但确实是直击要害,率先提出了创造能力培养这个问题。我系统地介绍了自己在20世纪80年代以来碰到的新情况和所进行的思考。我说:

> 感到在新的时期,确有必要很好地考虑如何培养大学生的创造能力的问题。②

发表这篇讲话的时间刚好是恢复高考后七七、七八级大学生即将毕业,也是七九、八〇、八一级大学生入校已经学习了一定阶段的时间,还是开放后派出教师和学生已有四年多的时间,这恰恰是对几届

---

① 访谈,朱九思。
② 朱九思:《高等教育刍议》,华中工学院出版社,1984年,80页。

学生培养情况的总结、对中外人才培养的比较之后进行深入思考的时间。我从来不打没有准备的仗，也不讲没有经过调查研究、缺乏依据的话。言之有据，才持之有理；言必信，才行必果嘛。在经历了近五年时间的观察和思考之后，我才有了充分依据。于是，才能抓住人才培养中存在的要害问题，提出"培养大学生的创造能力"这样一个关乎大学存在价值的根本问题。

随后，我又陆续发表了一系列有关的著述。包括《再谈培养大学生的创造能力及其他》(1982 年 6 月)、《坚决克服"抱着走"的错误方法》(1983 年 6 月)、《全面提高质量是我们的中心任务》(1983 年 6 月)、《教是为了不需要教》(1984 年 1 月)、《一个亟待解决的问题——高分低能》(1984 年 3 月)、《关于教学上的改革》(1985 年 1 月)等。在 1982 年 11 月的一次演讲中，我曾把"教学工作必须着眼于培养学生的独立工作能力和创造精神"[①]作为高等学校的第三个特点予以阐述。这一系列论述集中表达了我在治校过程中关于人才培养的历史反思和未来的努力追求。

我以为，大学改革的主要目的就是要培养高质量的人才。对于什么是高质量人才？我说要有五大标志：

> 第一，思想要好；第二，业务基础要好；第三，要有分析问题、解决问题和创造的能力；第四，要有较好的中、英文表达和阅读能力(表达主要指中文，阅读主要指英文)；第五，身体要健康。[②]

那么，大学教学改革要解决哪些主要问题呢？我以为：

> 就是如何在教学过程中更好地发展大学生的智能，使之成为有创造能力和独立工作能力的专门人才。[③]

[①] 朱九思：《竞争与转化》，华中科技大学出版社，2001 年，236 页。
[②] 朱九思：《高等教育刍议》，华中工学院出版社，1984 年，90 页。
[③] 朱九思等：《大学教师要懂得教育科学》，载《高等教育研究》，1985 年第 4 期，2-3 页；朱九思：《高等教育散论》，华中理工大学出版社，1990 年，94 页。

在上述五大标志中,我特别强调学生创造能力的培养,把它作为大学教学改革要解决的主要问题。

针对一些人的不理解,他们认为这样的要求太高啦,不怎么符合我国实际。我就说:

> 一提到创造能力,有人可能说要求太高,以为是要求学生一毕业就能创造什么或发明什么,因而总有点怀疑。要是这样,我们不妨换一种说法,就是不能把学生培养成书呆子。如果培养书呆子,那是最大的失败。

接着,我对创造能力做了进一步的阐述。

> 所谓创造能力,具体地说:(一)学生要善于运用和发展已经获得的知识,要能举一反三;(二)要有很强的自学能力,不断而又及时地吸收新的知识;(三)更重要的是要具有 new idea,就是要具有产生新的思想、新的观念、新的见解的能力,要具有一种科学的想象力。①

我们过去非常重视知识传授,对于知识传授与能力培养二者之间的关系必须有一个比较清楚的理解,才能在实践中解开教师在思想上的疙瘩。我说:

> 能力不能离开知识,如果离开知识,能力也就是空的。但知识是无止境的,我们给学生的知识总是有限的,因而必须精选。要在传授知识中特别注意培养学生的能力,包括自学能力、思维能力、分析能力、解决问题的能力和创造能力。……我们是大学,绝不能只满足于单纯的传授知识,而应该有更高的要求,应该让学生具有创造能力。

那么,怎么培养创造能力呢?

> 应该教给学生"为什么"和"怎么办",而不应只是"是什

---

① 朱九思:《"教是为了不需要教"》,载《高等教育研究》,1984年第1期,1-7页;朱九思:《高等教育刍议》,华中工学院出版社,1984年,99页。

么"和"这样办",才能够培养他们的创造能力。[①]

到此,我认为我的思想就较完整了,形成了包括意义、内容、重点和方法在内的一个系统。

我思考问题的时候,从来就不愿意闭门造车地空想,而总是源于实践中的问题与反思,针对实践,也服务实践。因此,针对培养学生创造能力,还不能就此结束,还需要更系统的、深入的分析和研究[②],并在实践的具体行动上下功夫。

◆ 敢于突破阻力

我强调,要破除人才培养上的这些弊端并非一朝一夕之功,必须冲破旧的习惯性阻力,必须克服怕担当风险的畏难思想。

经过多年的治校实践,我深切知道改革所需要付出的艰辛,所以剖析这种习惯性阻力的源头也更加犀利。

> 一是从解放初期学习苏联逐渐形成的习惯势力。……特别是积习难改,以致对改革形成很大的阻力。二是不少教材多年不变,这对改革形成另一个习惯性的阻力。[③]

由于有这些阻力客观存在,"就必须有敢于担当风险的勇气"。

我们就是不应该害怕阻力,越是有阻力就越要敢于去努力突破,"方向既已认准,就要开步走"。

◆ 搞好专业调整与改造是前提

专业设置是否合理直接制约着学生的学习活动,当然也与创造能

---

① 朱九思:《高等教育散论》,华中理工大学出版社,1990年,6-7页。
② 朱九思:《高等教育刍议》,华中工学院出版社,1984年,76-88页、89-97页;朱九思:《"教是为了不需要教"》,载《高等教育研究》,1984年第1期,1-7页;朱九思:《高等教育散论》,华中理工大学出版社,1990年,15-23页;朱九思等:《大学教师要懂得教育科学》,载《高等教育研究》,1985年第4期;朱九思:《任重而道远》,载《高等教育研究》,1986年第1期,1-9页。
③ 朱九思:《"教是为了不需要教"》,载《高等教育研究》,1984年第1期,6页;朱九思:《高等教育刍议》,华中工学院出版社,1984年,101-102页。

力的培养密切相关。我说,这是前提,前提不解决,后面的文章就不好做了。重要的是要拓宽口径。

专业口径窄,就带来一系列问题,包括课程设置、教学内容,等等;基础打得不厚,知识面很窄。这样就不利于培养学生的独立工作能力和创造精神。[①]

所以,课程设置也是一个重要的带实质性的问题,应该扩大知识覆盖,增开人文、经济、管理方面的课程。教学计划的总学时要压下来。"学时那么多,叫学生哪有时间看参考书,哪有时间思考问题、钻研问题?"

在这一思想的指导之下,我推动学校对所设置的专业在力所能及的范围内做了较大调整。把自动控制和工业企业电气化两个专业合并成为一个专业;并坚决取消了电真空、高压电器这两个面向过窄的传统专业;增设信息工程等具有时代气息的新专业;还注意加速老专业的改造,增加新理论、新技术的教学内容和前沿课程。

同时,我们下决心把本科教学计划的总学时从3200～3000学时压缩至2400～2500学时。我一贯重视学生的基础理论教学,因为只有加强学生的业务基础知识,才能使得他们适应科学技术的迅猛发展。为了加强学生的专业基础,在教学计划中加大了基础课(包括公共课、基础课和技术基础课)的份量,教学时数占到总学时的80%。并根据自己过去学习的体会,增加了大学语文、中国历史、地理和传统文化方面的人文课程与讲座,拓展学生的知识面,加强人文素质的培养,做合格的中国人。

我们还顶住各种阻力,全力推动学生的外语特别是与专业结合的教学。于1979年下半年,推动一些课程率先在全国使用英文原版教材。到1984年,就有高等数学、大学物理、材料力学、电工基础等16门课程先后采用过英文原版教材,176个小班都有一门课程使用英文

---

① 朱九思:《竞争与转化》,华中科技大学出版社,2001年,236页。

版教材。① 在推行过程中,确实碰到了一些困难,比如说,教学的时候到底以什么样的版本及其内容进行教学?如何协调中英文的使用与对内容的理解?教学时数与教学内容难度如何协同?考试要求怎样?等等。但是,这样做确实能够形成一种加强外语学习的氛围,对于我们封闭太久急迫需要了解外面的世界来说,外语作为工具还是要好好掌握的,还是很有必要的。

◆ 提高师资水平是关键

这是我一贯的思想。不管教学上的什么改革,都必须通过教师的具体行动才能实现。所以,培养学生创造力,教师素质是关键。

针对这个问题,我提出,提高教师水平最主要的有两条:即,教师要多讲几门课,好处很多,可以增强老师对于相关领域的熟悉程度,扩大视野;要既搞教学又搞科研,才能切实提升学术水平,学生才能从心眼里认可老师,才能从老师那里受益。我在前面已有论述,在此就不再赘述。

◆ 因材施教,克服"抱着走"

因材施教作为一项重要的共识性教学原则,我对此有自己的诠释。

> 事物的发展总是不平衡的,个人的水平总是不一样的,总是有各自的特点的。事实是,学生当中确有"尖子",确有智力强的学生……对这样的优秀学生,我们就要采取特殊的培养措施,使他们尽快成才。搞平均主义,创造能力是培养不出来的。

为此,我要求各系要认真调查并掌握这样的特殊人才的情况,并

---

① 朱九思:《"教是为了不需要教"》,载《高等教育研究》,1984年第1期,7页;朱九思:《高等教育刍议》,华中工学院出版社,1984年,102页。

采取相应的特殊培养措施,加速他们的成长。

为营造氛围,我还积极倡导创办《大学生学报》、召开学生科学讨论会等形式,以促进学生创造能力的培养。

在各个教学环节中,教师的课堂教学是最重要的。因此,必须彻底改革教学方法。一般地说,中学和大学目前的这一套教学方法是落后的或比较落后的。落后的集中表现就在于不重视培养学生的能力。……其症结就在那个"喂着吃""抱着走",或者叫"填鸭式"。……从何改起?还是要按"教是为了不需要教"这句老话做,坚决克服"抱着走"的错误方法。不要只给学生"金子",而要教给他们"点金术"。要使他们成为具有 new idea 的有为之人,而不是平庸无能之辈。

我抓住"抱着走"这个较为普遍存在的主要问题,全力予以克服。我说:

> 所谓"抱着走",就是在教学思想和教学方法上,只注意向学生传授知识,不注意培养学生运用知识和吸收新知识的能力;把学生当作小孩,老是抱着他们走,不注意培养学生的自学能力、独立工作能力和创造能力。

接着,我又指出"抱着走"所造成的严重危害:

> "抱着走"的危害很大。它把学生禁锢在传统的知识圈内,不图革新创造;它让"孩儿"安卧于母亲的怀抱之中,不愿自己走路。这对培养高质量的人才是很不利的。[①]

再从国家未来的发展来认识这种后果所带来的严重危害性。

> 我们今天培养的大学生、研究生,不仅要满足八十年代为现代化建设打好基础的需要,还要满足九十年代经济振兴的需要,更要适应二十一世纪科技发展的需要。……国际市场的竞争,归根结蒂,是科学技术的竞争。而科学技术的竞争,归根结蒂,是教育的竞争、人才的竞争。……如果我们在

---

① 朱九思:《高等教育刍议》,华中工学院出版社,1984年,91页。

教育学生时,老是抱着他们走,他们就永远是襁褓之中的婴儿,而难以成长为振兴中华的巨人。①

因此,要"培养学生具有分析问题、解决问题和创造的能力,必须坚决克服'抱着走'的错误方法"。

那么,如何克服"抱着走"这种错误方法?

首先,要解放思想,统一认识。要有良好的精神状态,要立志做有为之人,要有克服传统的教学方法的紧迫感。要从一年级抓起。要实现"两个过渡":一个是从中学的学习到大学学习的过渡,一个是从学校学习到日后工作的过渡。实现这两个过渡,必须从一年级抓起。过去,我们看到新生年龄小,对改变"抱着走"的教学方式强调不够,结果到了高年级想改就困难了。教师的讲授,注意只讲重点,讲分析和解决问题的方法;不要讲得"天衣无缝"。"教师在教学过程当中应该告诉学生怎样去思考问题,怎样去看参考书,怎样去图书馆看文献、查资料,甚至指出解决某个问题应看哪些杂志、哪篇文章。"

一个好的教师,不仅要使学生有所知(传授知识),更要让学生有所思,提出一些问题,或由此及彼联想一些问题,启发学生怀着强烈的求知欲,在课后自己去获得新的知识。

实验课的开设,只有当学生真正感到他们是实验的主人,而不是简单地听一听注意事项,被动地按一按开关、填一填数据时,才能充分发挥聪明才智,才能有效提高独立工作能力。

毕业设计是大学最后一个进行综合训练的环节,也是实现从学习到工作的过渡的必经之路,更不能"抱着走",要早告诉学生题目,使他们早做准备;学生可以自己选题;尽可能做实际题目,采取"一条龙"的方式,把科研课题的一部分给学生做;加强与科研单位和工厂的联系,既解决了经费问题,又获得了业务丰收。

其他如习题课、讨论课、实习等教学环节,也要着眼于调动学生

---

① 朱九思:《高等教育刍议》,华中工学院出版社,1985年,94页。

的积极性,加强学生的独立工作能力。

◆ 用好考试这个指挥棒

考试历来就是教学中的一个重要环节,起着检验教学效果的重要作用。经过历史的演绎,考试的功能却发生了异化,以至于我们今天有些痛恨"应试教育"。实际上,考试在教学中仍然发挥着必不可少的作用。关键是怎么发挥其有利的一面,由此调动学生的积极性,使之有利于创造能力的培养。我认为:

> 考试除了具有大家熟悉的考核成绩、决定是否录取或升留级这个功能以外,还有一个更重要的功能,就是可以起"指挥棒"的作用,运用得好,可以促进教学改革,既可以促进大学的教学改革,也可以促进中等学校的教学改革。[1]
>
> 如果考试只要求记忆教师讲过的内容,就会引导学生死记硬背,……势必抑制学生智能的发展……
>
> 命题是考试的中心环节,……正确的命题要着重于检查学生对基本原则的理解和分析问题、解决问题的能力……
>
> 考试的方法要灵活多样,……应根据不同的考试内容的要求,灵活运用适当的考试方法。[2]

◆ 抓好"第二课堂",扩大学生的知识面

"第二课堂"是我们在全国率先提出的一个教学概念[3],是相对于第一课堂的所有其他教学环节。我强调,"第二课堂"与"第一课堂"相辅相成,目标都是为了培养大学生的创造力。

我认为,"第二课堂"要紧紧抓住两大重点。针对中学文理分科

---

[1] 朱九思:《任重而道远》,载《高等教育研究》,1986年第1期,5页;朱九思:《高等教育散论》,华中理工大学出版社,1990年,61页。

[2] 朱九思等:《大学教师要懂得教育科学》,载《高等教育研究》,1985年第4期;朱九思:《高等教育散论》,华中理工大学出版社,1990年,98-99页。

[3] 参阅:朱九思、蔡克勇、姚启和《高等学校管理》,华中工学院出版社,1983年。

带给学生的先天不足,第一个重点就是组织历史、地理等人文学科的学习活动;第二个重点是有计划地开展和进一步加强课外科技活动,开设新技术、新理论、新科研成果和新学术动态方面的新课,高年级学生一定要搞科研,把科研活动引入教学,作为培养创造能力的一种重要方式。

我们还在校内创办文体大队,推动全校体育活动的积极开展,全面增强学生素质。关于这方面,段正澄院士的回忆很有意思,不过也体现出学校在人才培养方面的全面而严格的要求:

> 朱九思把学校的荣誉看得非常高。我是华中工学院篮球队第一任队长,1954年我们得了湖北省的冠军。得了冠军以后,朱九思找到我,问:"你是段正澄吧,你的数学成绩怎么样?"我说马马虎虎吧。朱九思讲:"马马虎虎可不行。我们华中工学院培养的是全面发展的人,不是培养头脑简单、四肢发达的人。"之后,朱九思要我负责把篮球队员每学期的期末成绩统计出来,再交给他。我想这日子可不好过,还有3年才毕业呢,我自己负责统计成绩首先自己的成绩不能差。自己是队长,要是成绩不好,那该多难为情呢。因为篮球训练而耽误的课程,我都得及时赶上,宿舍里熄了灯,我就带上小板凳、小马扎,去有灯的地方看书,有时学习到深夜一两点。
>
> 1958年,朱九思找到我,说:段正澄,你当女子篮球队的教练。每一场重要的球赛,他都来看。有一次,我们和武汉市大学生联合篮球队举行比赛,地点就在同济医学院对面武汉体育馆。朱九思去了,他怕输。当时我脚扭伤了。他叫团委书记找我,告诉我,"朱九思说了不能输哦"。对于学校的荣誉,他看得比什么都重。①

---

① 段正澄:《传承和发扬先生建立的精神和文化》,载《华中科技大学周报》,2016年3月7日。

◆ 严师出高徒

一切从严是我的一贯思想。

在加强人才的创造性培养的方面,我也提出"要严格要求"。我说,坚决克服"抱着走"的错误方法与严格要求是一个问题的两个方面,二者相辅相成。

严格要求,一是对我们的教师、干部的工作要严格要求;二是对学生要严格要求。这方面的具体内容,下一节予以展开。

在20世纪80年代初期,人们对人才培养中创造能力的培养还注意不够,还心存疑虑。我们在思想上还是明确的——大学要加强大学生创造力的培养,而且在治校实践中迈出了探索的步子。但是,还很不够。同时,创造性人才培养这个命题对于大学以及大学校长的治校具有永恒性。今天,在大学人才培养中,一个严重的缺失仍然是所培养的人才创造能力明显不足,仍需要我们下大力气去抓,系统思考,综合施策。

严格管理:管理也是教育

外界都说我治校严格。那是因为我认为,管理也是教育。

作为西方学校管理奠基人的夸美纽斯(1592—1670),承袭宗教改革时期学校工作的经验,总结自己长期从事学校管理工作的经验,从理论上论证了学校管理制度化的意义,制定出一整套学校内部管理的周密规章制度和守则,使全部学校工作犹如一部灵活运转的机器。他在《泛智学校》《创建纪律严明的学校的准则》《1653年为青年制定的行为规则》等著作中,都推行他纪律严明的治校思想。他说:

"与学校全体成员始终有着十分紧密的联系,以至能促进总目的实现的一切活动应该是有组织的。"① 虽然夸美纽斯的教育思想不是针对大学管理,但由此可以了解到在历史上就有教育家推行从严治校这种思想。

我国是一个具有悠久历史的文明古国,"教不严,师之惰"的训导早就深入人心。但是,对于大学如何管理,素来是各持己见,历来存在着两种不同的思想。一种认为必须从严治校,加强管理;另一种则相反,反对从严治校,认为这样做有碍于学生个性的发展,不利于人才的培养。对于大学校长来说,究竟采用哪一种思想决定于两个方面的因素,即,具体的治校背景(包括时代、社会情况、大学自身的特点)以及大学校长个人的特质(包括目标追求、个性特征、成长背景等)。

新中国大学在"十七年"时期(1949—1966),总体上说,由于整个社会具有良好的风气,人民在巨大爱国热情和政治激情的鼓舞之下,把"一切交给党,一切听从党指挥"作为基本行动准则,把自己比喻成"一块砖",哪里需要就可以往哪里搬。大学风气非常纯正,思想非常正统,纪律严明,秩序井然,教师认真负责,学生朝气蓬勃,职工热情服务。在这种氛围之下,大学校长是按照严还是松进行大学管理似乎并不构成问题,只要有毛主席的指示、党中央的号召,一切问题便迎刃而解。但是,到了"文革",许多学生一下子变成了执掌一切的"造反派",他们的指示成了学校行动的权威纲领。工农兵学员来到学校不仅仅或者更严格地说不是上大学,而是要管理、改造由"资产阶级知识分子统治"的大学,教师成为他们改造的对象。这样的历史笑话给新中国大学校长治校带来不少麻烦,也给大学校长提供了从反面思考的机会。

虽然,改革开放以后,学生的文化水平随着高考制度恢复有了极

---

① 任钟印选编:《夸美纽斯教育论著选》,人民教育出版社,1991年,312页。

大提高,但是,当"文革"那种无政府主义遗风和国门打开以后泥沙俱下的自由主义风气同时席卷而来的时候,社会风气在正统与非正统之间剧烈地激荡,出现了所谓的"信仰危机",让我们对大学生的思想教育有些不知所措,进了保险箱的他们一时间高呼"60分万岁",学风剧下,"出现了考试舞弊,'分数贬值',随意旷课,不遵守作息时间,甚至吵架斗殴等现象"①。在这个提倡改革、倡导探索的时代,大学校长如何选择自己的管理思想一定会体现出他的治校理想与追求。

在这样的背景下,作为曾经经历过军队生活和战争岁月洗礼的老党员,我绝不允许在校园里有自由散漫的邪气残留,绝对不允许有违"四项基本原则"的自由化思想占领大学的这块重要阵地。因此,我所选择的管理思想不是放任的,而是严格的,以"从严治校,管理也是教育"作为自己的管理思想。

"四人帮"倒台后,1977年我们立即着手建立正常的工作秩序和建章立制,我强调:

>在工作上要从严要求,坚持制度,加强考核,各项制度要进一步健全,执行要坚决。业务上的考核也要抓起来。②

我认为:

>管理也是教育,这在教育学上是一个早有定论的问题。
>
>学校是培养人的。培养什么样的人?在思想觉悟方面,在组织纪律方面都应有一定的要求。③

因为管理、纪律是带强制性的。这是管理、纪律的特点之一。

但是,另一方面,我们是共产党领导的社会主义大学,又应该教育我们的学生自觉地遵守纪律,要提高自觉性。这是我们思想政治

---

① 校史编写组:《缩影:华中理工大学的四十年》,华中理工大学出版社,1993年,225页。

② 中共华中工学院临时委员会,院发字(1977)94号,《坚决保证"六分之五"充分利用"六分之五"》,1977年12月23日,华工档案号:[77Ⅰ党1-1,C1]。

③ 朱九思:《高等教育刍议》,华中工学院出版社,1984年,177页。

工作的任务。①

> 是否严格要求，决不是技术问题，而是原则问题；也不是单纯业务问题，而是极其重要的思想问题。严格要求本身就是一种很好的教育。在全部教育过程中实行严格要求，可以培养大学生、研究生具有严谨的学风，学会做人，使学生终身受用不尽。②

接着，我对严格要求的内涵做了阐述。

> 严格要求有两层意思：一是对我们的工作，教师干部对自己要严格要求；二是严格要求学生。既然我们办学校，就应该严格，决不能放松。……如果不这么做，就是脱离实际，说得更严重一点，叫做不负责任，误人子弟，也是对国家不负责任。③

这些认识是我们多年一贯坚持从严治校的基本出发点，是我大学管理思想的重要内涵，也是我一贯坚持的最基本思想。

在这种思想支配下，就需要注意处处从教育的角度去反思管理问题，真正实现管理育人的目的，而不是就管理而管理。这也培养和造就了华工"严谨"的校风，华工也以"严"而著称，赢得了"学在华工"的盛誉。

我的从严管理的思想，最早见诸文字是在1972年。针对高等学校刚刚恢复招生，招收工农兵学员的实际，我们提出"加强革命纪律，反对无政府主义"等口号。1972年11月25日，我领导制定了《华中工学院学则（试行草案）》。《学则》规定：

> 学员要自觉遵守学校规定的学习、生活等各项规章制度。在校内、外工厂实习时，要严格遵守操作规程和劳动纪

---

① 朱九思：《高等教育刍议》，华中工学院出版社，1984年，178页。
② 朱九思：《高等教育散论》，华中理工大学出版社，1990年，150页。
③ 华中理工大学档案馆编：《华中理工大学建校以来文件选编（第二集）》，1998年，210页。

律。每学期开学,学员应按时到校注册,要严格执行请销假制度,不得无故旷课和擅自离校;学员请假一天以上应经系批准,请假一周以上应经系报院批准。除本市学员节假日回厂或回家外,学员不得在外住宿。学员宿舍不得留宿外来人员,若有特殊情况确需留宿者,应报经系治安保卫组织批准;学员应完成教学计划规定的学习任务,积极完成作业,参加实验、实习、生产实践和考试,争取优良成绩。①

在当时情况下,能够制定出这样严格的规定,也还是要一点胆量的。上述这些规定对于身肩"上管改"使命的工农兵学员来说无疑是近乎"残酷"的,学校对他们的"自由"做了相当大的限制。与此同时,我们逐步恢复和健全了学生管理干部队伍,成立了学生工作组织机构,学校团委也逐步恢复工作。

我从来不主张只制定规则而不严格执行规则,我有什么想法就必然要有什么样的做法。

当时,学员中有一些"头上长角、身上长刺"的造反派。对待这样的人,我要求既要热情耐心教育,又要敢于坚持原则,按规章进行处理。例如,1975年对一个在批林批孔运动中搞串联而荒废了学业的学员,按《学则》的规定让他自动退学。又比如,1975年夏,有两位毕业生离校时,将床板私自锯开做箱子装行李。我得知此事后,不顾一些人的劝阻,立刻派人专程赴沈阳和昆明协助两位学员所在的工厂对他们进行思想教育,要求这两位学员赔偿了经济损失。事后,我将这一事件的处理情况通报全院,教育在校的其他学员。②

也就是在1975年邓小平第二次复出之际,我乘机狠抓学校的业务和正规化管理,做出规定:学生班要定期开生活会,星期日晚间7

---

① 华中工学院革命委员会,院革字(1972)第214号,《华中工学院学则(试行草案)》,1972年11月25日,华工档案号:[75Ⅱ教4-1,A12]。

② 校史编写组:《缩影:华中理工大学的四十年》,华中理工大学出版社,1993年,136-137页。

时以前必须回校,坚持请销假制度,坚持上课要考勤,等等。这些规定即使在今天看来仍然非常之严格,也不是每一所大学、每一位大学校长都会同意、都能够这样做的,何况在"四人帮"甚嚣尘上的"文革"期间呢?这就是为什么外界和许多校友都说我治校以严格著称的原因。

"从严治校"还可以从1980年我们做出的管理规定来予以透视。当时,针对"文革"所造成的极其严重的后遗症——部分学生十分散漫,教师与干部又心有余悸,存在不敢加强管理这种很不正常的情况,我们研究和采取了进一步加强管理的措施。主要包括:①

  1. 建立课堂考勤制度。对合班大课,各班按照划定的区域就座。规定周末外出的学生必须在星期日晚自习(7时或7时半)返校。

  2. 加强考试管理。公共基础课实行全校统考;考题实行A、B卷制度;教师和干部都参加监考;评卷后,教务处要组织教师对评阅情况进行抽查。

  3. 加强作业管理。规定平时作业分数,举办作业展览。"教师布置的作业,学生要全做全交,否则一律不得参加该课程的考试;凡文字写得不通顺、马虎潦草的作业、实验报告、设计说明书等,一定要让学生重做;学生的各科作业定期展览和评比。……'抱着走',我们不干,放任自流,我们也不干。"②

  4. 加强教学大楼和学生宿舍的管理。派人巡视检查自习情况。学生宿舍则从环境卫生到内务整理都有规范化的要求,从卧具整理到书籍用品,都必须摆放整齐有序,并打分公布。

---

① 校史编写组:《缩影:华中理工大学的四十年》,华中理工大学出版社,1993年,226页。

② 朱九思:《高等教育刍议》,华中工学院出版社,1984年,97页。

5. 建立与家长的联系制度。从1979年起,每年给家长寄学生的学习成绩和思想表现的通知书。

"抓工作一定要突出重点。"这是我经常强调的。在严格管理的问题上,同样强调要突出重点,抓住主要矛盾。

我认为,严格要求,重点在一年级。这一想法也与要搞好"两个过渡"的思想是一致的。所以,除了给学生配备辅导员以外,从七九级开始,我们全面实行班主任制度,挑选一批中青年教师兼任一年级班主任。并规定班主任的主要任务有三条:

(1)抓理想前途和学习目的的教育,使学生明确努力的方向;(2)抓学习方法的指导,使学生能顺利地完成从中学到大学学习的过渡;(3)抓学生干部和骨干的培养,逐步提高学生的自治自理能力。①

为什么要设班主任,我说有三方面原因:

1.现在学生一般要比"文革"前小两岁;2.从中学到大学有一个转变过程……设了班主任,可以帮助学生解决好这个问题;3.大学人多,在管理上矛盾和困难都较多。②

这些贯穿整个教育全过程的严明做法,得到大部分学生特别是家长们的欢迎,家长们认为,子女上了华工"我们放心",于是社会上就有"学在华工"的溢美说法。

同时,也有人对此持有异议甚至反对,对我提出了批评。当时,就有人曾用"华工是神学院,朱九思是大主教"③来讥讽我所施行的严格管理。比如,1983年冬,在中共湖北省委科教部举办的高等学校政工干部进修班上,就有人在讲课中对我们的这种做法提出非议,不赞成我们实行严格管理。为此,我亲自到场做报告,阐述我们的思想,

---

① 校史编写组:《缩影:华中理工大学的四十年》,华中理工大学出版社,1993年,194页。

② 朱九思:《高等教育刍议》,华中工学院出版社,1984年,157页。

③ 校史编写组:《缩影:华中理工大学的四十年》,华中理工大学出版社,1993年,226页。

并派干部深入阐明这一思想的缘由和带来的种种好处。

当时有的报刊也发表文章,不赞成华工对学生的严格管理,甚至还认为大学设政治辅导员是对学生的管制。① 新华社有两位记者到学校做了实地调查之后,还撰文说,"华工管理太死,领导太保守"②。

这些事实说明,对于一种管理思想到底是否正确,在思想尚未变成现实的时候总会遭遇非议甚至阻力。要把思想推行下去,大学校长必须具有坚定的自信心和必胜的信念。我就是力求做到这样的人。我回应说:

> 现在少数同学当中有一种反映:说"这个华工管得太严了"。我不同意这个说法。我说:我们只是做了我们应该做的事情,这是一句话;第二,在某些地方我们做得还不够。在这一点上,我们要理直气壮,不要感到理亏。我们有什么理亏的,我们收到许多同学的家长来信,也听到社会上的一些反映,认为我们这样管理是对的。③

> 我们觉得,在当前社会风气尚未根本好转、思想战线上精神污染又很严重的情况下,管得严一点对青年学生好处甚多。④

就是到后来,每当我回忆起过去的这些思想和做法时,依然坚持"严格管理,管理也是教育"这一基本思想,仍然认为,教育就是要从严,严师出高徒嘛!

> 只是要在具体的形式上可以加以更好的研究和改进,使之效果更好。⑤

---

① 校史编写组:《缩影:华中理工大学的四十年》,华中理工大学出版社,1993年,227页。
② 访谈,16。
③ 华中理工大学档案馆编:《华中理工大学建校以来文件选编(第二集)》,1998年,124页。
④ 华中理工大学档案馆编:《华中理工大学建校以来文件选编(第二集)》,1998年,233页。
⑤ 访谈,朱九思。

> 既敢于从严治校,又敢于实行校园民主,将二者结合起来,这就有可能在我们高等学校的管理工作中,开辟一条新路子。①

当时,在校内意见也不是完全一致。一些教师、干部也担心把学生管得太紧了,不利于他们的成长。

正是因为在内部有这种不同看法,在我卸任不久,校内逐步改进、废止了一些严格管理的做法。

◆ 从严教育

规定具有强制性。

为了使规定能够得到更好的执行,必须有强有力的思想教育工作。同时,作为具有中国特色的社会主义高等教育,为了使我们的伟大事业永远沿着正确的轨道前进,必要的思想政治教育也构成中国大学的基本特色,也是中国大学校长治校必须面对的基本情况和长期的基本任务,必须成为"政治家"和"教育家"。所以,新中国大学校长总是按照政治首位意识展开治校旅程,为保证"四项基本原则"在大学得以有效落实,发挥着重要作用。

作为一个具有几十年党龄的老党员、革命老干部,为了社会主义事业的前途和未来,在人才培养过程当中自然要一马当先,高度重视加强党的建设和改进思想政治教育工作。

加强政治思想工作的中心任务是什么?作为党委书记,我旗帜鲜明地认为:

> 加强政治思想工作的中心任务是:大力宣传四项基本原则,进行坚持四项基本原则的教育,并且对一些反对四项基本原则的严重错误思想做坚决的斗争。四项基本原则是我

---

① 朱九思:《重大的历史责任》,载《高等教育研究》,1989年第1期,19页;朱九思:《高等教育散论》,华中理工大学出版社,1990年,174页。

们战胜各种错误思想的最强有力的武器。①

至于如何有效开展思想政治工作,我认为有两条非常重要:

> 既要有良好的精神状态,又要有适当的工作方法。

强调治校中要有良好的精神状态是我经常挂在嘴边的,只是在这里我对这一思想从不同角度做出了阐释而已。我说:

> 强调要有良好的精神状态,要敢于加强引导,加强管理。首先要提高对加强思想政治工作重要性的认识。……用正确的思想和革命的精神,也就是用共产主义思想、马克思主义的基本理论来教育青年学生,帮助他们确立正确的立场、观点,掌握正确的思想方法和工作方法,使之成为能够坚持四项基本原则,具有远大理想和高尚情操、掌握过硬本领的人才。其次,要正确认识所谓"大气候"的问题,切实担负起我们自己的责任。……对校内各种不良的倾向要敢抓敢管,对社会上的各种错误思潮要敢于抵制,敢于批评。②

有了良好的精神状态,没有正确的方法,工作也不能取得理想的效果。而正确的方法来自对事物发展规律的正确认识。我以为,对不是思想认识方面的问题,我们就要运用行政手段去解决,甚至运用法律制裁的办法来解决。当然运用行政手段,主要还是为了达到教育的目的,比如,讲严格要求,首先就是思想上的严格要求。

> 我们说考试要严格,禁止舞弊,首先是从思想这个角度出发的,成绩是第二位的。这样的学生形成了一种投机取巧的思想,就给他将来到工作岗位上去留下了一个不好的根子……也会弄虚作假。③

但是,对于思想认识问题,决不能用行政手段来压制,因为那样

---

① 朱九思:《高等教育刍议》,华中工学院出版社,1984年,151-152页。
② 校史编写组:《缩影:华中理工大学的四十年》,华中理工大学出版社,1993年,212-213页。
③ 华中理工大学档案馆编:《华中理工大学建校以来文件选编(第二集)》,1998年,211页。

做,不仅不能解决问题,反而会有很多害处。我认为,可实行疏导的方针,要"导"而不要"堵","堵"是堵不了的;要实行教育与管理相结合,对学生的思想认识问题不能采取行政命令的办法去压服,而要耐心进行教育说服,在疏导中进行引导,把思想引入党所指引的正确轨道;另一方面,又要对学生加强管理,通过严格执行各项规章制度和组织纪律,培养组织纪律观念和优良的行为习惯。对于不遵守纪律和道德品质不好的学生决不能听之任之,放任不管。除要进行耐心的教育外,还有必要采取适当的行政管理措施。

要划清两个界限。一是要划清"导"和"堵"的界限。疏导就是要在疏通中引导,既不能"堵",也不能放任自流。二是要划清思想认识问题和非思想认识问题的界限。对待思想认识问题,要发扬民主,允许讲话,通过讨论,提高认识。一时思想不通,还可以等待,决不能用行政手段去处理认识问题。但是,对于不遵守纪律、打架闹事、破坏公物、道德品质败坏等违反校规法纪的事,就不仅要进行思想教育,必要时还要运用行政手段,该处理的要处理。这就是说,疏导要保证各项规章制度的执行,否则学校无法管理。①

如何"导"?

最经常、最重要的引导和教育,就是搞好政治理论课教学。

同时,又要齐抓共管。

我们各个部门(包括党委部门、教学部门、后勤部门)以及我们的教师,天天都在做工作,天天都和学生接触,大家都负有教育和引导的责任。②

对思想工作有了这种带规律性的正确认识,所采取的工作方法自

---

① 朱九思:《高等教育刍议》,华中工学院出版社,1984年,159页。
② 朱九思:《高等教育刍议》,华中工学院出版社,1984年,155页。

然就具有很强的针对性。

作为有机统一体,在思想政治工作中要有适当的工作方法:

一是要划清思想认识问题和非思想认识问题的界限。二是要加强理论教育,正面引导。要大力宣传和加强坚持四项基本原则的教育,增强学生的识别能力和对错误思想的免疫力。三是大力表扬好人好事,树立正气。四是充分发挥团组织和学生会的作用,大力开展课外活动。五是建立"两会"制度,单周开班会、双周开团组织生活会,发动群众开展批评与自我批评,自己教育自己。[1]

1981年,我提出:"以'引导学生自己教育自己'和'旗帜鲜明地抵制和批判各种错误思潮'作为思想政治工作的指导思想。"[2]

为什么我要这么强调群众自己教育自己,把它提高到指导思想这样的高度?我说过,这样做至少有三方面好处:

第一,有助于改变我们的工作习惯。只习惯从上而下的方式,群众的积极性就比较差。第二,有助于逐步克服所谓"抗药性"。第三,有助于我们了解学生、培养学生。[3]

当时思想政治工作方法老一套,只会灌输,只会宣讲,学生在心理上产生抵触,工作效果很差,针对这种老套路,这三点具有很强的针对性。采取这样的方法,不但有助于改善思想政治工作的工作方式,也适合处于青年期大学生自我意识比较强的特点。

那么,如何引导群众自己教育自己?根据实际情况,我提出最主要有三条:

第一,要有固定的会议生活(团组织生活会和班会)。第二,要运用群众中的典型事例,进行表扬和批评,以表扬为

---

[1] 校史编写组:《缩影:华中理工大学的四十年》,华中理工大学出版社,1993年,213页。

[2] 校史编写组:《缩影:华中理工大学的四十年》,华中理工大学出版社,1993年,215页。

[3] 朱九思:《高等教育刍议》,华中工学院出版社,1984年,162-164页。

主。第三,大唱革命歌曲。通过唱革命歌曲,不但振奋精神,也有助于熟悉革命斗争史。①

实际上,当时我们还采取了其他一些行之有效的方式。如,广泛开展读书活动,阅读马列原著,学习祖国历史,推荐《红岩》《把一切献给党》《青春之歌》《高山下的花环》《钢铁是怎样炼成的》等文艺作品,以及《哲学与情趣》《经济散文》《给儿子的信》等有关青年修养、扩大知识面的读物,发动学生开展评电影、评小说、评电视剧活动,发挥团组织和学生会作用,开展大量课外活动等。

为了把这些思想与措施落到实处,增强思想政治工作的针对性,我常常强调:

> 自己管理自己,班干部要起重要的作用。②

所以,要注意认真培养学生骨干。这是学生思想政治工作的一个十分重要的问题。学生骨干与广大同学朝夕相处,最能掌握学生的思想脉搏。依靠学生骨干,能及时沟通领导和学生的联系,把许多问题解决在萌芽状态中。③

我在军队曾经担任过政治教员、教导员、指导员和宣传科长,加之后来的锻炼,有几十年工作实践的切身体悟,对思想政治工作的特点有了些认识,对思想政治工作的规律也有些把握。我常说:

> 思想政治工作弹性非常大,多做一点,少做一点,好像一下子看不出来;工作主动一点,被动一点,似乎出入也不大。

因此,提出:

> 思想政治工作要养成主动作风;政治上要敏感,千万不要迟钝;要有具体的计划;不要一阵风,走过场,要有顽强的精神;要抓典型,万万不可一般化。树立好的典型;要严格要

---

① 朱九思:《高等教育刍议》,华中工学院出版社,1984年,164-169页。
② 朱九思:《高等教育刍议》,华中工学院出版社,1984年,155页。
③ 朱九思:《高等教育刍议》,华中工学院出版社,1984年,161页。

求等作风。①

自然,大学生的思想政治教育也是一个需要持续改进的工作,仍然需要我们好好总结并予以加强。

◆ 从严治党

中国的大学是在中国共产党领导下的大学。党风直接关系到校风与学风。治党严,才能治校严。这不但是我的治校逻辑,也应是新中国大学校长遵循的基本原则。只有这样,大学校长才能成为教育家和政治家。

新中国的高等学校领导体制,先后经历了校长负责制(1950—1956年),党委领导下的校务委员会负责制(1956—1961年),党委领导下的以校长为首的校务委员会负责制(1961—1966年),党委一元化领导和革命委员会制(1966—1978年),党委领导下的校长分工负责制和党委领导下的校长负责制(1978年至今)。虽然在20世纪80年代中后期曾经短暂开展过校长负责制试点,但由于种种原因并没有真正推行。

在后来颁布的《中华人民共和国高等教育法》中,有非常明确的规定:"国家举办的高等学校实行中国共产党高等学校基层委员会领导下的校长负责制。"②中国共产党居于高等学校领导地位是由中国共产党领导体制和社会主义性质决定的,也是中国高等学校领导体制的一大特点。在这种体制下,任何一位头脑清醒的、想有所作为的大学校长,必须有从严治党的思想,积极发挥、自觉接受党的正确领导。

我是1936年入党的老党员,又从事党的领导工作多年,1975年以后还书记和校长一身二任。这种工作旅程决定了:我不但会非常

---

① 朱九思:《高等教育散论》,华中理工大学出版社,1990年,24-28页。
② 《中华人民共和国高等教育法》,第四章第三十九条。

重视党的建设,而且对党如何施行对高等学校的领导有自己的见解。

关于党的领导作用,1962年,我在一次政治工作会议上说:

> 把党的建设工作搞好,建设一支战斗力很强的党员队伍,这是办好高等学校的根本保证。如果把党的工作搞好了,党对学校的领导作用就加强了。党的领导,不是靠下命令,而是首先靠我们各级党组织认真贯彻党的方针政策和上级的指示;其次,是靠全体党员很好的工作,团结广大群众,团结党外人士。①

1988年,我在谈及治校时,又强调:

> 要办好一所大学,当然要有好的负责人,好的教师,但也必须有一个坚强的党。因此,要根据党中央的决定,从严治党。②

有了这样的指导思想,"四人帮"被打倒以后,在肃清流毒的同时,我就积极加强党的领导和组织纪律性,反对自由散漫的无政府主义,要求全校师生员工认识到必要的规章制度是办好学校、培养人才的基本保证,自觉遵守学校的各项规章制度和纪律,对破坏学校纪律、规章制度,以及无政府主义、无纪律行为,要敢于斗争。

1977年3月,我强烈要求:

> 要敢于坚持党的原则,敢于向不良倾向作斗争,敢于摸老虎屁股。要大治,要敢治,没有这个"敢"字是不行的。③

党的十一届三中全会以后,在抓党的路线教育方面,我始终强调:既要解放思想,又必须坚持四项基本原则;在着重纠正"左"的错误倾向的同时,也要防止和批判右的错误思想;抓党的宗旨教育、确立全心全意为人民服务的思想;抓党纪党风的教育,建立定期讲党课

---

① 校史编写组:《缩影:华中理工大学的四十年》,华中理工大学出版社,1993年,108页。
② 朱九思:《高等教育散论》,华中理工大学出版社,1990年,174页。
③ 中共华中工学院临时委员会,院发字〔1977〕21号,《通知》,1977年3月21日,华工档案号:[77Ⅱ行综1-1,B4]。

的制度；抓党的基本知识教育，举办党员培训班，系统讲授党的基本知识。在组织建设方面，着重抓支部建设和发展党员。

1978年以后，结合落实知识分子政策，我们大力发展教师和学生入党。从1979—1984年，共发展党员2201人，其中教师260人、职工170人、学生1771人。①

在从严治党方面，我始终强调以下三方面。

第一，政治与业务的有机结合，而不是空洞地为政治而政治。政治工作本质上是保证业务工作更加有效地完成的基本手段，如果脱离业务而单纯地突出政治，其效果是可想而知的。

1964年，我从北京大学参加"四清"回校后，针对把政治当作口号和形式来抓，突出政治而降低业务的现象，我在校刊上发文说：

只强调政治第一，不重视业务，有片面性。

既要重视政治，也要重视业务；轻视政治不对，重业务并不错。

在突出政治的前提下，必须狠抓业务学习，始终坚持又红又专的方向，防止片面性，使学习真正落到行动中去。②

正是因为有了这样的思想，政治工作的开展才会卓有成效，业务工作才有更大发展。这是华工20世纪70年代后期能够在教学、科研和师资队伍建设上取得明显成绩和在粉碎"四人帮"之后能够顺利进行拨乱反正、迅速开创新局面的重要思想根源。

第二，特别重视干部队伍的严格管理。我对干部的严格好像是名声在外。大家说，华工的干部都怕我！而且在这方面，至今仍然让一些已经退休的干部们记忆犹新。我不知道这是不是事实。但如果说要求严格了些，还是符合事实的。

---

① 校史编写组：《缩影：华中理工大学的四十年》，华中理工大学出版社，1993年，222-224页。

② 校史编写组：《缩影：华中理工大学的四十年》，华中理工大学出版社，1993年，114-115页。

怕，缘于我在安排工作时都有明确的质量和时限要求；怕，缘于我对待工作认真专注、一丝不苟；怕，还缘于我只讲真理不讲面子。一位多年担任总务处处长兼总支书记的同事回忆的一件事情具有代表性。他回忆道：

> 九思安排我们在南三楼前栽树，我们知道他的性格，就立即办。但这里的树我是栽了三次挖了两次。第一次我栽的是樟树。他说，不行，要栽法国梧桐。我就第二次按要求栽上。但，他一看就说，树苗不直，弯弯曲曲的怎么行？我又栽了一次。非要达到他的要求才行，相当严格。①

担任过多年教师工作部领导的一位同事回忆起当时我管理干部的风格时这样说：

> 他用干部用得很狠。他有一个习惯，常常星期五给你布置工作，然后下周一必定给你打电话询问工作的完成情况。这样，实际上他虽然不说要你周末加班，但常常又不得不加班，因为我们都知道他的习惯，周一一定要交差的。他布置的工作我们都不敢懈怠，因为他要问你落实的情况。他自己也是这样，从来工作不分节假日和星期天。他提倡不放寒暑假，提倡周末不休息。
>
> 他这样就把我们干部带出来了。我调到教育部工作时，知道教育部有一个惯例，司长都要与新来的同志谈话，了解情况，提出要求。可是，我去了很长时间，司长还没有找我谈话，我感到纳闷，有点着急。后来，一次与司长在一起的时候，我就主动问他为什么。他说，"我早就知道你在九思手下干得很好，在他的手下干得很好的人还需要我来给你谈话吗？能够在他手下干，我们是完全相信的，还谈什么？"这说明外界对九思的作风是非常肯定的、认可的。九思这样，确

---

① 访谈,05。

实也对我的工作产生了影响:第一,不随便叫苦,尽最大努力完成任务;第二,办事一定要有结果;第三,做事雷厉风行,不拖拉。①

关于我严格要求干部的例子,可能华工的老人总能俯拾即是,现在可能已是大家茶余饭后津津乐道的谈资了。不过,我每当听到这些,总觉得对不起他们,要求太多,回报太少,而且还没有来得及关心他们,我们就走过了这一生。不过,当时我们想干点事情的心情确实很急迫,大环境又容不得我们有半点懒散和丝毫懈怠。

就是在这种严格要求之下,党员的先锋模范作用在群众面前变得实实在在,摸得着、看得见,并由此培养了一支为学校发展能打善拼的干部队伍,也为我治校形成了顺畅的组织体系,快速地把思想变成治校现实。

在严格要求的同时,我也把干部队伍作为高等学校的支柱之一,尽力提高管理干部的素质,使之适应学校快速的发展。我常说:

> 加强高等学校的管理,注意抓干部的培养提高,这是一项十分重要的工作。②

> 干部、工人素质的提高,这对于我们的实验室建设,对于我们的生产、后勤工作和管理工作等影响极大。③

所以,我们积极组织干部学习管理知识、科技知识、计算机等知识。④ 特别要求干部认真学习教育科学,以便按照教育规律行政。在校内多次分期举办管理干部业务学习班、培训班,组织干部学习教育学、教育史、心理学、管理学、现代科技知识等方面的内容,用教育理论武装干部的头脑,提高他们的管理能力和改革意识。这些做法在

---

① 访谈,29。
② 朱九思:《高等教育刍议》,华中工学院出版社,1984年,62页。
③ 华中工学院党办编印:《迎接世界新的技术革命挑战讨论会发言专辑》,1984年1月,华工档案号:[1984Ⅰ党1-1,No.87]。
④ 华中工学院党委宣传部编:《学生工作干部学习科技知识的情况》,载华中工学院党委宣传部编《情况反映》,1979年1月25日,第23期。

全国产生过很好的影响,机械部、上海市等部门和地区的高校纷纷效仿,也举办起各种类似的讲习班、提高班、培训班,还邀请我们去讲学。

这些措施使管理干部对新技术、新知识,以及高等教育理论加深了了解,更新了教育观念,促使管理工作按教育规律办事,不断由经验型向科学型转化。同时,也有利于管理干部理解、执行我们所提出的一些创新性教育思想和管理思想。

第三,注重在学生中开展党的组织建设。这一思想既是从党的事业发展从长计议,也是让"群众自己教育自己"思想的延续。我强调:

> 在学生中抓紧建党,发展党员,在各年级建立党支部,做到在三、四年级每个班有一个党小组,在二年级要开始发展党员,在一年级有个别表现确实很好的(包括在中学的表现),也可以发展。①

因此,我们在全校积极发展大学生入党。当时,学校党员在学生中的比例达到5.4%,位居全国高校之首,还受到了中共中央的表彰。

大学校长治校秉持一种什么管理大学的方式,这是大学校长个人自己根据具体实际所做出的价值判断,是大学校长个性的释放。我选择了"严"的方式,是我个人价值观和时代需要的反映。不管时代如何改变,我以为,"管理也是教育"这一思想所具有的价值是共性的、意义是恒久的。

---

① 朱九思:《高等教育刍议》,华中工学院出版社,1984年,159—161页。

第三章

改革维艰

解放思想难,推动改革艰!

任何大学校长总面临着如何把看上去很先进的思想转化为脚踏实地的行动、把看上去非常自洽的理论化为成效显明的实践的问题。而迎接这些挑战,在我看来,最好的武器便是用好改革的武器。

改革,就是要有敢于突破各种利益羁绊和各种传统阻碍的胆识与智慧,按照正确的思想指引与理论的指导,面向未来的发展,不断革新既有的体制机制,使之不断完善和优化,从而更加有效地实现办学梦想。

我治校的总体背景是从新中国成立初期到改革开放的20世纪80年代初期。这一段时间,新中国经历了诞生时的欣喜、建设中的曲折、斗争后的清醒、探索下的改革与开放,可谓波澜壮阔、跌宕起伏。在这一大背景之下,新中国逐步建立自己的高等教育体系,为新中国的建设培养了一大批建设人才。因此,大学校长为新中国高等教育的发展立下了历史性的不朽功勋。我以一位革命干部的身份行使对一所经过院系调整后才成立的新大学的领导权,可以说,所经历的"故事"也是"新中国高等教育的缩影"。因此,回顾与分享这段历史,对于深刻理解大学校长特别是新中国大学校长的治校办学还是有意义的。

在我国长期处于比较封闭、"左"的思想占据主导地位相当长时间的计划经济时代，以及开始改革开放、新旧体制酝酿转轨的时代背景下，要大力推动一所按照苏联模式建立起来的新大学的建设与发展，实施学科综合化、科研走在教学的前面、教师队伍建设等这些在当时乃至现在都并未获得一致认可的思想与举措，必然面对来自学校内外的各种阻力、压力，没有改革的决心与一定的领导艺术是难以想象的。

唯实与唯上

唯实与唯上也就是从高等教育规律与学校实际出发，艺术地处理好与上一级组织的关系，力求他律与自主的有机平衡。

我们常说的办学自主权实质上就是一种权力关系，即大学与政府、大学与社会之间的相互权力关系。如果说大学与社会之间的权力关系是比较松散的、可以把握的话，那么大学与政府之间的关系常常具有某种制度规定性，因而自己的命运往往不容易自己主宰。如何主宰自己的命运在很大程度上取决于大学校长的领导艺术。这种领导艺术又主要表现在，如何处理好与领导自己的上一级组织或集团之间的关系。这是一个非常重要而又带有普遍性的问题，而且这个问题对于我国这样一个具有高度集中统一传统和现实的国家来说尤为重要。

新中国建立以后，高等教育实行高度集权的计划领导体制。多年来，大学实际上都是主管行政部门的附属"单位"组织，大学校长因而成为一位由上级主管部门任命的、具有相应行政级别的官员，是权力链条上的一位行政干部。这种权力链条对大学校长的行为常常锁定于上级链条节点上的指令,大学校长的行动常常被这种权力链条束缚捆绑。大学校长要想获得更多的自由,办法无非是争取站到更高节点之上,盼望权力链条作用力弱一些,或者挣脱链条的束缚,除此无它。

与此同时,在我们富有特色的政体之下,政治意识形态具有严格的行为规范性。大学校长还能有自己的主张吗?还能获得自主权吗?所以,在新中国,只有那些敢于追求、具有较好领导艺术的大学校长,在权力高度统一的情况下,才能够争取到一定的办学自主权,才能把自己的主张变为现实,最后取得成功。

我在"文化大革命"仍然在轰轰烈烈地进行的过程当中(链条作用力较弱),收罗了一批所谓的"牛鬼蛇神",建立起了一批新专业,取得一批科学研究成果;在仍然坚持"十七年"高等教育模式的情况下,力主加强学科的改造,把一个纯粹的工学院改变成为一所具有现代意义的综合性大学。在唯书唯上的氛围中,我们按照实际情况,为具备条件的教师争取评定职称、培养更高质量的好学生,这些工作,都需要艺术地处理好与上级的关系。

◆ 敏锐地抓住上级管理中的空白区域带来的有限发展机遇

机遇总是偏爱有准备的人,这也许是放之四海而皆准的真理。大学校长要善于抓住别人也许并不在意的稍纵即逝的机遇,才能占尽发展先机,博得竞争优势。

一般说来,大学校长获得的发展机遇来自三个方面:一是上级的授予(权力链条作用力较弱);二是传统力量形成的天赋之权(处于比别人更高的节点位置);三是自己抓住,争取得来(挣脱权力链条束缚)。

对于我们这样一个以行政力量为主导的国家来说,上级授予一定的、他人不具有的特殊权力的情况经常存在,但是这种情况的出现常常以一定的特殊行政地位、特殊的情况或者特殊的"关系"为前提,不是任何大学校长在任何情况下都能享有的。加之,大学传统的力量非常薄弱,大学总是与政治相伴共舞,很少有真正属于自己的领地。如何争取到上级授予的特权也是大学校长,特别是新中国大学校长应该具备的重要领导艺术,下面将讨论这个问题。

抓住机遇,获得自主权成为大学校长的一项重要本事。抓住机遇,则是主要靠敏锐的慧眼。这种机遇又有两个方面的情况:一个是上级在对大学管理过程中总会出现某些"不管"的模糊地带、灰色区域,在这样的地带或区域常常是自由游弋的难得空间;二是特殊的时代带来的特殊发展机遇,时代的变化常常在不经意间出现特别的机遇。我在"文革"期间敏锐地抓住的有限的发展机遇就属于这两种情况。

"文革"中后期,中央教育管理部门被武断地撤销,高等教育管理体制再次发生转换,大学由中央下放到地方管理,在混乱的时局之下,出现了管理权力交接的飞地。从管理部门来讲,省市教育部门或者被撤销,或者处于瘫痪状态。因此,大学实际上处于一种无管理或者去管理的奇怪状态,也就是有政府的无政府状态,似乎任由我们自己发展。但是,处于混乱之中的国家仍然需要发展,很多专业部门的科研院所忙于阶级斗争而实际上处于瘫痪状态,人员被下放,专业发展处于停滞状态,搞科学研究是"走白专道路"而成为被批判的对象。在专业建立、人员引进等并不需要经过上级主管部门严格批准就可以办到的情况下,只要有"敢"的精神,有足够的胆略、见识和勇气,发展的机遇总能信手拈来。

恰好,1970年6月我被"解放"出来,前面说过,又遇上开明的军代表一把手,于是就利用了这样的特殊机遇,开始"广积人",罗致"反动学术权威",引进一大批人才。积极争取承接中央业务部门交办的建立新专业和科学研究任务,为后来的继续发展奠定了重要的基础,也积累了发展经验。由于抓住了这样的特殊时代存在的特别机遇,从20世纪70年代到80年代前期,华工获得了别的大学没有的发展,在后来新的竞争中累积了新的优势,在一定的范围内改变了华工在高等教育系统中的实力与地位。

◆ 实事求是地"磨"以获得上级授予的特权

凡是有追求的大学校长总是有自己的治校思想,具有创新性的治校思想并不总与众多流行观点一致,而常常与主导意见相左。

大学校长自己的治校主张与上级想法不一致是大学校长在治校过程中出现的一种极其平常的情况,如何处理这一对正常的矛盾关系表现出大学校长的治校艺术。一位具有较好领导艺术的大学校长,会正确处理好与上级之间的这种正常的矛盾关系,实现自己的治校主张,获得成功;相反,如果缺乏一定的领导艺术,只会僵硬地执行上级的意见或者固执己见地按照自己的主张行事,其结果就会出现:要么是大学校长成为只会唯上的"应声虫",要么是失去大学校长治校职权而以失败告终的下野者。这一点对于新中国的大学校长来说尤其重要。

新中国的大学校长与主管部门是被领导与领导的下级与上级的关系。大学校长这个职位是由上级任命的这个前提,决定了大学校长应该按照上级指示行事,似乎处于绝对服从的地位。如果大学校长有自己的治校主张,他就必须获得上级主管部门的认可,否则不但一事无成,还会激化大学与主管部门之间的上下级矛盾,增加权力链条的张力,使得上一级对下一级的控制更紧。

毕竟,实事求是是中国共产党最主要的一条思想路线。

我作为一位老党员,尤其是经过 1942 年延安整风运动的教育之后,牢固地树立起了实事求是的思想路线。在治校中,按照一切从治校实际情况出发的原则,用事实去讲道理,用"磨"的韧劲来感动上级,说服领导允许我们能够在一些上级还看不清、拿不准的事情上先

"允许我们试一试"①。

这一点最充分地表现在我们实现学科综合化这一教育思想的实践过程当中,尤其是体现在创办理科和文科这些事情上。现在我们都已经意识到了大学综合化的必要,并在刻苦地按照适度综合化的思想去建设现代大学。但是,在刚刚走出"文革"的阴影,摆脱"两个凡是"困扰的20世纪70年代末期和80年代初期,高等教育仍然按照20世纪50年代建立起来的苏联模式僵化地运行,学科分家的思想仍然牢牢地捆绑着刚刚开放的脚步。提出大学学科综合化的思想本身就要有勇气,而要付诸行动应该算是胆大妄为了吧!所以,要把这种思想变成现实所要克服的阻力或困难可能是今天很难想象和体会的。

在这样的情况下,我就只好使出了"磨"的艺术。我在1996年回忆起这件事情的时候,这样说过:

> 我们学校于1980年(实际上,1979年就开始了——整理者注。)开始创办理科和文科,这是一项重要的改革。必须说明的是,经我们一再建议,终于取得了这位部长(当时的教育部部长——整理者注。)的支持,允许我们试一试。否则,在当时是十分困难的。②

下面来简单地回顾一下这个经历。

在我们创办理科和文科专业的过程中,开始碰到很大阻力,不让我们办。有人说:"你们一个工科院校办好工科已经不容易了,怎么不务正业要去办什么理科嘛,办文科更不是你们工科院校的事情了!"怎么办呢?我们正为此发愁,寻找突破。刚好,教育部主要负责人来武汉出席一个会议。我听到这一消息之后,就赶快抓住时机,希望能够更准确地向他汇报我们的考虑。我请有关同志和教授提供了

---

① 朱九思:《往事重提》,载《高等教育研究》,1999年第1期,8页。
② 朱九思:《往事重提》,载《高等教育研究》,1999年第1期,8页。

充实的资料，我综合以后，向这位部长做了专门汇报。我引用国际学术界大量采用数学工具、基础理论来解决工程领域内的诸多技术问题等事实予以说明、说服，用教授们开展科研和与国外同行交流所得到的资料和情况予以分析，说明我们这么干不是没有依据、没有道理的乱干，而是从正反历史经验以及现实问题出发所做出的前瞻性战略性举措。

听取汇报之后，这位领导人逐步改变了看法。征得他的同意之后，我们又不厌其烦地给主管部门汇报、提出论证、递交报告、在报上发表文章等，最后才赢得允许"试一试"的机会，终于在举办应用数学专业上率先取得突破。有了办数学专业这一突破，后来的发展就好办一些了。逐步地，我们就办起了其他理科专业。

办文科专业就更难啦。按照既有模式，哪有工科学校创办文科专业的？在当时岂不是笑话？为此，我拿起了"科学研究要走在教学的前面"这一思想武器。但是要搞科研就得有人呀。所以，我就壮着胆子到处找人！聚积起人才了，就创办研究所，选准方向后，立即着手开展科学研究，积蓄力量，准备条件，然后再招收研究生。水到渠成，生米煮出了熟饭。具备了这些工作基础，最后，才用已经取得的成绩去说服、去磨上级，最终教育部才同意我们试办文科专业。这开了新中国突破举办工科大学既有模式的先河，也为学科单一的高等学校走向学科适度综合探索了路子、积累了经验。

克服创办新学科所碰到的重重阻力，也充分说明我用"磨"的办法去说服上级领导和部门的过程当中，并不是外界所传言的那样，"朱九思敢于顶，敢于不听教育部的话"。说实话，我敢吗？我绝不是胡搅蛮缠地自作主张或自以为是，而是有理有节，以事实为依据地以理服人，把事实如实地、反复地告诉上级领导和部门，使得他们也明白这样做的道理和预期的效果，最后才能争取到他们的同意，授予率先改革试点的特殊权力。

当然，在"磨"的背后，一定要坚持我党一贯倡导的实事求是的思想路线,大学校长也是需要一点执着、耐心和韧劲的。

◆ 创造性地软"顶"以正确贯彻上级指示

大学校长作为上级部门或者董事会任用或聘用的大学主要执行官,总是要执行他们的决定,把他们的原则指示变为具体的成果。但是,种种因素可能导致上级部门或者董事会的决定、判断、指示并不总是符合所有的实际情况或者大学校长本意。

在这种情况下,是原封不动地执行上级的指示,还是在上级指示精神的指导之下,结合具体实际和自己的追求创造性地贯彻上级的指令?对于那些不符合实际情况的决策,是仍然坚决执行,还是按照"实践是检验真理的唯一标准"的科学态度,实事求是地反映情况,说明看法?

如何"顶"住压力,能真正表现一位大学校长的治校智慧。因此,如何对待上级的指令,是直接关系到大学校长治校能否最后成功的大问题。

自然,"顶"不是无度的,而是有一定限度。也就是说,"顶"不能危及自己的治校权力。因为对于有追求的大学校长来说,还有什么比丧失治校权力更痛苦的呢?如果大学校长不顾一切地反对上级,"硬"而不是"软"顶上级,那么,权力链条可能骤然绷紧甚至断裂。其结果常常不利于大学校长一方。这样的话,总会以大学校长的失败而告终。因为相对上级来说,大学校长是下一层次的执行者,大学校长所具有的权力是上级赋予或授予的。历史上就曾出现大学校长为了维护大学的利益,或者坚持自己的追求与上级翻脸而罢职辞官,而出现过"绝对不能再做那政府任命的校长""绝对不能再做不自由的大学校长"[①](为蔡元培先生于1919年请辞北京大学校长之语)的情况。但是,我以为,明智的大学校长总是迂回前行,尽量避免无谓

---

① 蔡元培:《孑民自述》,江苏人民出版社,1999年,167页。

牺牲。

对于新中国的大学校长来说,由于特殊的政体和连年不断的政治运动,为了稳妥和保住"乌纱帽",也就特别容易陷入只会当"收发室"主任、"派出所"所长之境地,只会依样画葫芦,而不会对上级不切实际甚至不正确的决定提出自己的看法、坚持自己的意见。如果敢于"顶",可能就会带来很大的政治风险。多年来,可供大学校长选择的治校机会总是太少,自己的命运总不由自己主宰。他们除了从政治风险上考虑自己的前途甚至生命以外,一旦当他们因为得罪上级而被罢免以后,他们不但很难有新的选择,而且可能面临终身失去实现治校抱负的机会。在这样的现实条件下,新中国的大学校长出现敢于"顶"上级指示的这种妄举就难上加难,就更需要一定的领导艺术。

所以,新中国的大学校长总面临非常尴尬的境地。如果只当"收发室""派出所",自然很轻松、很容易。那样,很可能就政绩平平,没有什么建树或者建树不多,甚至因为执行了过"左"的决策而在校内留下骂名、给历史留下遗憾。如果"顶"住上级的一些错误决策,按照实际情况而"自搞一套",那么可能被扣上"不讲政治""不听招呼"的大帽子,而面临被撤职查办、承担相当的政治风险,或者遭遇所谓的"穿小鞋"。这种情况,可能我们都有不同程度的体会吧!虽然这种情况在比较开明的时代、碰上开明的上级领导,可能不会这样激烈地表现出来,但是在"以阶级斗争为纲"的年代,这就是平常的情况啦。

在处理上述矛盾方面,我曾引用毛泽东1930年《反对本本主义》中的话说:"盲目地表面上完全无异议地执行上级的指示,这不是真正在执行上级的指示,这是反对上级指示或者对上级指示怠工的最妙方法。"对如何执行上级的指示,我自己的理解如下。

> 上级的指示当然要执行,问题是如何执行。也就是说,要开动脑筋,把上级的指示结合你单位的情况加以具体化,这是为了更好地执行上级的指示。……作为一个学校来说,对于中央的路线、方针、政策,对于教育部(有些学校还有上

级主管部门)、省委的指示,我们都要坚决执行,问题是如何坚决执行。马克思主义要求我们必须把上级的指示和自己的情况相结合,这不是对上级指示有什么意见,而恰恰是对上级指示最好的执行、最坚决的执行。……这个工作方法很重要,这在我们党的历史上有痛苦的教训,也有宝贵的经验。①

在这种思想的指导下,我对上级的指示总尽量结合我们学校的实际,创造性地坚决执行。对于一些不符合客观实际的、不恰当的甚至是错误的指示,也本着实事求是的精神,提出自己的看法,而不是盲目地当"收发室"。正是因为这样,我就给校内外不少人留下敢于"顶"上级的强烈印象。

譬如,在"文革"以后恢复评定教师职称问题的处理。虽然在中央有关文件中并没有对提升教师职称的工作年限做出明确的划定,但是在各地的实际评定过程当中,采取层层分配名额的办法来限制职称提升的数量。结果,教师的职称提升与否直接与他的工作年限长短是否达到人为划定的杠杠相关,用论资排辈的办法代替用实际学术水平评定教师的职称,或者另外人为地定一个什么样的框框。这些显然是不符合学术逻辑的,也不是实事求是的,但是实际运作就是按照这样的、奇怪的所谓惯例。湖北省本没有什么名额限制,但主管部门负责人却在有关的会议上说,武汉的大学在提升职称的名额把控上,不能超过北京与上海。我对于这种不符合客观实际的办法非常不赞同。我就提出:

(教师职称问题)有必要提高到执行知识分子政策的高度加以研究。……教育部规定了具体的标准,很全面。……按照这个标准执行,有利于促进教师思想上和业务上的提高,促进教学工作和科学研究工作的开展。这个标准,也就

---

① 朱九思:《高等教育刍议》,华中工学院出版社,1984年,57页。

是党的知识分子政策在这一方面的具体体现。

凡合乎那个标准的都应该提。

因此,我讲:

我们可要严肃对待这个提升教师职称的问题,不要不知不觉地在那里犯错误。我们头脑要清醒一点,一定要按照党的政策办事,不要按照道听途说的那一套来办。①

因为,我坚持以为:

教师职称已经中断了十几年,积压的问题很多,如果不在原则范围内多提一点就不可能解决问题。②

有了这样的认识,我们就坚决反对用不妥当的、人为的办法来卡压那些学术上合乎职称提升标准的教师。

华工虽然是一所新学校,但是发展的速度与势头很不错嘛。如果当年按照年限划杠杠的办法,显然,我们自己的实际要求得不到满足;而按照实际具有的学术水平衡量,我们的教师因为在"文革"的龟兔赛跑中明显后来居上,完全符合学术标准,就应该提升嘛。这就出现了现实的矛盾——名额限制还是学术标准?不得不恰当地予以解决。

为此,我们就给湖北省负责职称评定的部门和主要领导多次反映学校的看法,报告华工的实际情况。除了从党的政策角度阐明对待教师职称问题的严肃性,还把华工在"文革"期间大力发展科研所取得的实际成果一一列举,把符合条件但因为年限、指标限制没有得到提升的教师的实际成果、学术水平一一报告,反复说明这样做是不符合党的政策、不符合实际情况的。最终,经过我们的努力说服和大力争取,上级部门有所理解。在职称评定具体指标的把握上还是获得了一些松动,破格提拔了一些当时认为资历较浅的年轻知识分子。

---

① 朱九思:《竞争与转化》,华中科技大学出版社,2001年,228-230页。
② 朱九思:《竞争与转化》,华中科技大学出版社,2001年,17页。

后来的事实证明,这些获得提升的知识分子很好嘛,有的成长为院士,有的当上了校长、博导,成为后来学校学科发展的骨干,对于学校、对于湖北都有益处嘛。

这个实际例子说明,任何组织、任何人的认识并不总是一致的,面上的宏观政策与具体的实际情况并不总是一致的,这就需要相互沟通才能相互理解,才能达成共识。因此,外界认为的我所谓的"顶",其实我都是以实际的情况为依据,用讲事实、摆道理的"软"方式来"顶",向上级说明他们的一些决定、一些做法不完全符合事物发展的客观规律和具体现实情况,而不是采取激化矛盾的激烈方式,拒不执行上级的要求。这样,我所谓"顶"的方式才会获得上级某种程度的接受,以及社会的认可,并受到历史的检验,从而推动事业的可持续发展。

◆ 扎实主动地"干"以赢得上级的信任和工作的主动

在处理与上级的关系上,除了要善于游弋于上级管理的灰色地带,善于"磨"、敢于"顶"以外,我以为,更重要的还要扎实主动地"干"! 干,扎实地干,才能最终赢得上级的持久信任和工作的持续主动。注意啊! 是持久的信任、持续的主动啊! 不是搞急功近利的一锤子买卖! 那样的话,与骗子无异啦! 因为只靠"磨"和"顶",而没有自身扎实的工作做基础,那么"磨"和"顶"就没有基础,甚至给上级留下只会说、不会做的印象,是表面文章。

工作的基础与实实在在的成绩是最具有说服力的对上武器。这是我个人体悟出的一个基本道理。

所以,我常要求要有"敢于竞争、善于转化"的良好精神状态——主动出击,用"说话算数"[①]的工作态度和过硬的工作成果来"说服"。不,这还不够,应该是"感动"上级,这样才能真正夯实"磨"和"顶"的

---

① 朱九思:《竞争与转化》,华中科技大学出版社,2001年,37页。

基础。可以设想,在"文革"那样的年代,也许靠工作的一点主动性去"磨",能够比较容易地拿到一些任务,如承办新专业、承接攻关课题等,但是如果没有扎实的工作,以及扎实工作之后的成绩,下一次又怎么去"磨"呢?就失去基础了嘛!简单地说,就是做人不讲信用。从党性角度讲,就是不实事求是的阳奉阴违,效果就会迅速衰减,甚至没有效果了。我校一位激光专业的创始人谈及自己亲身经历的例子,可说明这种情况。

华工激光的发展非常清晰地表现出我校抓工作的主动性。在1971年的全教会上接到四机部(后来改称电子工业部)设立激光专业的任务以后,1971年12月15日正式把我们9个年轻人召集在一起,正式明确成立激光专业。当时,大家都不懂,靠着每人到新华书店去买到的一本很薄的科普读物《激光》起家。但是,我们并不是这样等着上级的安排,而是主动地抓下去。1972年春天,学校就安排科研组人员开始走访一些国防科研单位,调查有关激光工作开展情况、工业对激光有哪些需求,找合作的伙伴和激光的应用项目。同时,派一位与四机部科技司负责人很熟悉的教师去要研究课题。于是,争取获得了"激光在半导体加工中的应用"研究项目,总经费达到120万元,在当时是很了不起的了。

接到项目后,九思就从无线电系把搞电子技术的、自控的、半导体的,还有光学仪器的、物理的一些老师调到一起组成课题组,开始着手研究。当时,清华、南京工学院、北京理工大学等都办了激光专业。九思院长就是抓住四机部这一个项目。有了这么一个项目就确定了我们学校激光专业的教学和研究的方向,定位了,就是激光加工。同时,我们一直在这个方向上没有动摇,一直坚持到现在,形成激光焊接、激光切割、激光热处理、激光打孔等系列,瞄准的是把激光作为一个工具,对金属、非金属材料进行特殊加工,以解决用常规加工方法不好解决或根本无法解决的一些难题。定位以后，课题组的人按照不同的分工去有关的工厂进行具体的技术培训，与四机部北京706厂和878厂搞协作等。

到1973年就试制出了首台固体激光器，出了激光。后来就形成了几个产品，取得的成果在1978年科学大会上就获了奖。但九思并没有满足于我们第一步取得的一些成绩。1978年，九思认为高压电器和电真空两个专业已经不适应科技的发展，就坚决撤销，把这两个专业的主要力量调整到激光专业。李再光（第一任所长、院长）就是从高压电器专业来的，李适明（第二任院长）是从电真空专业来的，他们就是这样来的。同时，从校内外大量调集精兵强将集合于激光，经教育部批准成立了激光研究所，又开始了大功率激光器的研制。

在研制过程中，结合出国派遣工作，学校给激光教师予以照顾，先后派出5名教师到美国、德国等国家去学习，并聘请1位从事激光研究的美国科学院院士为客座教授，帮助激光专业的发展。这样，到1982年，国内第一台2 kW激光器通过了国家鉴定，引起了国家教育部、科委、计委的重视，把这个项目列入了"六五"攻关计划，不但又获得70万元研究经费，而且从此激光领域的研制进入国家队行列。为学校后来争取获得国家重点实验室、国家工程研究中心[①]奠定了重要的基础，使华工在激光研究领域始终居于领先地位。[②]

这个例子告诉我们，如果只是靠用"磨"的办法，向上级伸手可能能够取得初期的效果，但说到底还是要靠扎实而主动的工作实效才

---

① 2003年11月，科技部批准依托华中科技大学筹建武汉光电国家实验室，是五个国家实验室之一。由教育部、湖北省和武汉市共建，另外三个组建单位是武汉邮电科学研究院、中国科学院武汉物理与数学研究所、中国船舶重工集团公司第七一七研究所。参见：http://www.wnlo.cn/index.php? id＝lsyg, 2017-3-24。

② 根据访谈10整理而成。

能获得持续的支持,才会有持续的发展。试想,如果华工最初只是得到建立激光专业这个任务,而没有持续的努力拼搏所获得的显著成果,还能够"磨"出各种奖励、重点实验室和工程研究中心吗?所以,不等、不靠地开展工作是争取获得上级支持的最重要前提,可以为获得办学自主权营造更为有利的氛围,创造相应的条件。

下面再看一个例子。

在20世纪80年代初期,中央一位负责同志提出"要把青年培养成为完全的中国人"这样一个原则性号召,并没有具体的规定性要求。如果不严格对待,是可以虚与委蛇的。但是,多年以来,我对新中国教育中人文教育的缺失颇有反思、很是疑虑。我觉察到,在"西风"劲吹的背景下,青年人可不能"黄皮白心"呀!"要把青年培养成为完全的中国人"这个问题就非常重要,直接关系到国家的前途和命运。不能等待!所以,我就强调:

> 要加强思想政治工作,就要主动工作。思想工作用武之地非常大,问题就在于我们主动不主动,是否能在这个舞台上大干一番。①

在这种思想指导下,在没有接到上级任何指示的情况下,我们就主动提出要在校内对大学生进行历史、哲学等人文学科的教育,安排党委宣传部和院团委赶快组织不脱产的教师队伍,发动干部自愿参加,暑假中组织备课,暑假后就立刻予以实施。并且在随后的几年里结合开展第二课堂活动,继续组织学生读历史特别是近代史、革命史等方面的书籍,开展知识竞赛等大量的活动,这在一定的程度上提高了学生的人文素养,也增强了学生作为一个完全的中国人的自豪感。用我自己的话来说,

> 这就靠我们的主动性。反之,我们不干这些事,省里不会批评我们,教育部不会批评我们,中宣部也不会批评我们。

---

① 朱九思:《高等教育散论》,华中理工大学出版社,1990年,25页。

但我们下决心主动去干,就会取得一定的效果。我们以负责的态度去干,这就表现出我们的自觉性。①

也正是主动而扎实地开展了一系列的工作,我们在抓学生思想政治工作方面获得了上级和社会的认可,其经验和做法不但在全国性大学生思想政治工作会议上介绍②,而且经验和做法还在有关的报刊上加以广泛宣传和积极推广③。

总之,以上这四个方面是一个相互联系的整体。没有主动、积极的"敢"式精神状态,怎么能够抓住眼前不经意的大机遇,又怎么会去"磨",又怎么敢"顶"呢?但最终还得靠扎实的工作成绩,才能赢得主动,增强"磨"和"顶"的效果,强化机遇意识。

严下与求实

诚然,大学校长处理对上关系的领导艺术非常重要。但是,仅仅这样还不够,还需要有把从上级那里争取到的自主权用好的艺术。也就是说,如何领导大学内部成员实现治校目标对于大学校长的治校同样重要。

先回顾一下。在"文革"结束以后不到 8 年的时间里,我们逐步实现了绝大多数治校的想法,比如说,学科综合化、教师队伍的战略性建设、科研走在教学的前面等主张,得益于我们办学的实践经验、工作积累以及前面谈及的对上艺术;同样重要的是,也得益于我们重视学校内部的领导与建设。现在,回想起来,在长达 30 年的大学领导生涯中,如果我们没有建立起灵便高效的干部

---

① 朱九思:《高等教育散论》,华中理工大学出版社,1990 年,25 页。
② 例如:1981 年 10 月 22 日,在昆明召开的大学生思想政治教育科学研究规划会议上的发言。
③ 见《光明日报》,1981 年 10 月 17 日,第 2 版。

队伍,没有培养出雷厉风行、求实肯干的工作作风,要在仍然充满变数、人们仍然心有余悸的时代大背景下,把治校思想迅速变成治校的现实成果,几乎没有可能。

所以,大学校长总是眼睛既向外、向上看,更要向内、向下看,发挥好大学校长作为联系大学内外、上下的纽带和桥梁作用,把自己的事情办好才是千真万确的真理。概括起来,我以为,在对大学内部的领导过程中,大学校长的领导艺术集中表现在用人、用权、处事和用时间等四个重要方面。

校内外对于我的领导风格较突出的印象有:对干部管理非常严格,干部们似乎有些怕我,而对教师却很少批评,甚至尊重有加,曾被外界誉为"爱才者";强调领导权威以至于有些"家长"作风,好像我是个人说了算;任何事情总是雷厉风行,说干就干,而且容易办成;既抓涉及学校发展的重大宏观战略问题,也不放过一些看似非常细微的诸如水管漏水等鸡毛蒜皮的小事,有些事必躬亲,越俎代庖。这是因为我认为:

> 学校是个基层,这同上级党委、政府机关是不同的。学校的许多事情,校的领导都要具体过问。有些事领导必须把关:1.人的调动问题(调进、调出以及内部调动);2.财权;3.设备;4.房子,特别是住房问题,不能怕麻烦;5.派人出去参加各种会议或访问,因为他出去是代表学校的,我们不管不行。①

那么,隐藏在这些现象后面的是什么?为什么在复杂的政治环境下、在人们的等待观望心态非常浓厚的情况下,我们能够比其他大学更快地实现自己的治校主张?为什么干部甘愿忍受挨批和"家长"似的独断,以及级别、待遇相对偏低的境况,把学校的要求和我们说的

---

① 《朱九思同志在院临时党委扩大会议上的讲话》(根据记录整理),1979年2月10日,华工档案号:[79Ⅰ党1-1,A1]。

话像对待"家长"的训导那样,非常积极地执行?这当然与学校传统、文化和领导者个人的魅力、权威有关。这里要说的是,这也与用人艺术有最直接的关系。

为什么对待干部非常严格,对待教师却和蔼可亲?这与我们正确认识和使用高等学校组织内部存在的行政权力、学术权力有直接的关系。为什么大事小事一把能够抓住、抓好?反映出在当时特殊历史时期,我们推动大学这个特殊组织变革的基本领导风格。

◆ 用好干部、管好干部,建立灵便高效的领导管理队伍

我们都知道,从组织学、管理学的角度看,人员配属是一个重要的管理环节,直接关系到组织的运转效率问题;从领导学的角度看,用人直接关系到领导者决策、意图的贯彻和实现。所以,这是一个任何组织领导人都要面对并必须认真对待的重要问题。大学校长当然也不例外。

对于实行校长负责领导体制的高等学校来说,大学校长拥有组阁大权,自然会使用与自己政见一致的志同道合者,共同实现治校的理想。尽管大学校长组阁大权也可能受到大学内部各种委员会组织、大学董事会的某些牵制,但最终决定权仍握于大学校长之手。所以,这样的领导体制有利于发挥大学校长的用人积极性,减少领导集体内部的摩擦,降低决策成本。相反,对于那些不是校长负责领导体制下的大学校长,其用人之权并不能完全控制于自己之手,或者说自己没有人事决定权,大学校长的领导意图就可能出现磨合期而延迟实现,大学校长作用的发挥可能就会在一定程度上被隐蔽。美国的大学校长作用明显,而欧洲、日本的大学校长作用相对较小,充分表现出上述两方面的异同。[1]

---

[1] Teichler, Ulrich. The European University President: An Unknown Species. *International Higher Education*, Fall 2000。

对于新中国的大学,虽然曾经非常短暂地试行过校长负责制,但是在新中国成立时间并不算长的时期内,真正实行党委领导的时间却很长。这并不奇怪,这与我们国家的政体和国体是一致的。对于大学这样一个具有高度意识形态特征的文化组织来说,不按照国家的大体制运行反倒可能很奇怪。在这样的体制下,大学校长用人之权可能受到以下两方面的牵制。

第一,大学内部党委集体领导的牵制。党管干部一直是中国共产党施行领导的最主要方式。所以,人事权力并不由校长一个人行使,而是属于党委的集体权力,校长最多只是党委常委一员而已。按照党委议事规则,必须集体决定,实行少数服从多数的民主集中制。所以,书记、校长之间,校长与其他党委成员之间存在一种很难在职责上予以明晰的相互关系。而且,曾经在很长一段时间里,实行党的一元化领导,党委书记实际上是大学真正的第一领导人,用人权力主要掌握在以书记为首的领导集体手中。

第二,上一级组织的牵制。严格说来,我们的大学校长并没有实质意义的"组阁"决定权力[①],大学的领导集体成员都是具有相应级别的国家干部,享受一定级别行政官员的相应待遇,必须经由相应级别的上一级组织的考察和任命。这也是"单位化"社会实现政治统治的一种必然选择。

在这种情况下,就更加需要新中国大学校长具有突出的领导艺术,艺术地驾驭这样的体制与机制。尽管很难,但还是得这样做。这里,我并不打算在这个问题上费笔墨,原因有以下两个。

第一,我在大学领导生涯中最初就是以党的领导人身份进入大学,1953年任党组书记、1961年任党委书记,到1975年又兼任院长,之后就书记、校长一肩挑,直到1984年卸任。所以,对我来说,书记、

---

① 现行《中华人民共和国高等教育法》中规定:校长有副校长的推荐权。见:《中华人民共和国高等教育法》第四章第四十一条第三款。

校长的角色分工所需要考虑的问题并不明显。

第二，关于党委（书记）与校长的关系，或者说是分工，虽然在已经颁布的《高等教育法》中已经有了明确的法律界定，但在实际运作中是不容易真正界线分明地按图索骥。也有一些研究者试图弄清这个关系，但实际上是越说越不明白。原因是二者都是同样级别的干部，都是具有一定领导艺术的领导人。更重要的是，二者都面对的是同一份事业、同一个领导对象，权力界限的某种合理模糊必然存在，怎么分得开呀！发挥领导集体力量的关键在二者之间的相互理解与磨合，关键在于相互多沟通。

我多年的书记任职和后来书记、校长一身二任给我在行使人员配属权方面提供了独特的方便条件，为用好干部、管好干部，建立灵便高效的领导管理队伍创造了重要的前提。这可能是新中国大学校长中并不多得的"禀赋"。正是因为有了这样的"禀赋"，才更充分地表现出了我自己的风格。

下面来看看具体的情况。

华工作为一所与新中国基本同龄的新兴院校，其干部的来源主要有三个：参加过革命的知识分子干部、工农干部以及少数知识分子干部。

建校时，参加过革命的知识分子干部受上级委派，到学校代表党和政府实行对学校的领导，主要担任比较重要的校一级管理干部，履行领导职责，其中就包括我本人。工农干部，主要是指出身工人阶级和贫下中农家庭，根红苗正，在政治上非常可靠的一些干部。因为当时出身就是衡量政治上是否可靠的分野。由于历史原因，他们一般接受教育少，文化层次要低一些，有的经过新中国成立后举办的工农速成中学的学习培养，或者在直接的革命实践过程中，文化水平有新的提高。他们到学校主要担任中层干部，尤其是担任党政干部的比例较大，后来少数提拔担任了校一级领导。

建校初期，知识分子出身担任校一级领导干部的比例还是不小，由著名专家担任业务领导,比如首任院长就由物理学家查谦教授担任,刘乾才教授担任副院长,经济学家张培纲教授担任过总务长,内燃机学家刘颖教授担任副教务长。但在校中层干部岗位尤其是机关行政管理中层岗位上的知识分子比例很小。随着后来在执行知识分子政策上出现偏差以至于严重错误,知识分子干部有的被打倒、有的被免职,在领导层中的知识分子就越来越稀少。

相反,工农干部由于当时特殊的历史背景、自身过硬的政治素质和严明的组织纪律性,进入领导层的比例逐步增加,尤其是建校初期调入的一些学校领导陆续离开华工调职它用之后,一些优秀的中层工农干部进入学校领导层。在 1977 年 12 月的一份文献中,当时校一级领导共 7 名,其中具有大学文化程度的只有 3 名,这 3 名中只有 1 名是新中国成立后自己培养的大学生,另外 2 名都是老知识分子干部出身;还有高中文化程度的领导 3 名、初中文化程度的领导 1 名,他们都是工农干部出身。①

随着学校历史向前推进,大量新中国自己培养的大学生留校工作,他们逐渐充实管理干部队伍,有的经过锻炼以后走上中层领导岗位。在"文革"期间,武汉机械学院并入华工后,一些干部也进入领导层。到了 1979 年,知识分子政策开始真正落实,他们开始进入领导层,有 3 位知名教授担任了学校的副院长。

这就是我治校过程中干部队伍的基本构架。由于单位体制的基本社会组织制度,人员属于单位所有,单位负责所属人员工作和生活的一切所需,而且人员流动的比率极低。也就是说,新中国大学校长只能在有限的既有架构中回转。而且,干部制度在一段时期僵化成了干部只能上而不能下这样一种奇怪的惯例,至少在观念深处和习惯上成为一个具有普遍性甚至规律性的现象。如果不是政治上的原因,即使并不十分称职的干部也很难被撤换。而在那个特殊时代,更

---

① 《华中工学院教职员工名册》,1977 年 12 月,华工档案号:[77Ⅱ人 3-10,A12]。

不能采用"下岗"的办法来根治这一痼疾,也更没有对外公开招聘具有更高素质的人员配置于某些重要的领导岗位之先例,而只能在单位进行内部循环予以改善。

在这样一个基本封闭的大前提下,我在干部队伍的任用上,实际回旋余地并不大。正因为此,学校才那么重视现有干部队伍的教育和管理,强调领导就是要敢于负责、管理就是要严格。通过从严、从难的严格的要求,以及树立敢于竞争、敢于负责的意识和心态,提高现有干部队伍素质,管理效率自然就高了,治校思想就能够得到较快的贯彻。同时,大批工农干部和后来在实践中成长起来的新中国自己培养的大学生干部都具有很好的政治思想素质,尤其是具有较好的组织纪律性,对上级、对党委做出的决定总是坚信不疑,用多年形成的组织、政治标准来衡量自己执行决定的行动。

当然,我重视用人之长。在治校中,我把这些工农干部多用作党政干部,用党的组织原则和管理方式来要求他们,也才有理由对他们更严格一些、标准更高一些。所以,当时的一些中层干部对我当时对干部重使用而轻照顾、干部的级别多年不动、致使退休以后看病就医等干部待遇方面偏低等方面虽然颇有怨言,但是,他们以过硬的思想政治素质为学校做出了不可磨灭的贡献而无怨无悔。他们看到华工后来的蓬勃发展,可能对我在工作中有些"生硬"的要求也更加理解,觉得在那个时代如果不这样严格要求、不这样集中领导,就根本办不成什么事情,学校也就很难有生动的发展局面。当然,作为我个人来说,为他们的巨大奉献与理解而鞠躬致敬,同时也觉得当时还是应该更多更好地关心这些同事们,应该更细致地为他们提供工作、生活条件与发展资源。哎,没办法,留下的这些历史遗憾只有请他们理解和谅解啦!

在这方面,我谈谈自己的一些特点。

第一,在校一级领导集体方面。大家有两种具有代表性的观点。一种认为,我的个人权威很突出,"家长"式领导作风比较明显;在集体领导中,不太愿意发挥副职的领导作用,不太愿意听取别人的意见,基本是个人说了算,有些"主教"般的主观。这样的看法主要来自于原来担任过副校级领导以及中层处级干部。在 20 世纪 60 年代前期和"文革"结束以后历次的党委民主生活会议记录中,也确实有过多次这样的意见记录。① 看来,我得承认,从 20 世纪 60 年代起,我就有这样的风格。

另外一种观点恰好证明了我的这种风格存在及其合理性。这种看法认为,实际上在治校过程中我并不是在主观上想独断、想主观,而是领导集体的构成及其基本素质决定了或者强化了这种做法。比较集中的看法就是,由于领导班子的结构与运行机制,当时的领导集体很难共识性地产生具有见地、富有远见的思想与举措。②

不用讳言,经过长期治校实践,我的个人威望逐渐得以认可,尤其是在治校的后期所取得的一些进展受到全国关注和校内的认同,加之书记、校长一身兼任,很难避免地更加强化了我在领导集体中的这种主体地位和中心意识。在既有领导体制的传统文化与观念作用之下,加之我一直强调工作的效率与效果,因此我在工作中自然会独断一点、主观一些。虽然 1979 年学校党委从教授中提拔了 3 位知名专家担任副院长,但是由于这些教授自己的教学和科研任务很重,主要的精力仍然放在自己的业务上,对于学校的领导工作参与较少,有什么与他们相关的事情,我就与他们商量一下,通报一声就行了③。

用我自己的话来说,"这样也有利于提高办事效率",特别是在"文革"结束之后很难形成一致看法、意见较难统一的情况下,何必无

---

① 例如,党组检查工作,党组会议记录 1955 年 3 月 30 日,华工档案号:[记 55A04/02];党委会记录,1966 年 7 月 11 日,华工档案号:[(66)记 66A01/24];党委扩大会分小组讨论记录,1976 年 3 月 18 日,华工档案号:[74-76 I 党 1-2,A2]等。

② 有的被访谈者甚至用"我们都不太看得起"的字眼来描述当时个别领导人的素质。——整理者

③ 访谈,朱九思。他的这种回忆与担任过副院长的其中两位领导(另外一位当时已经谢世)的回忆也基本一致。——整理者

休止地讨论来讨论去而不做出结论呢？这不是浪费宝贵的时间吗？这样不知道要等到什么时候才能把事情办成！我说过："独断与否，主观好坏，关键是要看最后的效果。"我一贯更加重视领导的效率和最后的工作效果等实质意义，而不愿更多地在意没完没了的程序和花里胡哨的形式等形象意义。在当时的社会大背景之下，这样才不至于碰到问题踢皮球、转圈圈而不了了之。大学校长就是一个敢于负责的务实性角色嘛，而不能搞只弹不唱的花架子。

确实，后来的治校实际效果表明：独断要变成善断，主观应变成主见，这才是王道。看来，大学校长的领导风格必须与具体的时空相匹配，用其工作实效来检阅是否正确，而不能孤立地、静止地纠缠于看上去很美的程序、形式。

当然，我作为老党员，深知党内的民主及其程序。因此，我虽然既是书记又是院长，凡是涉及学校发展的大事，总是要提交党委会研究之后做出决定的。不过，在会上仍然是由我集中意见后做出决定。① 这一点在档案中的党委会记录也可以看到。凡是涉及学校人事任命、重要改革等重大事项都在文献中有相应记录。这说明，我在一些重大原则上的决策，仍然坚持按照党组织集体领导的原则进行，而不是个人独断，搞个人主义。

有同事根据他们多年对学校的观察，这样说过我：

> 在他只担任书记的时候，他总是经常往时任院长查谦教授的办公室跑，通报商量有关的事项。在50年代彭天琦担任书记期间，他与彭天琦相处也是比较好的。②

他们回忆说：

> 在1956年彭天琦还没有正式到任担任党委书记之前，他是负责党委工作的党组书记（此时没有成立党委），他在有

---

① 别人发表意见除非与他的意见一致，否则不容易得到接受。访谈,16。
② 访谈,23。

关的党员干部会议上就明确招呼,彭天琦来了我们一定要尊重他的领导,不能另搞一套。①

这说明我还是愿意与人合作共事的,具有坚强党性的。就像一些同事说的那样:

> 他不是不愿意听取别人的意见,而是不愿意听取那些他认为提不出好的意见、他看不太起的人的意见,对于那些具有真知灼见真才实学的人士的意见向来是非常尊重,而且主动听取。

这位访谈者就提到,她曾经知道,朱九思为了征求一个生病住院同志的意见而专程赶往医院。②

在一般人的印象中,我是一个非常严格、爱批评人的领导。但,实际上,我也不是随便批评人,对于工作态度好、任务完成质量高的干部不但不批评,反而会表扬。不过,这样的人和事确实不多,但确实是有的。③

第二,在对下一级干部的领导方面。比较一致的看法是,当时的中层干部非常敬业、实干。这当然与学校的文化有关,也是学校多年从严、从难要求的必然结果。这样的结果是与学校任用干部时比较注意人品和素质有极大关系的。我们在学校机关处级干部中较早提拔使用了知识分子干部分别担任教务处、科研处、人事处(组织部)等重要业务部门的领导。

举一个例子。"文革"后期,一位同事的大学同学从北方一所大学来华工调研时,随行的一位教授得知我的这位同事担任人事处长的时候,觉得惊讶不已。说:

> 华工怎么搞一个知识分子来当人事处长?我们一般是用老干部、工农干部来当嘛。他吓一跳!他说,在我们学校

---

① 访谈,12、23。
② 访谈,29、34。
③ 访谈,22、29、朱九思。

这样的情况简直不可想象，你们朱九思真是有胆略啊！这就说明，我们九思同志是敢于用人的！①

如果去查阅历史档案，就可以清楚地看到，当时学校选用的系主任、研究所所长等业务干部都是由业务过硬、具有一定管理能力的专家担任②，而非知识分子出身的原有干部（多为工农干部）一般担任党政系统的领导，负责党务、思想政治工作和学生工作。这样，我们就较好地发挥了两类干部各自的特长，使得他们都有用武之地，各得其所。

在使用干部问题上还有一个特点，我们提拔正处级干部非常慎重。学校的基本思想是，正处级干部多了，一个是办事容易官僚化，效率不高；同时，干部能上不能下、能进难出的惯例限制干部的进一步发展和有效使用。当时系和不少机关部门都是副处级建制，一旦某一位干部升任正处级干部以后，难以方便地调换，不利于发挥干部个人的特长。所以，我担任校长时，各个处的副职比较多，一般都在2个以上，有的处多达四五个副处长③。自然，事物总具有两面性。这种办法带来的一个问题就是，在一定程度上加大了中层干部之间工作的协调难度，有时甚至出现政出多门的不好情况。当时就发现有不少对机关政出多门、协调不够的批评意见。④

随着华工规模的扩大和快速发展，需要协调解决的问题增多。为了解决这个问题，一些处长同时兼任了多个单位的领导，目的就是方

---

① 访谈，17。
② 参见：中共华中工学院临时委员会，院发字(1979)3号，《关于成立华中工学院机械工程研究所等10个研究所(室)及公布任职人员名单的通知》，1979年1月8日，华工档案号：[79Ⅱ行1-1，A3]（第1册）；湖北省委革命委员会文教办公室，鄂文教政(1979)191号，《关于贾焕礼等同志任职的通知》，1979年5月22日，华工档案号：[79Ⅱ行1－1，A3]（第1册）。
③ 华中工学院，院人字(79)34号，《华中工学院教职工人数统计表》，1979年3月30日，华工档案号：[79Ⅱ人3-2，A7]。此记录中，教务处处领导5人、科研生产处处领导和秘书7人、人事处领导3人。
④ 1979年党委扩大会议记录及小组讨论记录，华工档案号：[79Ⅰ党1-1，A1-1]；党委扩大会前3天小组讨论情况整理，1979年2月6日，华工档案号：[79Ⅰ党1-1，A1]。

便我能够抓住一个人就能解决多个单位、协调多个单位的事情,有助于协同。比如说,当时人事处处长就兼任过机一系总支书记、图像识别与人工智能科研组的组长、计算机系总支书记等职务,目的就是为了便于协调解决这些单位的人员配属问题,提高工作效率,减少协调难度。①

另外,从客观条件看,当时的干部管理规定也限制了我提拔更多的正处级干部,因为正处级干部必须报请省委组织部正式批准,手续显得烦琐一些,拖沓、观望等情况在当时司空见惯,效率又低下。也因为这样,不少干部尽管非常优秀,到退休时候仍然是副处级,影响了干部的待遇,在一些干部心中至今留下不小遗憾甚至怨言。当然,我是有责任的,十分对不起他们。

◆ 层级负责与直接推动有机结合,克服官僚主义,树立求真务实的作风

作为一类社会组织,现代大学随着规模的扩大和复杂程度的增加,也变得越来越臃肿,越来越像一个官僚机构。大学的管理也就遵从一般组织管理的层级原则,下一级向上一级负责,形成权力链条。但是,实践表明,只是采用层级负责,容易导致管理信息反馈失真和速率衰减,上一级很难及时听到来自最末端的真实声音,可能导致我们常说的决策上的官僚主义、过度的管理主义。尤其是像大学这种由庞杂知识构成的复杂体系,是一个横宽纵短、底部沉重的扁平结构,我的体会是——不恰当地依赖于层级管理不但效率要降低,而且会难以协调。想想看,现实中大学校长无的放矢的"高唱"很多时候就是因为没有真实的决策信息,不了解真实情况嘛,就很容易官僚嘛。所以,我们大学校长怎么样平衡好层级负责与直接推动这两种领导方式就很重要了,也能体现其风格与特质。

---

① 访谈,17。

对于新中国的大学来说，大学是国家的一个基层事业"单位"，内部成员的一切发展和要求都要由我们这些单位来负责，因为内部生存的封闭圈，导致了较复杂的正式与非正式的各种关系网络。所以，单位内部的信息量和复杂度都要比只负责学术发展的西方大学组织要大要高。了解基层的政治思想状态和群众生活的疾苦，不但是我们中国大学校长代表党组织联系群众的重要工作和纽带，也是有的放矢地开展领导活动的最基本的方式。

在中国共产党多年的培养下，我们当然深谙党的组织传统和工作要求。在实施大学内部管理过程中，我们也注意发挥层级管理所具有的优点。我的习惯是，"抓工作只抓相关处长，出了问题也是批评处长，而不是责怪下一级干部"。所以，处长们都比较怕我。但是，我并没有因此"全心全意"地依靠处长开展工作，自己只是坐在办公室里发号施令，而是始终牢牢攥紧工作主动权，让自己去指挥下级，而不是只听下级汇报而被下级反过来操纵。为此，我养成了到群众中去开展深入调查研究的工作习惯，注意掌握第一手信息，对基层的情况就把握比较多、比较实，不容易被经由正常层级渠道传递的失真信息所迷惑。所以，学校做出的决策往往比较符合实际情况，容易受到基层师生员工的欢迎。

一般来说，当我认为一项工作在一段时间里非常重要，非抓、非抓好不可，我一定会亲自出面推动并逐一落实，明确任务、要求、时限到具体的人和事情，就不太顾及层级的原则，这时就要"一竿子插到底"。但是，当此项工作恢复常态，进入正常运转期的时候，我就不再亲自过问，而由各个层级的职能部门去负责，即使有人直接找到我反映情况，我一般也是说，"这个事情我不管，去找××处长"①。这时，我的主要精力就转到其他主要方面，抓我认为更为重要的事情了。这种层级管理和直接推动、抓大与抓小、抓大与放小有机地结合起来

---

① 访谈，16。

的方式,使得我始终占据工作主动,始终抓住主要矛盾,可以全力推动我们制定的战略转型目标的逐一实现,而不至于陷入事务主义和官僚主义。

举一个小例子吧。我曾经给一位总务处长提出以下要求:

> 第一,每个星期要到招待所洗一次澡,不是去占便宜,而是去了解情况,你自己不去洗澡怎么知道有没有问题;第二,每一天要到学生宿舍去看一下,看灯亮不亮;第三,下雨的时候要去学生宿舍看一看,看房子漏不漏雨。[①]

从这三点要求,可以看出我们要求干部必须了解实情,做工作才会有的放矢、细致而严格。

1980年代的中国,历经"文革"的破坏之后,国家经济依然非常困难,物资非常短缺,供给不上来呀!当时,华工"教室、食堂、学生宿舍、教工宿舍都十分紧张,甚至冬天洗澡都紧张,全校只有一个澡堂"[②],对于当时的中国人来说,在拥挤的家庭里要有现代洗浴条件仍属奢望,洗澡这个现在不值得一提的小问题,在当时却成了一个大问题。因此,在华工就形成了一个习惯——因为大家都到教工的集体澡堂去洗澡,非常拥挤,因此每到春节这个团圆的欢乐时刻,学校就得想想办法,我们就安排教授和干部到学校招待所去洗一次澡,干干净净地过节。说到此事,一位同事回忆道:

> 服务员给我打开一个房间,她就告诉我,这个房间有两个龙头,但是冷水和热水龙头刚好装反了,九思要我们写一块牌子挂上,提醒客人注意,以免烫着。这是九思同志亲自交代的。他就是管得这么具体。
>
> 有的时候,给上面发一个文件,用什么样的信封,是大信封还是小信封,他都要明确指示。具体到这种地步。但是,

---

① 访谈,16。
② 《李德焕:华工创业之路》,http://xsyj.hust.edu.cn/info/1004/1406.htm,2016-8-18。

当他认为不是主要问题的时候，他不管；当他认为这个事情非抓不可的时候，他就不管什么级不级了，一竿子插到底。

他当时就不同意批评诸葛亮的事必躬亲，他认为就得事必躬亲。现在是躬亲的人太少，都不负责任。如果大家都躬亲的话，我们工作就好做多了。他说，当时碰到矛盾绕着走的人不在少数，不愿意负责任。当前能够深入下去，能够躬亲的人太少了，批他干什么？！①

过去，我养成了一个习惯，总是喜欢骑着自行车在校园里转，常去教室、实验室、教研室、工地等地方去看看，与一线的同志们交谈。一位同事回忆说：

有一次，我上九思办公室去汇报工作，结果没有在办公室找到他，最后在一个建筑工地上才找到，发现他正在与建筑部门人员一起在谈论什么事情，在安排工作。②

当然，我经常出没于基层并不是目的，目的是通过这种方式去发现问题、解决问题。在巡查过程中，我一旦发现问题，就会立即把有关部门的领导通知到场，研究及时解决的办法，决不拖延。有一位同事亲身经历了这样一件事情：

有一次，九思路过一栋楼前，发现有一棵树倒了。他立即把负责这片责任区的系领导叫来，了解到这是头天下午运货卡车倒车时候不小心把树压倒的。他立即把总务处领导和绿化科的领导叫来，交代必须马上栽上，并把汽车队领导叫来要求教育司机。第二天，他就亲自到场查看，看到树已经栽上才满意地离开。③

在工作中，我是一个不达目的决不罢休的人，只要我认为某件事

---

① 访谈，16。
② 访谈，15。
③ 访谈，26。该访谈提供了他从小车司机那里听到的这个故事，并说该司机是从绿化科人员那里直接得来的真实故事。——整理者

情是正确的,即使有无穷的阻力,也要寻找机会千方百计地办成。当通过正常的层级管理不能实现自己的意图,或者自己的意见与其他相关领导人的看法不一致的时候,我可能就会跳过这个层级,直接推动工作完成。对上,我有意见或建议,就一定会通过各种可能的方式给有关部门和领导反映,直到意见被采纳、事情办成为止。对下,也一定会把任务逐一落实,直到事情办好为止。

有这样一个小例子。

> 他(朱九思)想给教工搞一点生活福利,想在学校后边的东湖里养鱼。但是,当时主管副院长觉得投入太大,收入也不多,偷盗还很厉害,就不同意。领导之间的意见就不统一,使得财务部门被夹在中间,不太好,也不好办。九思就跑到财务部门领导人的办公室来发牢骚:"又不想出钱,哪有这么好的事呢?!现在群众的生活这么困难,我们总得想一点办法嘛。"他来给财务部门领导直接做工作。说这些话的目的就是要我们投入一点资金,支援这个事情。我就给他讲,我知道你想搞这个事情,但是现在资金方面确实有一些困难,我与×副院长商量想办法解决就是。
>
> 最后这件事情还是办了,不过没有按照他提出的数字完全满足他的要求。①

作为领导人,比较容易犯的错误是,被职能部门操纵,听从职能部门安排,自己舒舒服服地不动脑筋而失去工作的主动权。在工作中,我时常告诫自己,不能这样,一定要始终把握手中的工作主动权,主导职能部门去推动全校的运转,做工作与时间的主人。

一位同事这样回忆:

> 他是否出席某个会议绝不是听令于办公室的安排,只有当他认为这个会议非常有必要参加,他才去;对于不必参加

---

① 访谈,24。

的会议，即使职能部门安排了，他也是不去的。这样他才有时间和精力思考自己认为更加重要的大事情。①

如果去阅读和整理出版的文集以及档案原始文献，可以发现，在我留下的全部讲话原始稿件当中，绝大部分是我亲自起草，很少由秘书或写作班子代劳，他们代笔的多是上报的正式文件。即使对于一些业务部门起草的正式文件，我也非常认真地改正，包括格式、标点符号、错字都不会放过。当然，最重要的是在文件中添加自己的主导意见，对于业务部门提出的工作安排和措施，如果不符合实际情况，我会毫不留情面地加以批改。

我在校内外各种会议上的讲话、演讲，都是由自己如数家珍地"自由"演讲，会后再由秘书根据录音或记录整理成文。所以，在档案中就可以看到不少注有"根据讲话整理"字样的稿件。这样，我文稿的语言风格就比较朴实、口语化，注重言简意赅，深入浅出。当然，大家看起来就有些逻辑性不够严密，理论阐述不够透彻。但所讲的内容一定都是紧密结合学校实际情况，针对实际存在的问题，绝不讲空话、假话和套话。因此，大家就有一种说法：

> 过去，九思在开会时讲话，没有一句多余的废话，决不浪费时间。②

我可能没有完全做到这个样子。但，这样的方式，确实一方面可以集中意志，占据工作的主动；另一方面，也更能贴近师生和实际，更加的求真务实。

◆ 宽严相济，整合权力，形成整体

大学组织权力的特殊性在于其知识高深性带来的学术权力，而且这种学术权力由拥有高深知识的专家、教授掌握，这在一定程度上阐

---

① 访谈,30。
② 华工教科院刘献君教授在高教所一次会上如是说。

明了教授治校这种传统的逻辑合理性。所以,大学校长必须妥善面对行政权力和学术权力这对互相交织、有时又是很难区分的权力。

在西方大学中有相应的学术管理组织结构予以充分保证,教授有足够的治校权力。蔡元培先生学习欧洲大学的办法,曾在北京大学建立了类似的管理构架,力主教授治校。这在民国时期似乎已然成为风尚。但是,到了新中国成立之后,由于大学被过度政治化,教授在大学管理中失去了应有地位,教授治校一度受到公开批判,因而一度在大学管理中奇怪地成为一个禁忌的词汇。所以,新中国大学校长们对此常常重视不够,不太注意发挥治校中教授的作用就不足以为奇。实践中,大学管理的行政权力始终是一条清晰而凸显的主线,而学术权力这样一个极其重要的权力却成为隐而不露的虚线,一度很少被提及。

新中国的大学,要求行政管理队伍严格执行上级指令,以服从命令为天职,这是政治统治功能决定的一种基本素质。加之,党性的要求和政治运动的强化,更加塑造了大学行政管理队伍的这种特性。我参加革命多年,当然洞悉行政队伍的这种特性和实施领导的相应方法。在这一大的背景下,我同样会受到影响。所以,在我的治校思想中并没有明确提出要处理有关学术权力和行政权力的关系问题,也很少提及这样一个"敏感"的问题。但是,为什么我们能够对干部非常严格、对教师非常尊重?

在1979年2月的一次讲话中,我说:

> 有个别同志提出在工作上要实行"双百"方针。"双百"方针是指学术上、文艺上的问题,它可以不急于作结论,必要时可以长期地讨论下去,但在工作上,就应该是实行民主集中制,只民主不集中是不行的。现在有些工作,在有的单位就是布置不下去,这怎么行?该作决定的就得作决定,不能

"苦苦哀求"。①

这表明,我们对行政工作和学术工作各自的性质还是有些理性认识的,对待这两种工作应该施行正确的领导方法。

在从严治校思想的指导下,对干部严格就是必然的结果。可是对于教师,"我有一个基本思想,教师在教学和研究上的问题,靠批评是不能解决问题的"②。这是我们对待教师的一个基本思想出发点。在论述大学生命真谛的时候,我说,大学的根本特性就在两个字:"学术"③。这就说明,当时虽然没有明确提出学术权力这个概念,但意识到对学术的管理不能用行政运作的办法,在实际操作中就要不自觉地予以实践。

经过20世纪50年代对待知识分子问题上的波折之后,20世纪60年代,在对待学术问题、对待教师问题上,我明确要求"不能混同学术与政治观点,不能随便乱贴标签"④。在考虑学校发展方向上,我们总是先征求教授的意见,特别是有关学科方面的发展问题,我们基本是按照教授的意见行事,而不用行政决策方式来做决断和解决学术发展问题。所以,一些同志讲,我对教授的意见几乎是言听计从,尊重有加;在制定分配政策时,教师总是比同样情况的行政人员享有优先权,例如房屋分配等福利安排,教师特别是骨干教师会受到优待。一些行政人员对我对待教师的这种态度和施行的优待政策甚至有些愤愤不平。对此,我能理解,但依然坚持我的做法。

在行政管理过程中,我们采取较严格的下级服从上级的命令式领导方式,保证了办事高效、指挥灵便;在学术管理中,则采取比较民主的方式,保证了信息的科学、决策的正确。这样就不至于在行政领导中瞎指挥,学校制定的政策和决策就会更加符合办学的特点或规律。

---

① 《朱九思同志在院临时党委扩大会议上的讲话》(根据记录整理),1979年2月10日,华工档案号:[79Ⅰ党1-1,A1]。

② 访谈,朱九思。

③ 朱九思:《竞争与转化》,华中科技大学出版社,2001年,92页。

④ 党委会记录,1966年7月11日,华工档案号:[(66)记66A01/24]。

因此，治校中，总体上看，我们在领导方向上没有出现大的战略性偏差，重要的原因就在于——我们自觉、不自觉地整合了两种权力，使之协同地运行。

当然，将来，随着大学管理队伍逐渐职业化或专业化，如何对待这些专业化的管理人员，又如何协同推进大学的学术发展，仍会是一个重要挑战。

执行与求效

在高度计划经济体制之下，中国人民是端着"铁饭碗"，吃着"大锅饭"，享受着社会主义"单位"制度的优越性，不用算计经济成本，不用担忧产品销路，不用像市场经济国家那样会因为缺乏经济效益而倒闭破产，职工当然也就不会因为自己的技术水平和工作贡献的多寡优劣而考虑走留、担心生计，自然就不想也不会关心单位的效率和效益问题。

在浓厚政治气氛中度过的中国人民已经习惯了这种长期的体制性惰性，即使在刚刚实行改革开放的20世纪80年代初期，虽然农村实行家庭联产承包责任制取得了巨大成功，基本解决了农民的吃饭问题，可是在企业推行经济承包制取得的效果却并不同样明显，毕竟"铁饭碗""大锅饭"没有真正被打破，分配上仍然推行平均主义。加之，多年积累的矛盾特别是放开生育导致的巨大人口压力，使得各单位人满为患、机构臃肿、职能重叠。在改革初期，作风拖拉，相互"踢皮球"的情况成为一种人人口诛笔伐而又人人无能为力的普遍现象。自然，管理的效益和效率成为整个社会的普遍问题。

面对当时"文革"及其后期的软、散、懒、慢状态，加之学校办学规模的扩大，我又想做一些有益的事情，管理的作用就愈发凸显。在这种情况下,我提出,大学的管理也须注重效率与效益。

这里不从学理上去分析由于大学组织的特殊性,大学管理难以用效益和效率来衡量这一世界性难题,而从当时时代的实际出发,来讨论提出并试图解决这个问题的必要性。

在中国计划体制下,大学实际上与一般的社会单位并不二样。在实行改革开放政策之前的30余年里,经费由国家供给、资源由上级调拨,大家都其乐融融地享受着社会主义大家庭的温暖,大家都忙于阶级斗争,衡量个人和单位工作情况的标准最重要的似乎只有一个,即政治标准,似乎没有效益和效率这个问题。"文革"结束以后,除了恢复高考制度正式招生之外,还得解决在历次政治运动中遗留下来的一大堆政治问题——给干部和教师平反昭雪、安排流放干部及其配偶和子女的工作、解决回城知识青年的就业问题,这些都成为一个政治上和社会稳定的大问题。这样,一下子,往日冷清的校园变得熙熙攘攘,人员陡增。比如1984年,我们华工职工总人数为5614名,其中教师2401名;而1977年,教职工人数只有4419名,其中教师人数2005名。[①] 由于教师回流,知识青年回城等,使得大学校园里,工作在教学、科研一线上的教师人数比二线人数少很多,这成为中国高校多年来的一个奇特现象。大学不但五脏俱全、负担很重,而且臃肿不堪,效率和效益相当低下。

本来就受到极大破坏的大学,在极其有限的资源供给下,更应该努力提高管理效益和工作效率。但是,在平均分配的体制下,干多干少一个样,教师和职工的工作积极性怎么会高嘛?人浮于事成为一个非常突出的、普遍的社会现象。同时,由于干部队伍经过"文革"的洗礼之后,心理上留下了严重阴影——政治阴云的继续笼罩,使得他们不敢大胆地开展工作,对待问题总是"研究、研究",出现了所谓的

[①] 校史编写组:《缩影:华中理工大学的四十年》,华中理工大学出版社,1993年,347页。

"研究派",不敢大胆地加强管理。大学的效率和效益与其他社会单位一样,可以说是相当的低下。

因为总想干点事情,面对这种普遍的社会问题我当然非常着急,很有看法,也很想改变一下。对于我们这样担负着国家高等教育事业重要责任的人来说,好不容易等来了机会,多想利用改革开放的大好时机,甩开膀子大干一场啊!对于我们从枪林弹雨中走过来的革命者来说,不就是想尽快实现理想吗?同时,如果一所新兴大学没有效率和效益上的优势,何谈"敢于竞争"?又怎么能在竞争中获取优势?怎么实现"善于向好的方面转化"?怎么能够在短短几年内实现治校方略?

所以,提高管理效益和效率既是整个高等教育事业发展的需要,也是学校快步前进的需要,更是我们追求卓越、实现治校理想的需要。

因此,大家对我形成了对工作要求高、严、急的印象。1977年3月21日,也就是"四人帮"刚倒台不久,我就立即要求全院人员对待工作一定"要抓紧。'抓而不紧等于不抓'。要反对那种说而不抓、抓抓放放的松垮作风"[①]。下面是1978年8月26日我亲自起草的一份文件。[②]

各系(部)总支、教务处、科研生产处:

  现将科研生产处迟迟送来的全校科研进行情况汇总表印发给你们,限8月27日送到你们手中,请你们立即做以下工作。

  第一,对于好的大大表扬,并希你们继续努力,争取早日完成任务。

---

① 中共华中工学院临时委员会,院发字(1977)21号,《通知》,1977年3月21日,华工档案号:[77Ⅱ行综1-1,B4]。

② 科研生产处用1个月的时间,对全校150余项科研项目进行检查之后,给党委提供了科研项目进展情况报告。我接报告后,向全校下发了此通知。文件中把所有项目分为:已完成的项目、进行得好的项目、中间状态的项目、全停或半停的项目,逐一列出,予以公布。

第二,对于处于"中间"状态,特别是对于处于停顿或半停顿状态的,要立即抓紧整顿,要求一周内恢复正常工作状态。

第三,跨系的情况(例如"快锻",等等),有关单位必须坚决协同,不得置之不理。

第四,整顿过程中,遇有置工作于不顾者,要进行批评教育。

第五,学习必须统筹安排。如有矛盾,应服从工作,不得有任何借故拖延。目前,准备应出国科技生外文考试者暂作例外,待考试完毕,各就各位。

特此通知。①

这份通知所传达出的信息就是:急——对提高效率的急切期待。

工作效率一直是我非常关心的、经常要求的问题。1982年,我们正式把"必须强调效益和效率"作为一个大学管理的基本原则加以论述。我说:

社会主义的优越性不是在于吃"大锅饭",优越性应该有更高的效益,有更高的效率。

效益与效率应该成为我们办学的一条基本原则。讲管理,松松垮垮,不讲究工作的成效,既不讲效率,又不讲效益,算什么管理呀?根本谈不上管理。②

针对过去效益这个词在教育上用得比较少,讲质量比较多的情况,我说:

就这些毕业生来说,可能德、智、体几个方面都是好的,讲质量,是合乎规格的。但是毕业后分配不出去,社会上一时还不需要,这就是个效益问题。所以,"效益"这个词比"质

---

① 中共华中工学院临时委员会,院发字(1978)53号,《通知》,1978年8月26日,华工档案号:[78Ⅱ科5-2,B19]。

② 朱九思:《高等教育刍议》,华中工学院出版社,1984年,51-52页。

量"的含义更宽。

就高等教育的效益问题,我以为:

> 要提高高等教育的效益,涉及一系列问题。从人才预测到高等教育结构,学校和专业、系科设置,以及各项具体工作,都要通盘研究,才能得到好的效益。

针对当时学校规模太小、缺乏规模效益的问题,我说:

> 就一所高等学校来说,同样也必须讲究效益。例如,要尽可能多招一些学生,而且要使培养的学生适应性强一些,等等,都是效益问题。①

正是基于这个认识,那几年我们学校的招生数量上升很快。1977年在校生人数只有4100名,到1985年就猛增到13260名,增加3.2倍,生师比例由2.05上升到5.53(1985年,全国平均为4.95)②,效益问题自然有所改善。

对于大学内部的管理,我认为:

> 高等学校管理是一门科学。管理的水平直接关系到工作的效益和效率。③

> 要讲效率。有两种效率,一是我们整个学校的效率,也就是进展的速度;另一是我们具体工作的效率……④

如何提高学校的效率?我以为,应该从以下几方面入手。

◆ **通过改革,解决人浮于事、机构臃肿的问题**

我始终以为,大学不是衙门,机构不在多,人员贵在精。而那个

---

① 朱九思:《高等教育刍议》,华中工学院出版社,1984年,51页。
② 有关华工的数据是根据《缩影:华中理工大学的四十年》342-343页整理而成。当时,全国的情况是:1985年全国在校大学生总数为170.3万、专任教师34.4万。根据这2个数据计算生师比为4.95。全国数据情况见《中国教育年鉴(1985—1986)》,湖南教育出版社,1989年,3页。
③ 华中理工大学档案馆编:《华中理工大学建校以来文件选编(第二集)》,1998年,223页。
④ 朱九思:《竞争与转化》,华中科技大学出版社,2001年,64页。

时候,国家经济状况不好,大批知青返城,以及落实各种政策的需要,就业压力非常突出,机关人浮于事以及机构臃肿成为带有普遍性的问题。尽管在当时的情况下,一个人、一个单位很难一下子解决这个问题,但是在力所能及的范围内,我们基本控制了学校职工人数的过度增长。

1976年,全校教职工总人数为4128人,其中教师1707人,占41.4%,职工1430人,占34.6%;1984年,全校教职工总人数为5614人,其中教师2401人,占42.8%,职工2204人,占39.3%。[①] 说明工作在一线的教师和职工人数所占比例略有上升,而机关行政管理人员所占比例略有下降。这在当时落实各种拨乱反正的政策性就业压力之下,是一件相当不容易的事情。

当时,大家都反映学校的管理队伍是一支吃苦耐劳、敢打硬仗、说干就干、效率很高的队伍。学校机关从事管理工作的人员也比较精干,办事效率还比较高,这是校内外比较一致的看法。

◆ 强调效率与强调具有良好精神状态联系在一起

在那个观望的年代,强调工作要具有良好精神状态,这是我最看重的!所以,在强调管理效率的时候,自然总是与此相连。我说:

> 工作要认真负责,要抓得很紧,要讲求效率,集中起来就是要敢于负责,勇于负责,这就是我们常说的魄力。[②]

有了这样的良好的精神状态,工作的效率自然就会提高。敢于竞争,没有效率有竞争优势吗?善于转化,没有必要的效益,能够实现向好的方面转化吗?

◆ 在管理队伍中,注意养成良好的工作作风

办事雷厉风行,果敢决策,事事有回音,是我一贯要求的工作作

---

① 根据校史编写组《缩影:华中理工大学的四十年》347页数据整理。
② 朱九思:《高等学校领导干部素质的几个问题》,载《高等教育研究》,1984年第4期,3页。

风,也是对干部队伍建设的一贯要求。也只有有了这样的作风,办事的效率才可能提高。

一位现在已经成长为院士的材料专业科学家,讲述了他经历的一件事情。

> 有一次我去找他(朱九思)。当时,我们做实验需要有大量的样品,有拉的、压的、疲劳的,等等。加工就需要有标准,否则做出的就是不行。但是,学校机械厂达不到要求。80年代我们获得博士点后,教育部给每个点10万元,叫做博士点基金,搞基地建设。我去找他,第一,要给我房子;第二,给4个工人。我提出来以后,他马上打电话请有关部门的人来。房子当即给解决了。人的问题,人事处说只能给3个工人。九思问我,"3个行不行?"我说:"3个也行。"前后1个小时不到就全部解决了。哎呀,现在要是做事情不知道要搞多久。他这样就非常鼓舞下边。他经常直接打电话给系主任,要怎么办,怎么办。[①]

可见当时我们学校的办事效率还是相对高的。

总之,在上述思想的指导之下,华工在同样的情况下甚至在基础和条件比相当一批大学还要薄弱的情况下,能够迅速把学校提出的治校方略转化为实实在在的办学成就,能够在复杂环境中通过不懈的竞争迅速崛起,没有这种强调效益和效率的思想的指导和大家一起脚踏实地勤奋耕耘是不可能办到的。在这么短的时间之内,把思想成果迅速转化为实践成果本身就说明效率和效益问题,也反映出这一思想的实质,以及与治校实践之间的互动关系。

任何组织的管理,总是要讲求效益和效率。现在看来,这一思想和实践探索的价值不在于大学校长治校是否应该懂得讲求效益和效率的道理,而是应该懂得在实践中如何建好队伍、如何建立起相应的机制去实现效益和效率。

---

① 访谈,15。

发动与推动

领导活动不仅包括领导者、被领导者,还在一定的领导环境中展开。所以,营造一种有利于领导活动开展的环境,对于领导者实施有效领导是至关重要的。大学校长面对内外部环境,必须有相应领导艺术,才能优化领导环境,实现治校思想。

在国家刚刚推行改革开放政策之后的一段时间里,"两个凡是"依然笼罩,高等教育开始处于恢复基础上的新探索阶段,这时既有习惯势力形成的巨大阻力,也有渴望改革所形成的迫切现实愿望。在这一大背景之下,如何克服既有阻力给推进改革带来的不良影响,激发组织改革的动力,推进治校思想的落地,成为当时对我们最大的挑战。

为此,我们大体从以下四个方面着力。

◆ 调查研究找差距,制定规划明方向

如果一个组织看不到差距,当然就不会有危机感,也就不会有改革意识,更谈不上发展动力,这会使组织处于一种无知的满足状态而贻误发展。

因此,大学校长还必须在谋划改革之初,让师生产生饥渴感,并处于渴求前进的亢奋状态。这个时候,就需要有正确的前行方向了。否则,亢奋就会变成无序而贻误改革时机。方向有了,需要的就是百折不回的意志与勇往直前的搏击,哪怕遭遇的是屡败的挫折,也要有敢于屡战的胆识!比如,我认为,当时我们要办现代大学的方向是对的,但要按照这个方向坚定地前行、逼近这个目标,就需要长期不懈的努力。

当然，方向不是想当然定下的，是经过失败与困厄之后的沉淀与反思而确定的！因此，不能随意确定，更不能随意改变，也不能只有方向而没有朝着方向奔跑的务实举措。所以，一个组织，如果没有梦想就没有了方向，没有方向就失去了制定前进目标的基础。

我始终认为，大学校长就是要有足够的远见，是一个能前瞻性地为大学指出正确的前进方向、能为大学把舵并使之始终保持沿着这个正确方向不断前进的人。简约地讲，大学校长也就是能适时指明方向并把握方向的人。因此，大学校长就要有很好的"方向感"！否则，大学校长就会成为事务主义者，就会使大学沦于无能、无序、无效的忙与乱之中。

我以为，所谓的方向，就是在梦想与历史反思、现实需要有机结合的基础上对未来做出的理性选择与智慧判断。而梦想，则是源于事业心与见识。见识，就是见多识广后的甄别。所以，方向感需要广而丰的信息、胆与识的历练、智与慧的深思。方向一旦确立，就要及时制定规划，用规划予以阐明并明确起来，凝聚师生的共识，让大家都知晓向何处去；用规划聚集师生智慧，让大家都知道怎样向该处去，这样才能真正发挥方向的指引与鼓舞作用。

因此，在理性论证的基础上，制定一个切合实际情况的发展规划，并通过规划明确发展方向、明晰阶段目标、制定发展战略举措，才能使大学得以理性改革而有力、有序、有效地发展。

任何组织都有所谓的组织惰性，这是极力想推动改变大学现状的大学校长们所不愿意看到、但又不得不面对的！而克服这类惰性的重要方式便是让组织成员看到方向、找到差距，用明晰的前进方向让师生员工清醒地知道"我们将向何处去"，用差距激发来自内心的改革动力，用目标牵引梦想，用努力成就心愿。

差距源于比较，比较源于调查。这就是所谓的调查研究给予的发言权。目标源于方向，目标也源于可能。这就是调查研究之后的切实思考与梦想追求间的高度契合。所以，善于成就改革的大学校长都是梦想家与实干家高度结合的有机体。他们往往能够善用实干家的精神搞好调查研究,善用梦想家的远见找准组织方向,并积极运用差距感激励组织,巧妙运用方向的巨大无形力量牵动组织。

正因为这样,我们在"文革"之后启动那场轰轰烈烈的改革之时,就是从搞好调查研究开始的,以此拓宽视野,增长见识。首先,我们如饥似渴地了解世界高等教育动态与学科发展趋向,摸清校情、学情,检视治校理念,确定办学方向。而且,更加急迫地激励华工的每一分子能够成为有理想、有目标的热血改革者。我们拿起了调查研究这个武器,增强学校的危机意识,尽力把要推动的各项改革化为学校每一分子的自觉行动。这就是为什么我们能在较短的时间内成功地实施不少改革举措的原因。

下面,我们来简单回顾一下。

1977年,"四人帮"倒台不久,全社会都还在拨乱反正,大家依然在观望等待形势的明确走向。一方面,大家都热切期待改革;另一方面,大家又担心政治阴云给改革带来巨大的不确定性。如何尽快跳出"文革"阴影、不再纠缠于过去的正误与恩怨,激发改革欲望,迅速走上改革正轨,成为摆在我们面前的一大难题。

于是,我们开始了谋篇布局,采取了一个涉及全校的大动作——用心地搞一场深入而全面的调查研究。学校决定,全校总动员,1977年夏天全校不放暑假,用这个时间结合学校实情,深入到学科专业,面向世界、面向未来,全员参与,大搞调查研究。

这场调查研究前后持续一年有余,且影响贯穿了之后数年改革的全过程,其在大学精神、思想方法等校园文化上的塑造上所产生的影响可能就更为久远。

7月19日,学校党政联合发出正式通知,明确全校教师职工当年不放暑假,要求校内各单位认真组织教师,利用暑假这一个难得的空档期,对世界科技教育动态,重点对国外著名大学的教育教学、科学研究、学科建设、专业发展、课程教材、实验室等方面的建设情况进行一次空前广泛、细致深入的调查研究。

这次大规模、大范围调查研究开始于对资料的广泛搜集与信息调研。毕竟,我们封闭了几十年啦!不知道别人在干什么、怎么干的,我们怎么知道干什么、怎么干呢?办大学一定需要开放与交流,绝不能装聋作哑嘛!当时,我们最最缺乏的就是资料尤其是外文资料,各个单位所订阅的各种文献书刊,尤其是国际学术期刊等资料可以说是断断续续、残缺不全。怎么办?我们就发动大家跑到省内外各大单位去查、找、凑,哪怕是零散的、零碎的也总比没有强啊!也能够给我们开启一扇窗户、提供一种思路啊!那个时代,我们太缺乏资料、信息啦!

从8月开始,持续了半年多时间,先后组织了720多位各个学科的教师与干部直接参加这次调查研究。有组织地派出多路调查小组到校外各大图书馆、情报所、大学、科研院所,主要采用查阅、搜集外文文献资料,范围宏观到世界范围内的高等教育、科技动态,微观到各个学科、专业、课程、教材、实验、手段或方法等具体情况,凡是觉得有用的信息都不轻易放过。同时,又突出重点——深入查找、收集和分析美国麻省理工学院(MIT)和加州大学伯克利分校的办学情况,重点了解人家在治学方面的经验与办学策略。

后来,有个统计说,这次调研总共查阅了24000余份国内外科技文献资料和数百种教材,写出了数十份近60万字的调查报告。①

通过这次系统搜集的各类信息,大大拓展了封闭已久的广大教师和干部的眼界,使我们对国外科技发展的动向和美国著名大学的教学、科研状况有了深切的了解,找到了自身存在的巨大差距,看到了外面世界的精彩,视野一下子拓宽了,为进一步办学打开了思路,也为进一步改革增强了紧迫感,制造了危机感,营造起适宜的内部改革

---

① 陈海春:《朱九思:1978年的前前后后——华中工学院"朱九思时代"的领导学分析》,http://blog.sciencenet.cn/blog-38949-21883.html,2015-6-15。

环境。

在此基础上,我继续推动再做了两件事情。

1977年10月24日,在学习讨论复出不久的邓小平《在科学和教育工作座谈会上的讲话》之际,结合调查研究所了解到的情况与思考,我以华工党委的名义给邓小平写了一封汇报信,就办好重点大学提出了三点建议。①

第一,在实现科学技术现代化的斗争中,高等学校特别是重点高等学校,能够发挥同科学院同样重要的作用,应该受到同样的重视。

第二,要加强基础理论,实现理工结合。理是工的基础,工是理的应用。把理工结合起来就能相互促进,使两方面都得到提高。因此,除了综合大学仍应侧重于办好理科,并逐步增设一些新的理科专业外,特别是在一部分有条件的重点工科院校,应该有计划地增设一批理科专业,经过若干年的努力,真正办成名副其实的理工科大学。

第三,发展研究生教育。据了解,外国一些著名的大学,培养研究生的人数都是很多的。我们建议,今后一部分重点高等学校应该逐步减少普通班的招生人数,尽量增加研究生的招生人数,一部分有较好条件的重点学校,应迅速增设各种科研所,也要创办研究生院。

通过给党和国家领导人提供信息与建议,希望能够更新最顶层的观念与设计,打造改革的外部环境,营造有利于自身改革的氛围,减少来自外部的改革阻力。

1978年4月,在摸清情况并加以比较分析、深入思考之后,我主持制定了《我院同世界著名理工科大学的差距和赶超的主要措施》

---

① 陈海春:《朱九思:1978年的前前后后——华中工学院"朱九思时代"的领导学分析》,http://blog.sciencenet.cn/blog-38949-21883.html,2015-6-15。

（下称《措施》），印发校内广泛学习和深入讨论，集思广益。修改之后，我们上报了教育部，希望得到教育部对我们的理解与支持。

在《措施》中，我们明确把 MIT 作为追赶对象①，并指出，华工同世界著名理工科大学相比较，主要差距在以下四个方面。

一是在教学质量方面有差距，可以概括为"三差一窄"，即基础理论差、基本技能差、外文水平差，知识面窄。

二是在科学研究方面有差距，主要表现在对基础理论和技术科学的研究很不够；对新兴学科注意不够，对边缘学科还没有动手；对综合性课题的研究注意不够；科学情报工作非常薄弱。

三是在师资水平方面的差距。

四是在实验手段方面的差距。

通过广泛的学习，进一步让所有教职工了解到发达国家高等教育发展的有关信息，提高认识，更新观念，寻找差距；并通过深入的讨论，交流信息和学习心得，结合学科专业和自身发展，寻找跟踪学习的目标，订立切实可行的措施，增加改革与发展的自省与内生力。有了这些事前的铺垫与酝酿，接下来便是水到渠成的改革结果了。

1978 年 8 月，学校召开党委扩大会议，以"统筹规划，远近结合，突出重点，全面提高"为指导方针，制定了《1978 年至 1985 年的规划》，明确了奋斗目标和发展战略措施。这个规划提出要把华工办成以理工为基础的综合性大学。月末，我们上报了《关于专业调整的设想方案（草案）》，正式提出学校要创办理科专业、增设理科系（数学系、物理系、化学系、力学系）的方案，我们开始着手推动华工向着现代大学的转型发展。

后来的历史证明，磨刀真的不误砍柴工。我们推动的这场历时一

---

① 当时，学校把华中工学院的英文翻译为 Huazhong Insititue of Technology，且简写为 HIT。因此，外界就盛传：朱九思要把华工办成中国的麻省理工（MIT）。

年多的大规模调查研究,其成果与影响直接支撑和引导着华工后来大踏步地前进和大幅度地改革,也为学校今后的发展留下一笔精神遗产。

◆ 创办内部刊物,畅通信息渠道

组织尤其是大型、复杂性组织的领导人实现组织目标和自我思想的最大困难就是,如何把领导者个人的想法转变为组织的思想、化为集体的行动。我的体会,克服困难的最基本路径便是有效沟通。

对于推进变革,实现信息及时、有效地双向沟通非常重要。领导者把先进的观念、变革的意图、成功的经验传达下去,缓解被领导者对改革的恐惧和抵抗;同时,把被领导者对变革的态度、意见、建议等及时反馈回来,改善领导者实行变革的针对性和效度。这是任何成功领导者推进变革必不可少的有效方式之一。

沟通就是信息的交流。组织内部的沟通有正式与非正式两种渠道,各有特点,各有所用。正式沟通是组织管理中进行交流的主渠道,具有强制、有序、规范、效果好等特点。管理中的大量信息都主要靠正式渠道进行沟通,是推进一个组织前进与发动变革的最重要信息来源。不言而喻,信息畅通对于组织运行的灵便、高效有着至关重要的作用。这种作用体现在三个方面:收集信息、改善人际关系、改变行为。[①]

对于小型组织,内部的信息沟通比较方便,不会存在大问题;但是,对于大型组织来说,信息的沟通却变成一个非常重要的问题,直接影响着领导者的领导效能。因此,如何进行有效信息沟通成为大型复杂组织领导者的一种十分重要的领导艺术。

现代大学规模一般都比较大,而且人力密集、知识密集,信息量本身就很丰富,对信息的需求量更大。所以,大学校长如何最快速、

---

① 吴照云等:《管理学》(第3版),经济管理出版社,2001年,425页。

最便捷地获得信息,并使各种有利于推进改革的有用信息在校园范围内有效地予以传播,成为一项非常重要的领导艺术。在信息技术高度发达的今天,通信网络、互联网络遍布全球的情况下,信息沟通并不困难。但是,对于20世纪70、80年代的中国来说,在收音机很稀罕、电视机非常稀奇、电话代表着地位的情况下,信息的传递和沟通自然是令当时的大学校长们头疼的事情。一方面,信息稀缺,群众得不到更多的信息,群众又渴望得到信息。另一方面,单一的信息渠道和有限的信息流量,使得信息传播不畅;但一旦能够获得正式传播,其受众面、影响度就很高,容易直接左右大家的思想和行为。

好在当时大学规模并不像现在这么巨大,任务不像今天如此繁重。但是,对于华工来说,在20世纪70年代后期,办学规模一度增长很快,是当时在校生人数和招生人数最多的少数几所大学之一。看看学校校史上记载的数据:1978年华工在校生为4719名,而到了1984年到达11508名,增长近2.5倍;与此同时,教职工人数同期增长1.2倍左右。① 规模的扩展使得信息沟通成为一个重要问题。另一方面,许多重大改革战略几乎又是齐头并进,对于保证组织内部能够步调一致地前进,信息的沟通发挥着特别重要的作用。

我在1982年的一次演讲中说:

> 要使本单位内部的信息畅通,也就是说,我们领导的意图要想方法及时告诉下面,下面的情形和意见我们必须加快知道。这对于搞好管理工作十分重要。这是我们党的传统的工作方法,现代管理也把取得信息和信息的反馈作为管理的一个基本要素,或者说基本环节。要做到内部的信息畅通很不容易,现在我在工作中还是痛感对下面的情况了解不够。信息不通,就必然是官僚主义,工作效率也受影响。如何使内部的信息畅通,在这方面各校都有一些办法。我们采

---

① 根据《缩影:华中理工大学的四十年》342—343页、347页上的数据整理。

取的一个办法,是在校内办了一些简报,差不多各部、处都办有简报。有些是把下面的好经验加以转发。……我总觉得,不这么做的话,我们内部就很闭塞。一个单位内部信息不畅通,上下不大通气,互相之间不了解,怎么能把工作做好![1]。

这一段话充分表达了我们对信息沟通的想法、困惑和做法。

如果查看华工的历史案卷,可以阅读到我做校长时校内所办的大量的内部简报、情况反映、动态情况等。这些内部流通的小资料所包含的内容可谓包罗万象,有国家的重要政策、国际形势、科技前沿、新资料等宏观方面的情况;最大量的还是内部各单位的经验、情况、措施,以及各个业务部门的工作进展、下一步的打算、仍然存在的问题;也转载校内外专家的大量来信,教师的情况反映、意见以及建议,尤其是出国教师的信函,邮寄回来的有关办学的重要信息、科技动态、学习资料,等等。

前面提到过,当时我们最缺乏的就是一手的信息。所以,凡是我认为重要的,有助于推进学校改革与促进学校发展,有助于更新教职员工观念、开阔全校人员视野的一切信息,都要批示用简报、情况、动态、通知的方式尽快传达给全校。

这些内部信息资料对于刚刚开放的华工来说,给如饥似渴的华工人进行信息交流提供了极大的便利,更重要的是通过这种方式不断地传达着学校领导的意图,引导着改革的方向,激励着改革的热情。有了这些沟通上下的信息,使得学校在推进一整套有些急速的改革时,观念更新,阻力更小,动力更足。

◆ 广泛宣传办学主张,营造有助于改革的舆论环境

先看我在1978年11月《关于1979年下半年教学中使用外语原版教材》文件中的一段批示。

---

[1] 朱九思:《高等教育刍议》,华中工学院出版社,1984年,58页。

在坚决实行过程中，总会有这样那样的缺点，那就改。但如要我们撒手不干，那坚决不行！谨防有人吹冷风。……思想准备工作，要通过各种形式，造舆论，讲道理。教务处要利用院刊和广播，要召集有关教研室负责人开会，要到教师当中去。[①]

从这一段批示可以看出，由于我们已经充分估计到推行这一战略措施可能遇到的巨大阻力，所以，就要求须充分做好思想发动，也就是制造舆论，而思想准备的方法就是利用校内舆论工具和行政系统。

现代大学总是运行于一个开放的社会大环境。如何驾驭各种外部资源，特别是利用好各种大众传播媒介，营造有利于大学校长治校的舆论氛围，是每一个大学校长应有的领导艺术。

虽然在我治校期间，对外，中国还处于相对封闭的状态；对内，新中国的大学在很长时间里，由于条块分割等体制性原因，也都处于把自己门关起来运行的闭塞状态。即使这样，新中国各种媒体依然不少，只是相对现在来说，内容单调、形式单一而已。在改革开放初期，扑面袭来的各种新鲜信息充斥各种媒体，诱导着中国人民对改革的渴望。在党和政府积极鼓励改革开放政策的引导下，党的喉舌非常愿意刊登那些具有强烈改革意识的信息、论述，积极推广各种探索性做法、初步成功的经验。如果大家去翻阅20世纪70、80年代中国的各种报刊，你们的眼球会迅速被各类改革的信息抓住。尽管这些改革在现在看来显得有些幼稚甚至可笑，但在那个正为争论"实践是检验真理的唯一标准"[②]是否成立而消耗着精力的时候，这种"摸着石头

[①] 中共华中工学院临时委员会，院发字(1978)79号，《坚决准备使用外文教材》，1978年11月10日，华工档案号：[78Ⅱ教4-1，A15]。

[②] 1978年5月11日，《光明日报》发表特约评论员文章《实践是检验真理的唯一标准》，由此引发了一场关于真理标准问题的大讨论。文章指出，检验真理的标准只能是社会实践，理论与实践的统一是马克思主义的一个最基本的原则，任何理论都要不断接受实践的检验。这是从根本理论上对"两个凡是"的否定。这场讨论冲破了"两个凡是"的严重束缚，推动了全国性的马克思主义思想解放运动，是中国共产党第十一届中央委员会第三次全体会议实现新中国成立以来中国共产党历史上具有深远意义的伟大转折的思想先导，为中国共产党重新确立马克思主义思想路线、政治路线和组织路线，做了重要的理论准备。

过河"所积累下的、来之不易的务实经验,为我们今天的稳健和逐渐走向成熟架起了桥梁啊。

高等教育的发展也走过同样的历程。当时,各大媒体频繁地介绍西方高等教育的各种情况,刊登着不同的出国考察报告,各界名流纵论高等教育,大学校长谈论大学改革和自己的治校主张,各地高等教育和各所大学改革中出现的新鲜事儿等大量的信息频现报端。在那样一个信息渠道以报刊为主的时代,报纸上的这些有限的信息主导着人们的思想认识,引导着改革的航向,动员着人们积极参与改革的热情。所以,一个有着强烈变革意识和浓烈成功欲望的大学校长,如果想在这个时候伫立改革潮头,成为改革先锋,就必须善于利用媒体来适时传播自己的改革意图、宣传变革主张,才能获得外界的舆论支持和政策帮助,进而营造有利于自己改革的外部环境。

我担任报刊总编辑、社长多年,自然非常熟悉我党宣传工作的政策和规程,养成了通过经常阅读报刊获取信息的习惯,也具有运用媒体的良好素养和基本能力。在改革浪潮涌动、上下积极支持改革的时代,对于一个倡导改革、乐于改革的人来说,怎么会不充分利用既往的特长去铸造有利于自己改革的舆论氛围呢?尤其是当时学科综合化、科研走在教学的前面、培养创造性人才等显得很"前卫"的思想,要被上下左右接受,没有宣传、论述、说服,绝不是轻易能实现的事情。

在1980年前后那段时间,一些重要报刊频频出现我的文章、华工的经验与做法。这自然与当时改革、胆略,也与现实的成绩有关,但也与我有较好的新闻意识相连。我注意把自己的主张传播出去,以此加强沟通、增进理解,营造出改革的氛围。

例如,《光明日报》于1979年1月18日刊登了《科学研究要走在教学的前面》,我论述了对高等学校开展科学研究所持有的思想。1979年12月1日,我又在新华社《国内动态详情》谈解放思想办好工科院校、实行理工结合的意见①，突出阐述工科院校的办学方向。1980年7月10日，《光明日报》刊登了我的文章——《对目前高等教育中几个问题的我见》，我分析了我国高等教育的学科结构问题，通过理工结合，完善现代大学的学科结构，正式提出要在华工创办以理工为基础的综合性大学。

同时，当时还在学校高教研究室工作的蔡克勇等同志撰写的《论高等学校实行理、工、文结合》论文，分别刊登在1980年《高等教育研究》第2期和《光明日报》上。该文从教育史和教育理论两个方面，系统论述了实行学科改造的重要意义。1983年2月11日，上海《文汇报》刊登了专访我的文章——《重点大学也不能是"终身制"》，我们向外传播了关于"敢于竞争、善于竞争"这种精神状态的主张。1981年8月12日，在《人民日报》发表文章《建设精神文明必须重视教育》，公开主张要加强对学生的人文教育，克服重理轻文这个不正确的取向。

20世纪80年代初期，在各大媒体高调宣扬第三次浪潮正在席卷而来之际，我于1982年6月29日在《长江日报》上发表了以《信息与高等教育》为题的文章，主张在迎接新技术革命挑战中，高等教育要把着重点放在培养学生能力特别是创造能力上。

在国门打开以后，各种思潮扑面而来，各种错误思想也被过度渲染，给我们的大学政治思想工作、学生管理工作提出了巨大的、新的挑战。我就于1981年10月17日在《光明日报》上发表了《克服软弱状态，改进工作方法》，论说我们严格管理和引导群众自己教育自己的基本思想以及主要做法。

与此同时，《人民日报》《光明日报》《湖北日报》《人民教育》《中国教育报》等报刊在1979年至1985年期间，连续刊载了有关我个人推动改革与发展的情况、华工改革经验和成功做法等方面的报道、专

---

① 《华中工学院院长朱九思对解放思想办好工科院校的意见》，载：新华社《国内动态详情》，1979年12月1日。

访。例如,著名作家祖慰撰写的报告文学《朱九思的"引力"》在1984年5月25日《光明日报》刊出。据说,这些报道使得全国尤其是高教界形成一股不小的朱九思热、华工潮。各地的学校访问团纷至沓来取经求道,我也被邀请到各种场合做报告、做讲演,进一步阐述我们的治校主张、办学思想。

除了利用校外报刊以外,我还非常重视校内舆论工具的运用,以此主导校内宣传阵地,始终用正面的信息左右教职员工的舆论。我在校内报刊、电台上经常撰文,推荐学校认为对治校办学有益的重要文章,用以传达自己对改革的见解,从思想观念上广泛发动群众积极参与改革。通过这些舆论工具的综合使用,在校内外形成了强大的舆论"压力"、强烈的改革舆论"攻势",有效减弱了我们推动改革所存在的习惯性阻力。

利用报刊是一种有效的营造舆论环境的方式,但是对于具有相当级别的新中国大学校长来说,频频参加各种大小会议也是一项非常频繁而又重要的沟通活动。如何有效利用各种大小会议也是另外一种营造舆论环境的方式。在这些集会上,听众从事的行业或专业往往比较集中,新鲜的、有见地的观点往往容易引起共鸣,治校主张往往容易被深度传达和积极接受。所以,这种方式的效果比较显著。

我就比较注意抓住参加各种会议的机会,实事求是地直抒、介绍我们的看法、主张。在我的文集以及有关档案文献留下的大量文稿中,绝大多数稿件是由我在校内外大大小小会议上的讲话稿整理而成。比如,"科学研究要走在教学的前面"的思想就是正式提出于1978年全国科学大会,"培养大学生创造能力"的思想也是在多次教育部召开的重要教育教学改革会议上做的讲话或演讲。其他很多思想也多在校内外的各种会议上提出来。从出版的文集,可非常清晰地发现这一点。这说明我对这种方式是重视的,且注重有效运用。通过这种方式,我们的很多思想得到更直接、更深入的传播和理解,改革阻力进一步减小。

在利用报刊、会议广泛宣传办学主张的同时,我还发挥自己的主动性,在学校内部创办各种学术刊物,利用这些专业刊物"在外面结交朋友,取得各方面的支持"①,也形成重要的信息舆论中心。我不但舍得贴钱创办各类刊物来赢得学术界的支持,而且大量承接、举办各种国际性、全国性、地区性重要专业学会的学术会议、讨论班、讲习班,请各界名流、专家教授到校讲学,争取他们对治校的理解和支持。通过这样的方式,不但扩大了华工在国内外的影响,而且我也与一大批国内外著名专家建立起学术联系和个人友谊,从而进一步拓宽了学校和我自己的办学视野,拓展和传播了我们的治校见解。

据同事回忆:

> 每当有著名的人士到校讲学、访问,九思总是亲自出面接待,考虑每一个细节,而且不是礼节性的接待,而是非常诚恳地与他们交谈,一起探讨感兴趣的问题。
>
> 九思与他们(来访的著名学者)见面以后,总是畅谈治校韬略,广泛交流思想。②

美国加州大学伯克利分校原校长田长霖教授先后造访过华工五次,我与他有很好的交流和友谊,我曾说过:"从办大学来说,我们很谈得来,他提的一些意见,对我们很有帮助。"③

在仍然处于开放初期的中国,知识分子的政策还没有得到根本落实,学术发展没有得到应有重视的情况下,知识分子的成果常常无人问津,没有发布、发表的园地。知识分子能够获得别人的信任和财力支持,是一件多么高兴的事情啊!中国"士大夫"们总是知恩图报。办刊物、办会议等"善举"自然就"俘获"了一颗颗知识分子渴望的心,他们的成果有了发表的园地,有了交流的场所,能不高兴吗?所以,他们不但无私地奉献出自己的好不容易积攒下来的知识,给华工、给

---

① 朱九思:《竞争与转化》,华中科技大学出版社,2001年,62页。
② 访谈,04等。
③ 朱九思:《竞争与转化》,华中科技大学出版社,2001年,24页。

我治校带来了丰富而新鲜的观念和先进的思想；同时，我们的思想和成果也在学术界得以广泛传播，获得了积极支持和认可。

除了利用上述方式之外，我还用我党民主的一种方式，来营造有利于自己的治校环境。在当时通信技术还很落后的情况下，以一种对党的崇高事业的高度责任感和主人翁精神，我经常用书信的方式向上级领导或部门、向同级领导传达自己的心声，反映自己的思想和看法，力求在不同领导层之间达成改革的共识、获得领导的认可与支持。在治校过程中，我留下了给各级领导的大量信件，包括给邓小平、胡耀邦、宋健等党和国家领导人的信件，当然最多的还是给学校领导的信件。

我利用写信这一方式来交流思想、布置工作的方式始于1964—1965年在北大参加"四清"期间，在1975年外出参加学习大庆、大寨精神会议的时候也曾采用过。其目的就是为了及时沟通领导意图，交流、传达想法，引起领导集体的共同思考，以便迅速达成共识，缩短讨论和执行决策的时间。在1976年特别是1980年之后，使用这种方式逐渐频繁。这是因为在这一段时间，我力求推进的改革任务非常繁重，加之在省委兼职，又常常受邀频繁参加各种会议、社会活动等，与校内其他领导成员之间的沟通很难及时用开会和面对面的方式进行，当时通信技术又很不发达，写信就成为我最方便、最清晰的有效沟通方式。所以，我常常利用各种间歇挤出时间用写信的方式来传达自己的主张和看法，甚至安排工作，推动落实。回过头来看，效果总体上还不错。

◆ 经常抓典型带一般，让群众自我教育、自我管理

大学成员本身就是知书达理之士，他们具有自觉意识和内省意识。大学校长对现代大学这种大型学术组织的领导，如果仅仅局限于发号施令的行政力量还很不够，更需要有经常性的群众相互间的教育和自我教育，发挥蕴藏于群众自身的无穷智慧和潜力。但是，明

智的大学校长对此又不能采取自由放任的态度,而应该根据治校追求和改革任务要求适时地加以引导,营造一种蓬勃向上的良好校风。

我的做法是,用典型带一般,让群众自己教育自己。我认为:

> 要抓典型。好、坏典型都要抓。当然首先要大力抓好典型。好典型要大力扶植,大力宣扬;坏典型要坚决抵制,坚决斗争,要及时解决问题。不抓好、坏典型,就不利于充分调动一切积极因素。①

> 表扬好人好事,树立正气,发扬积极因素。……要造成一种积极上进、争取光荣的好风气②。

> 这个办法非常有效,榜样的力量是无穷的。……榜样树立起来后,被表扬的会有一种光荣感,从而更加努力做好工作;对其他的人也会产生影响。……要认真地运用这样一个好方法,来推动我们的工作。③

> 对于我们领导来说,要经常注意如何发现先进人物,发现人才。在实际工作中,不论是教师、工人,也不论是研究生和大学生,事实说明是有先进人物的,是有很多积极分子的,是有人才的。问题在于我们领导如何认真对待、及时发现,发现之后如何进一步加以培养,把他们的事迹加以介绍、推广。这是积极因素,把这样的积极因素发扬光大,对于整个工作和事业好处极大。④

所以,如果翻阅往时的文件档案,可以看到很多先进人物、先进单位的事迹和经验介绍。⑤ 有的是上级表彰的全国性、地区性典型,更多的是看得见的身边事例,而且这些事例与当时所提倡的、改革所

---

① 中共华中工学院临时委员会文件,院发字(1977)21号,《通知》,1977年3月21日,华工档案号:[77Ⅱ行综1-1,B4]。
② 朱九思:《高等教育刍议》,华中工学院出版社,1984年,152页。
③ 朱九思:《高等教育刍议》,华中工学院出版社,1984年,153页。
④ 朱九思:《高等教育刍议》,华中工学院出版社,1984年,136页。
⑤ 如:华中工学院,院教字(1979)132号,《重视提高教学质量的好经验》,1979年12月22日,华工档案号:[79Ⅱ教4-1,B10];华中工学院,院教字(79)125号,《转发教务处〈本学期辅导教师的工作情况〉的通知》,1979年12月12日,华工档案号:[79Ⅱ教4-1,B10]。

需要的、有助于实现治校意图的、促进良好校风形成所需要的现实情况紧密相关。例如在宣传蒋筑英、罗健夫①那种新时期忘我工作、辛勤奉献的知识分子典型的时候,我不但宣扬他们那种精神,也积极要求在校内树立看得见摸得着的知识分子典型,并大力加以表彰和宣扬,发挥典型的示范带动作用。

在树立和宣扬典型的时候,总是与我们的治校思想和追求紧密结合。例如,即使是在"文革"期间表彰的先进人物和先进单位,也是把业务上的成就放在评比标准的最重要地位,而不是盲目地搞"红"而不"专"的典型。正是这样的典型使得全体成员看到了大学校长在提倡什么,反对什么,引导师生向什么样的目标去努力。经过这种长期不懈的努力,培育出一种浓厚的"团结、求实、严谨、进取"校风。

大学校长治校如何与成员进行良性沟通?这是一个未完成的话题,即使在网络普及信息化的今天,沟通方式正在发生深刻变化的今天,有效的沟通仍然是大学校长要面对和重视的挑战。

垂范与权威

我们知道,领导者常有来自正式职位导致的权力和非正式职位赋予的权威。德国社会学家马克斯·韦伯从权威的合法性角度分析权力和统治,并将其分为三种形式:一种为理性的与正当的权力,主要表现为一种官僚的权力;或者是一种传统的权力;还有一种权力的

---

① 长春蒋筑英,终年43岁;西安罗健夫,终年47岁。这两位科学家英年早逝,引起了中共中央政治局委员胡乔木的关注。胡乔木这位"文革"后分管新闻宣传工作的领导人,动了感情,在《人民日报》发表文章,痛心地提出:"我们为什么不能更早地注意到他们的病情,在来得及的时候挽救他们的生命呢?我们为什么不能更多地采取一些严格的'强制措施',让他们得到稍为好一些的工作和生活的条件,得到比较接近于必要的休息呢?"胡乔木希望全党举一反三,重视知识分子,切实改善知识分子的工作条件和生活条件。见:胡乔木《痛惜之余的愿望》,载《人民日报》,1982年11月29日,第2版。

基础是魅力,也被称为感召力,即魅力型权威(charisma)。① 传统的权力、官僚的权力和魅力型权威构成领导者领导活动产生影响的基本结构。

也就是说,权威并不是一种位置权力或职位权力,不是取决于个人在组织中的职位,而是一种自然性影响力或者个人影响力,即我们常说的"威望"——是在长期实践中逐渐形成的,是由于领导者自身具有良好的才能、专长、人格、品质、特殊的贡献,而使别人愿意"臣服"于他。因此,即使是处于同样职位的不同领导者,其领导活动所产生的影响力也是不一样的。影响力和权力因而是有区分的。

美国政治学家杰克·普拉诺认为,影响是"政治活动者以一种他喜爱的方式左右他人行为的能力"②。而权力则是"根据需要影响他人的能力"③。所以,"权力是影响的一种特殊形态,能给拒绝服从的人带来严重损失"④。或者说,影响力的覆盖面远比权力要宽,涵盖了权力影响和非权力影响两个方面。非权力影响也就是本文使用的权威,是指领导者的个人权威吸引、感化被领导者产生的影响,这种影响不具有强制性、压服性,而以潜移默化、自然渐进的方式发生作用,被领导者以积极、主动、自觉的态度接受领导。其具体的影响方式有以下两种。

一种就是,理性崇拜的影响。这是指因领导者个人的品格、能力、知识、专业等因素赢得稳固的威信或声望,引发被领导者的尊敬、信服、敬佩乃至崇拜感,能遵从、接受其领导,甚至以领导者的言行为楷模,加以效仿。在这种方式下,领导者无须发布指示、命令或进行说服,即可达到影响的目的,并且能够引起被领导者深层心理活动的变化,产生持久、强大的影响。

---

① [德]马克斯·韦伯:《经济与社会(下)》,商务印书馆,1997年,277-278页。
② [美]杰克·普拉诺等:《政治学分析辞典》,中国社会科学出版社,1986年,75页。
③ [美]杰克·普拉诺等:《政治学分析辞典》,中国社会科学出版社,1986年,124页。
④ 吕元礼、谢志强著:《权力与个性》,江西人民出版社,1999年,5页。

另外一种就是,感情的影响。感情是联结人与人之间关系的稳固纽带,也是影响他人心理与行为的有效途径。当员工感受到领导者关心、尊重他们,并与之建立起正式组织关系之上的更为密切的人际关系时,就会产生一种亲密感、知己感,因而从感情上自愿接受、支持领导。运用感情的力量进行影响,有时可以达到理性力量无法企及的深度。① "真正有魅力的权威是基于追随者对领袖使命的忠诚与信仰"②。领袖魅力是指"领导者所具有的能对跟随者产生巨大、超凡影响(如接受、支持、追随、忠诚等)的个人吸引力"③。领导者的魅力可能是天生的,也可以是在领导活动中逐渐形成、培养起来的。但不管怎样,领导者都必须时刻注意锻炼和培养自己的个人品质,增强领导权威。

由于大学组织高度知识化,大学校长作为大学领导者,其权力结构主要是一个包含政治的、行政的权力与学术的权力的交织体,权力的使用与影响往往更注重来自大学校长个人的威望和魅力,也就是非权力性的影响力对于大学及其成员更加具有持久性与穿透力。

虽然新中国的大学是一个行政性权力大大强于学术性权力的社会组织,大学校长往往被更多地看作是一级行政型的官员而较少地被视为一个学术性组织的领导者,其职位性权力被大大强化,只要获得大学校长的任命就赋予了高度集中统一的制度性权力。但是,毕竟大学是一个知识密集体,领导的最基本对象是拥有高深知识的知识分子,他们对于具有领袖魅力和高度个人威望的大学校长具有天然的亲和力,从心理上更容易接受具有良好品性领导者的领导。所以,那些著名的大学校长总是在他们身后留下并非由于他们仅仅拥有大学校长这个职位才有的一段段美丽的传说、一串串动人的佳话,

---

① 王利平:《管理学原理》,中国人民大学出版社,2000年,232-233页。
② [美]丹尼斯·朗著,陆震纶、郑明哲译:《权力论》,中国社会科学出版社,2001年,70页。
③ 李剑锋编著:《组织行为管理》,中国人民大学出版社,2000年,263页。

不断激励着、感动着他们的师生员工昂首挺胸、奋发向上。具有崇高威望和超凡个人魅力的大学校长的影响力就会极大增强,领导的有效性因此会极度放大。

我以为,大学校长在治校实践中,既要有"爱才者"的美誉,也应有"家长式"的威望;既要有感人的尊重教授的亲民,也应有严格的管理干部的治吏。这才能构成大学校长领导活动雄壮而和谐的交响乐,而用心指挥演奏的就只能是他自己。这样,他的一举手一投足就成为无声的命令,一言语一行动就成为缄默的准则。他(她)的决定就会在学校畅通无阻地平息无休无止的争论,并获得迅速地贯彻执行。当然,领导者达到这样的几乎"绝对"的境地,只有来自正式体制性权力影响是不够的,也绝对是不行的,还必须有领导者个人在实践中形成的深入人心的权威,以及个人所拥有的足够魅力。而如何形成领导者个人的权威,并得到大家的认可?下面谈谈个人的一些情况。

◆ 把治校融入自己血液的敬业精神

我始终认为,不计得失的敬业精神是大学校长最重要的品质。

每当我想起我们的战友在枪林弹雨中倒下,而我能有幸活下来为新中国的建设事业增添力量,就理所当然地会不计个人得失,自觉地形成了把治理华工融入自己血液的敬业精神。

从 1953 年来到华工,一直到 1984 年从领导岗位上退下来,我一刻也没有想过要离开华工,华工成为我自己生命的全部。① 我始终把治校作为自己的毕生追求,倾全力一心一意地想把华工办出水平和名气。②

即使是经过"文革"这样的大劫之后,用反对派的话来说,我仍然

---

① 访谈,09。
② 这是绝大多数被访谈者向整理者谈到的总的评价。

"死不悔改",一被"解放"出来,立即思考的依然是如何治校、如何把华工办好,尽快振兴民族的高等教育事业。即使冒着再次被打倒的政治风险,也要聚敛"牛鬼蛇神"、举办新专业、组织科学研究、抓工农兵学员文化基础的提高。即使是在人们还受到"两个凡是"严重束缚的时候,"文化大革命"还可能过七八年再来一次的风云变幻之际,我依然不顾好心善意的劝阻,固执地大抓秩序的恢复,思考和致力于学校长远建设。即使是在我们的声望处于最巅峰的20世纪80年代,我也没有像曾经传言的那样——调离华工去谋求更高的职位。我卸任以后,我关心的、思虑最多的、着急最多的也仍然是如何提升华工、发展华工。即使我从事和开创多年的高等教育研究,也主要还是以我魂牵梦萦的华工为实际案例、为研究视角、为研究动力和研究目标。

纵观我在华工30年的工作,我始终把治校作为自己的唯一归宿,除此之外没有其他任何别的追求,这也许是我能够专心致志地致力于学校建设与发展的重要原因,而不会左顾右盼地分心于治学或者别的私望。

我们常说,榜样的力量是无穷的。无私的敬业精神总能默默地感染每一个人,成为凝聚人克服一切阻力和困厄、攻克一个个难关的无形力量。所以,几十年如一日地扑在工作上所换来的是大家对我的亲切称呼——"九思"[①]。自然,在工作中就少有怀疑"这是九思说的!"的正确性、权威性,也就不会过分地去纠缠于挨过的严厉批评或者过分指责的对错了。当看到我与他们也一样,在30年里行政级别始终是10级、从未变过的时候,谁还会过多地埋怨自己的职级太低、待遇不好呢?让我深受感动的是,教职工们即使在工作中受到冤屈、生活待遇上碰到不如意,大家仍然士气高昂,斗志饱满,朝气蓬勃,因为他们说:"九思就是这样的嘛!"干、实干、一起干成为那个时代华工

[①] 华工老人无论职位高低总是这么亲切地称呼朱九思。——整理者

人的基本精神风貌和华工不断前行的遗传基因。

在这种情况下,我们还有什么思想不能化为现实的呢?①

◆ 始终保持对新生事物高度敏感和不懈渴求

按照后来的一些所谓规则,我是一个没有资格来担任一所以工科著称的大学校长的,因为我既不是理工科出身,更没有院士的头衔,还不是传统意义上的大学者。其实,要当好校长,并不是完全决定于这些所谓的条件,有这些条件的也有干得不怎么样的校长,没有这些条件的也有干得很好的校长,任何事情都害怕简单化、异化成绝对化。关键还是要看,能否敢于放弃既得利益去适应新的角色。

也许是由于从事多年新闻工作之后养成的习惯,我总是对出现的新生事物保持高度敏感,对新知识和新信息总是以一种开放的心态,积极学习,努力吸收新的养分。正是有了这种习惯,使得我这个对理工科并不熟悉的"外行"校长,通过"学、议、听、看"②的方式,逐步熟悉了学校各个学科专业的情况,把握了科技发展前沿的重要动态,逐步由外行变成了内行。

我平常最高兴的事情就是获得新的信息和学到新的知识。③ 为此,不管多忙,我总得挤出时间来阅读大量的各种文件、报刊、书籍,总要经常询问教授们最近获得的新知识和取得的新进展,总要阅读每一位出国教师写回来的各种信件。我规定:像这类信件无论是写给谁的都须呈送给我,以便我详尽阅读和了解有关信息、情况与建议。而且,我总要找机会亲自与每一个回国的教师交谈,总要与到校

---

① 难怪,即使朱九思卸任多年以后,校内仍然有不少的追随者,他们有知心话总爱找老院长聊聊,有困难找九思说说。——整理者

② 华中理工大学档案馆编:《华中理工大学建校以来文件选编(第二集)》,1998年,39页。

③ 整理者在读博期间,每次去见先生的时候,先生总是先静静地听我的所见、所读、所思,每每有新的信息、新的想法、新的文献,他都会露出笑容,然后追问并发表自己的看法和建议。

访问、讲学的国内外知名学者友好交流、认真请教，听取他们的见解和建议。

所以，我非常重视学校获得信息（当时称情报）的工作。在当时经费极度紧缺的情况下，学校决定要想方设法为图书馆购进外文书刊，贴钱承办各种学术刊物，贴钱举办各种讲习班和学术会议，不断邀请国内外著名学者来校访问讲学，目的之一就是希望迅疾获得新的信息、掌握新的发展动态。情况明，方向准嘛！同时，我也利用各种渠道去获取各种新资料，并把我认为对教职工有启迪作用的信息及时转发全校或转交相关教授、干部，要求他们及时学习研究。我卸任以后，仍然自己亲自操刀，主编了用于内部交流的《高教研究简报》，为的就是及时刊登我认为有思想、信息丰富的文章，传达有益的见解与主张。

当然，我并不把获得的新知识、新信息作为高谈阔论的一种装饰，而总是与具体治校实际紧密联系，为治校提供新思路、新视界，捕捉新的发展机遇，跟上新的发展节拍，获得新的可能突破，实现新的发展。

这就是为什么还在20世纪60年代，我就那么坚持不要撤销刚刚举办的计算机专业和半导体专业，并在十年之后又积极重新创办的原因；这也是为什么我不遗余力地亲自抓1964年在北大见过一眼的红宝石激光装置的激光专业的发展的原因；这也是为什么我那么积极地在"文革"之后大力推进系统工程、数量经济学、信息工程等新型学科的建设，以及迅速地把发展生物工程学科作为"一着特殊的棋"[①]而加以大力发展的原因；这也是为什么当我看过一位教授刚刚翻译的有关MIT的小册子以后，就采纳教授们的建议，学校要瞄准MIT，以它为标杆，奋力追赶的原因；这还是为什么在经过大量调查研究和出国访问以后，我们不顾别人的不理解甚至讥讽，坚决克服障碍推动

[①] 朱九思：《竞争与转化》，华中科技大学出版社，2001年，57页。

学科综合化的原因。

因为这些都是新的,新的就孕育着发展机会,就有可能获得新发展、新优势。就是因为不断追逐新的知识和新的信息,我们才可能始终保持一种开放的心境和永不满足的精神状态,不懈改革、敢于竞争,使得学校不断向好的方面转化。

可以来看看一位老师谈到的"由修收音机到搞集成电路"的例子。

"文革"以后,别人送给他(朱九思)一个外形很小的收音机,这个收音机是采用的镀膜电路,还不是现在的这种集成电路。不久,他的收音机坏了,他让我帮助修一下。我就告诉他,这个已经不是最先进的了,现在已经出现了集成电路。

他马上问:"什么叫集成电路?"他非常感兴趣,要我们尽快琢磨,要认真搞。所以,后来学校就抽调人员组成"集成电路科研组",上了这个项目。

他对这个事情本身寄予很大的希望。他抓信息、抓学科发展的最前沿是很了不起的。他本应该抓我们学校最老的机械、电力等学科,但是,他唯独抓住最新的电子信息、材料、系统等前沿学科,一直往前走,为华工的信息学科的建设奠定了重要的基础。

有时,我们没有新的东西还不太敢见他,因为他一见到我就要问:"最近有什么新的发现呀?"有一次,我无意中说起最近微电子的发展。他马上问:"什么?微电子?电子就已经足够小了,怎么还有比电子更小的微电子?"

华工的微电子学科就在他这种好奇的追问和关心下发展起来了。[①]

从这个例子可以看出,我们当时对新生事物多么愿意接纳与渴求!这也在无形中带动着师生们不断地了解新的信息、学习新的知

---

① 访谈,25。

识，不断地更新思路与理念。自然，无形中也更就容易使改革在思想上迅速达成共识、在行动上迅速凝聚成合力。

◆ **对现状永不满足的危机意识和不达目的决不罢休的精神状态**

先看看我在1983年华工建校30周年庆祝大会上的讲话。①

在这篇讲话中，我一共讲了三个问题：第一要明确我们前进的总方向，第二要发动全院师生员工找差距，第三要有锐气。而其中占据最大篇幅的也是我最希望给师生员工传达的信息，就是"要发动全院师生员工找差距"。我指出，我们在学术水平、思想政治工作、管理工作三个方面都存在差距。我说，过去的成绩是在不太高的起点上取得的，同世界总的科学技术发展的水平相比，差距还相当大。

这篇讲话是在外界高度评价华工的良好发展势头、可以说是在一片赞扬声中讲的，而且是在一个极其隆重的校庆大会上正式讲的。从这篇讲话可以看出我治校的特点，就是要有对现状永不满足的危机意识，即使在发展势头处于巅峰的时候，也不能被胜利冲昏头脑；即使是在好评如潮的背景下，也要清醒地看到存在的差距，主动地找准存在的问题，并想办法予以迅速改进。

取法乎上，得乎其中。所以，我对工作的要求尽量高些，对工作取得的成绩才不会轻易满足，才会有大家的传言——我对干部如何严格，对任务完成不好的干部如何严厉而少有表扬。②

正是因为有对现状永不满足的工作态度，时刻促使我们不断地追求新的目标、不断地改革、不断地寻找新的发展途径。可以设想，如果我们稍微有一点在成绩面前止步的自满与自大，就可能在受到各种好评、表彰的时候，停下来吃老本，保持现状。所以，我说：

---

① 朱九思：《高等教育刍议》，华中工学院出版社，1984年，9-16页。
② 所以，华工内部就有以"不受九思批评为荣"的说法，而没有得到他表扬的奢望。只有一位被访谈者谈到：九思有一次非常高兴地说，"我给你们奖励！"这一次就是经过反复攻关实验，激光器正式出光的时候。——整理者

> 现状是保持不住的,而必须敢于竞争,善于转化。
>
> 事在人为,贵在坚持。……如果浅尝辄止,看"风"办事,遇到一点困难就动动摇摇,特别是空话连篇,不干实事,那是一辈子也干不成事的。①

我抓工作的参照系决不搞一般化,而总是瞄准最好、最优、最先进。我说:

> 要开创学校工作的新局面,必须有锐气。所谓锐气,就是要有理想、有目标、有开创新局面的雄心壮志;就是议事多谋善断,办事雷厉风行、讲求效率;就是处理问题时敢于硬碰硬,有知难而进的胆略和气魄。②

有了始终追求卓越、保持敢于竞争的精神状态,危机意识自然会始终存于心、化于行。

大学校长绝不是一个只看到差距而不想方设法去努力缩小差距的领导者。只要看准了,决定了,无论多大阻力,不管是细"磨",还是软"顶",不管受到冷嘲,还是热讽,我都会坚持下去,而且不见效果绝不收兵。所以,上级领导和机关对于我们提出的想法和要求,总是要认真对待,尽量予以理解、支持。因为他们知道我们提出的事情总是有理有据,不是胡搅蛮缠,实现起来总是不达目的绝不罢休,绝不会半途而废。对下布置工作,我总是有严格的时限和质量要求,有布置就一定有检查,有检查就一定有整改。所以大家对待我布置的任务,一般不会懈怠,总是想尽办法、历经万难也要保质保量地完成。

在这种精神状态的感召下,学校形成了一种没有较好只有最好、没有最好只有更好的危机意识,以及敢于竞争、善于转化的精气神。虽然这样大家累、大家苦,但是仍能精神饱满,劲头十足。

---

① 华中工学院,院革字(1978)13号,《事在人为,贵在坚持》,1978年1月27日,华工档案号:[78Ⅱ科5-2,B19]。
② 朱九思:《竞争与转化》,华中科技大学出版社,2001年,441页。

◆ 严人先严己和高度透明的党员形象

"其身正,不令也行;身不正,虽令不行。"这是领导者开展领导活动的基本准则。

我也尽可能这么去做——严人就先严己。要求别人做到的,自己首先要做到。在20世纪60年代的一份档案里有这样的记录。在一次党员民主生活会上,一位党员给学校领导提了这样的意见:

> 九思就不像有的领导那样,生活上不严格要求自己,公私分明。王静(九思的夫人)从外地带着孩子和很多东西坐火车回来,九思就是推着自行车到公共汽车站去接回来的,而没有像××领导那样私用学校小车。①

从这一件小事可以看到我对待自己的基本态度。的确,在学校工作30年,我没有利用手中的权力安排子女的出路,提升自己曾经在华工工作过的、同样是参加革命多年的妻子的级别;我自己也是30年没有请求上级组织为自己调整级别。尽可能地达到淡泊明志、宁静致远的境界,这样自然就会一身轻松,群众就会亲近悦服。

粉碎"四人帮"以后,在1977年6月的一次党委分组讨论会上,档案中记录了党员对我这样的说法:

> 去年九思同志搬家②,大家都有想法,我们希望他留下,担心他走。下面说:"××同志主持(工作)就完了。"而且(这种看法)较普遍。希望九思同志多管一下学校。
>
> 九思同志(会上)讲(得)比较好。特点:(1)实事求是,符合情况;(2)不推卸责任,担担子;(3)经验教训总结较好,对我们有帮助,知识分子容易不坚定,如教师培训问题,校内外都有议论,我们要增强信心。

---

① 《党委扩大会第一组记录》,1977年6月20日。华工档案号:[77Ⅰ党1-1,A1]。
② 指1975年反击右倾翻案风时,朱九思多次遭到"造反派"围攻,不得已搬出校园,到湖北省省委家属区去住。——整理者

九思同志讲得很深刻。有两点较突出。(1)"文革"中受冲击最大,但"文革"以后,还能这样有很大的干劲、事业心。这一点,我很佩服。很多老干部受冲击后,就不想干了。三个正确对待比较好。这次在医院开刀,工作仍然很紧张。(2)在困难情况下,能顶住一些。"双批"、"反击右倾翻案风"中,矛头一直是对着他的。他一直是顶。甚至我们下面说:"九思同志走算了,何必呢?"他这样做很不简单。常委内部也有分歧,在这种情况下,也不灰心,不简单。比较佩服。他还是比较坚定。九思同志受到冲击最大,但干劲很大,事业心强。这一点,有很多老干部没有做到。对此,感到佩服。①

我尽可能对自己严格要求,塑造表里如一的党员形象。对上不卑不亢,敢于直言面谏,对下爱才惜才,乐于礼贤下士;对上对下一致,人前人后不二。我对谁有什么意见,哪怕是高级领导,也是坦诚相见,直言不讳。这一点在我给各级领导写的大量信件中可以非常清楚地看到。当我对当时教育部主要领导在真理标准的讨论中采取"按兵不动"的做法有意见的时候,就直言上书;当我对主管教师职称评定工作的上级业务部门有意见的时候,立即直言反映;当我对一些报刊的宣传方向有看法的时候,同样是直言上书,一定光明磊落。

当一些人在受到严厉批评感到委屈的时候,看到我也是这样严格要求自己,批评的目的不是出于个人的恩怨,而是为了学校的事业,他们就理解了,再多的怨气也会逐渐烟消云散。

同时,我还非常注意联系群众,情感诚挚,不脱离教师,经常真心诚意地去与他们交流,关心疾苦,帮助解决一些实际问题。如1981年,在经费十分困难的情况下,给中年知识分子发放生活补助,帮助改善中年知识分子的生活条件。在全社会物资供应匮乏的情况下,

---

① 《党委扩大会第一组记录》,1977年6月20日,华工档案号:[77Ⅰ党1-1,A1]。

设法给全校人员优惠发放电扇、洗衣机、煤气灶等生活用具。下面是1983年1月21日美国纽约华人报纸《美洲华侨日报》对当时华工的报道：

> 举一个例,像在武汉的华中工学院(国家重点大学之一)的朱院长,他就是一个为改良知识分子的生活而埋头奋斗的伟大战士。没有安定的生活,如何能期望有优良的成就呢？尤其武汉,天气的炎热,称为中国的三大火炉之一。在国内一切条件如此艰困的情形下,他要从有限的经费里挤出钱来,去解决别人不敢尝试的事。到现在第一每户都装有瓦斯炉,第二每户都有电风扇,第三件德政每户都有一台洗衣机,更了不起的是这一切都是他们华中工学院自己制造的。尽量让被柴、米、油、盐生活琐事弄得筋疲力尽的知识分子从这一切桎梏中解放出来,才能安心于他们的研究工作。像这样的好校长,政府真该予以大大嘉奖才是。①

因此,我的体会是,有了一身正气、表里如一的形象,必然会在群众中产生巨大的影响力,大学校长领导的有效性就会得到最大的保证。

---

① 《壮哉！朱院长值得最响亮的喝彩声》,载:《美洲华侨日报》,1983年1月21日,第8版。

第四章

精神状态

我一直认为,办大学首要的是要有良好的精神状态,这是最基本前提。否则,肯定一事无成。

按照《现代汉语词典》(修订本)中的解释,"精神"一词有两个意思:指"①表现出来的活力;②活跃,有生气。"①"状态"一词的意思是:"人或事物表现出来的形态。"②

按此解释,那么"精神状态"一词的意思就可以理解为:人或事物表现出来的生气、活力的形态,也就是一个人对待事情或工作所表现出来的基本态度或面貌。可以说,一个人的精神面貌萎靡不振,需要打起精神;另一个人朝气蓬勃,精神饱满。人是要有一点精神的。这里指的精神就是一种向上的精神状态。这里说的大学校长治校的精神状态就是指,大学校长治校过程中表现出来的生气与活力,对待治校这项事业所表现出来的基本态度或面貌。

处于大学主要领导者地位的大学校长,担负着整合各种力量,带领整个组织跨步向前的重大责任。任何时代、任何国度、任何学校的

---

① 中国社会科学院语言研究所词典编辑室编:《现代汉语词典》(第7版),商务印书馆,2016年,689页。

② 中国社会科学院语言研究所词典编辑室编:《现代汉语词典》(第7版),商务印书馆,2016年,1725页。

大学校长,其精神状态反映出这个时代、这个国度、这个学校进步的基本状态,最直接代表着他领导的大学的形象,最直接地影响着大学成员为了崇高事业而努力奋斗的士气。大学校长尤其是那些具有远大抱负、追求卓越的大学校长更需要具有良好的精神状态。这是一个不言自明的、常识性的道理。

为什么我在1982年前后多次特别强调大学的管理"重要的问题首先在于要有良好的精神状态"?[①] 我常说,研究问题和抓工作是不能搞本本主义的,应该是一切从实际出发的。同样,我们研究问题也不能把研究的对象置于虚化的状态,凭空高论,而应把视点对准当时的历史背景。

当中国人民站立起来的时候,整个民族带着无限的憧憬和百倍的热情,朝气蓬勃地建设自己当家作主的新中国,神州大地呈现出一片春回大地的勃勃生机。至今我们还非常怀念那段难忘的岁月。可惜后来由于指导思想的错误,长期以阶级斗争为纲,把人民的这种热情错误地引导到一种盲目的政治运动之中,给国家发展带来不可挽回的损失。"天下大乱,达到天下大治"这一指导思想的唯一好处就是,我们经过大乱以后把问题看得更加清楚了,可以避免今后犯同样的错误。可惜大乱给民族在精神上、物质上带来的损失和伤害实在太巨大了!

以至于时至今日,我们仍然扼腕痛惜。这里不想提及有形的物质损失,因为无形的精神创伤给一个民族带来的后患远比在物质上的恢复要难得多。对于我们这样一个一党执政多党派合作的新中国来说,还有什么比把思想搞乱了更可怕呢?还有什么比失去信心更可忧呢?所以,即使是在祸国殃民的"四人帮"退出历史舞台之后那两年左右的时间里,我们也还要为肃清在指导思想上的严重错误而不懈斗争,即使在之后很长一段时间里,还仍然要为肃清那场政治灾难

[①] 朱九思:《竞争与转化》,华中科技大学出版社,2001年,255页。

导致的后患而艰苦努力。历史就是这样走过来的。对于一个年轻的共和国来说，也许错误是难免的。所以，没有必要纠缠于过去，而更应该放眼未来。

在刚刚实行改革开放的20世纪80年代这样一个重要转折时期，当我们自我舔伤后重新开始新长征的时候，更需要人民燃起建设"四个现代化"的热情。可是，刚刚从被政治运动搞得疲惫不堪的年月中"解放"出来的中国人民，不少人对马列主义、毛泽东思想，对社会主义制度，对中国共产党的领导产生了怀疑，出现了"信仰危机"。①

思想上的混乱带来行动上的消极等待和左顾右盼；加之，"文革"之后的创伤仍然隐隐作痛，一些人仍然心有余悸。这样的社会心态严重阻碍着各项建设工作的顺利开展，窒息着各项改革举措的大力推进。中共十二大（1982年9月1—11日）明确了建设有中国特色社会主义的总方向，确定从1981年至20世纪末，我国工农业总产值翻两番的经济建设总目标，号召全国人民"全面开创社会主义现代化建设的新局面"。为此，《人民日报》于1982年10月25日发表了一篇社论：《开创新局面要有什么样的精神状态？》。社论说："开创新局面，要做的事情很多。重要的一条，是使广大干部群众，首先是领导干部，有一个好的精神状态，或者说有一种革命风格。"这既是一种号召，也是对现实的警醒。完全说出了我的心声！

高等教育领域是每一次"革命"的重灾区，正如胡耀邦同志在十二大的报告中指出的："过去由于'左'倾思想和小生产观念的束缚，在我们党内相当普遍、相当长期地存在着轻视教育科学文化和歧视知识分子的错误观念。它严重阻碍我国物质文明和精神文明的建设。"直到1979年3月19日才正式撤销1971年《全国教育工作会议纪要》等文件，彻底否定"两个估计"。高等学校的领导和知识分子常

---

① 参见教育部档案：政治思想教育司《从学生中的一些思想问题看资产阶级人道主义思想的影响》，1984年，No.11。

常变成政治斗争的工具,他们被接二连三的政治运动搞得心惊胆战。他们心灵的伤痛往往更难恢复。加之,主管部门在真理标准问题的讨论中采取"始终按兵不动"的态度,"当然也就谈不上需要改革"①。高等教育战线出现了一种明显的"涣散软弱"②状态。

这样的状态显然不符合党的十二大提出的奋斗要求,必须大大加以改变。就是在这样的大背景下,我提出了大学的管理"重要的问题首先在于要有良好的精神状态"这一命题。我说:

> 关于管理工作,通常的习惯首先总是研究领导体制问题,组织机构问题,规章制度问题,等等。这些问题都重要,都有研究的必要。但就当前的情况看,我认为,重要的问题首先在于要有良好的精神状态。③

在提出这一思想的时候,我们对当时的精神状态做了详细的分析。我说,"文革"的后遗症,使得精神状态和"文革"以前相比存在不好的一面。1977年12月,也就是在"四人帮"被打倒一年有余之后,我就当时人们的精神状态做了如下描述。

> 直到现在,还有一些同志……认识不足,个别人甚至认识很差。他们认为实现四个现代化似乎"与己无关",思想上迷迷糊糊,工作上打不起精神,鼓不起干劲,"包袱沉重,步履维艰"。这等精神状态,不要说如何赶上大干快上的时代步伐,就是人家把你拖着走,恐也难以真正向前。"四人帮"害人之深,在这些同志身上得到了生动的反映。务希这些同志面对当前大好形势,过细想想为如何实现四个现代化作些贡献的重大问题,反问一下自己目前的状况,同"抓纲治国"到底有多大的距离?切不可无动于衷,自甘掉队,辜负了华主

---

① 朱九思:《往事重提》,载《高等教育研究》,1999年第1期,8页。
② 《邓小平文选(1975—1982年)》,人民出版社,1983年,63-68页。
③ 朱九思:《竞争与转化》,华中科技大学出版社,2001年,255页。

席、党中央对我们殷切的期望。①

之后,我又罗列出精神状态不好的种种表现。

例如,怕犯错误,左顾右盼,遇事不大表示态度。又如,工作松懈,有些暮气,多一事不如少一事。又如,不求无功,但求无过,遇着矛盾绕道走。又如,遇事推诿,特别是遇到复杂的比较困难的问题,更是"踢皮球",宁可让工作受损失,也不愿挺身而出解决问题。特别严重的是自由主义,对于一些不良现象听之任之,不纠正,不斗争,怕得罪人,等等。

存在这些不良现象,绝不是无缘无故。接着,我又对精神上处于涣散软弱状态的这些情况在主观上的借口做了以下分析。

通常有两种借口。一种是老说下面不行,工作中遇到问题或产生什么问题,总是说下面如何如何不好。……作为一个领导人,如果只指责下面,而不去加以过问、不去解决的话,那倒是奇怪的事情。另一种借口是,说什么工作难做,阻力很大。……问题在于如何对待这些困难和阻力,而不能只是在那里空谈。我们应该去克服,想方设法消除阻力,这就是我们的责任。

而产生这种涣散软弱的主观原因,我们认为有以下三条。

第一,从消极方面接受"文化大革命"的教训,因此在处理问题时考虑个人的利害得失多了一些。第二,对实现四个现代化的信心不那么足。……第三,知识不够。②

以上这些看法是有的放矢的,针砭时弊,是经过深入思考的结晶。

是不是我们提出这些看法,只是由于参加了党的十二大、学习了十二大文件精神之后的奇想呢?如果是,那么为什么我把具有良好的精神状态上升到了一种大学管理的首要问题而如此看重呢?只要

---

① 中共华中工学院临时委员会,院发字(1977)94号,《坚决保证"六分之五"充分利用"六分之五"》,1977年12月23日,华工档案号:[77 I 党 1-1,C1]。

② 朱九思:《竞争与转化》,华中科技大学出版社,2001年,256-258页。

稍微回顾一下就知道,这种思想实际上是我治校所秉持的最基本价值取向,也是多年管理实践探索的结果。

1961年,在三年"大跃进"之后的总结、整顿、提高的实际工作中,我们以积极的态度反"左",积极致力于学校新的发展。在"文革"最混乱的1968年,当毛泽东发表"大学还是要办的,我这里主要说的是理工科大学还要办……"①这一"最高指示"的时候,我说:

> 我当然感到很重要,使我们看到了曙光。②

接着,我又说:

> 尽管在"文革"中挨批斗,但始终没有觉得精神上有什么消沉的感觉,始终觉得最终党会领导我们继续前进的,混乱的局面最终会结束的。哪里跌到就在哪里爬起!③

恰恰有了这种乐而忘忧的敢于竞争、乐观向上的精神状态,使得我们在"文革"那段精神上备受煎熬的艰难岁月里,仍能保持一种昂扬的斗志。为了"最终会结束"的期盼,抓住一切可能的机遇,广积人才,发展科研,新建专业。当"文革"结束之后,很多人还在犹豫等待的时候,我们又以"共产党人应有的革命精神"开始了新的"长征",迅疾整顿秩序,积极培育师资,努力创办理科和文科,大力推进科学研究,并取得了一些成就。

对于这种精神状态,1979年12月20日《人民日报》以"共产党人应有的革命精神"为题对此发表了评论员文章。文章说:

> 华中工学院党委面对当前的许多实际问题,体谅国家的困难,既不向国家提出不切实际的要求,又不叫苦叫难,消极等待,而是千方百计克服困难,在力所能及的范围内,实实在在地解决一个又一个的问题。这种精神状态,是革命者应有

---

① 《人民日报》,1968年7月21日。
② 朱九思:《历史的回顾——关于华中工学院的办学历程》,载《高等教育研究》,1992年第4期,1页。
③ 访谈,朱九思。

的精神状态。有了这种精神状态,克服困难的办法就多,工作就会有所建树,本单位的面貌也会发生显著变化。有了这种精神状态,前进中即使出现一些缺点和错误,也是不难发现和纠正的。①

1980—1984 年,我常挂在嘴上的、最能表达治校精神状态的两句话就是:

发扬优势,防止从优势下降为劣势;敢于竞争,力争将劣势转化为优势。②

后来,我简略地把这两句话概括为"敢于竞争、善于转化"的精神状态。

我多次特别强调精神状态对于一个大学校长治校和管理一所大学的特殊重要性,认为这是一个大学校长管理思想的灵魂。后来,为了表达这一强烈体悟,我特地给我的第三本文集取了一个能够准确反映多年治校精神状态的书名:《竞争与转化》③。这就是我对治校精神状态的准确表达,也是我三十年探索后的反思性总结。

正是因为有了这样的精神状态,在 20 世纪 80 年代,华工才获得外界"有朝气"④这样的评价。在 1984 年 12 月 26 日华工领导班子调整的时候,教育部领导在讲话中也说,华工"有一种朝气蓬勃的气象"⑤。这样的精神状态已经变成了华工的一笔精神财富,形成了特有的"敢于竞争、善于转化"的优良校风,成为不断进取的、不竭的动力源泉。

这种精神状态的基本内涵主要体现在敢于竞争与追求卓越、敢于

---

① 《人民日报》评论员:《共产党人应有的革命精神》,《人民日报》,1979 年 12 月 20 日。
② 这在多篇讲话中都有明确的表述。见:朱九思《高等教育刍议》,华中工学院出版社,1984 年,128-129、111、52、74 页。
③ 朱九思:《竞争与转化》,华中科技大学出版社,2001 年。
④ 姚启和:《高等教育管理学》,华中理工大学出版社,2001 年,287 页。
⑤ 校史编写组:《缩影:华中理工大学的四十年》,华中理工大学出版社,1993 年,237 页。

转化与求真务实、敢于探索与勇担风险、敢于斗争与务实行动四个方面。①

敢于竞争与追求卓越

1949年，中国人民当家作主站起来的新中国，建立起了社会主义体制。这种体制的最大特点是高度的中央集权和高度的集中统一计划，所有"单位"都按照行政运作的程序进行一体化的统购统销，资源的分配按照行政的序列实行严格的计划分配，所有单位的产品出售和资源供给都不用自己操心，而由国家进行有序的调配。逐渐地，中国人民习惯于吃"大锅饭"而失去了争饭吃的兴趣。这种体制和在这种体制下形成的落后观念，严重制约着中国的改革开放，一直到现在我们还在极力打碎。所以，在真正实行改革开放这一英明政策的20世纪80年代初期，我们仍然沿用原有的政治观点来审视一切实践活动，对资本主义的一切做法仍然心存疑虑，甚至在心理上产生害怕和抵触情绪。在这种大一统体制下的高等教育当然不能例外。

在传统再分配经济体制下，国家占有的和控制的资源，是按照行政权力授予关系，分配至不同类型和不同级别的各种单位组织。"单

---

① 九思同志的工作作风可以借"稳、准、狠"三个字加以概括。所谓"稳"，就是办学的方向把握得稳，要办综合性、研究型的大学；所谓"准"，就是重点抓得准，这个重点就是师资队伍建设，不抓住这个重点，其他都是空谈；所谓"狠"，就是对干部特别是处长、科长抓得狠，态度非常严肃，要求非常严格，批评非常严厉，令出必行，不能打折扣，拖时间，敷衍塞责。因此，九思同志那时在我们学校是很有权威的。而这个权威是在实践中形成的，同时对"乱"后治校又是非常必要的。

见：梅世炎、胡伏秋《一段难忘的历史——原华中工学院师资队伍建设和朱九思》，载《高等教育研究》，2003年第5期。

位组织的所有制性质、行政级别、所属领导关系等,都对人们的资源获得和地位获得具有重要影响,成为社会区分的重要指标之一。"[①]如果一所学校有幸附属于中央部委、被指定为重点大学或者重点建设单位,那么它获得的资源自然就会大大优于其他兄弟单位。为了获得这种地位也不用自己去竞争,而是由上级部门或领导圈定。长此以往,处于附属地位的大学就滋生出一种奇怪的惰性:不能竞争(没有能力),不愿竞争(没有用)。在这种体制下,大学校长要想有所作为,必须从有限的空间中抓住超过别人的机会。

在"文革"后期,我们罗致知识分子、建立新学科、大胆抓科学研究等,都是在别人没有注意的时候所采取的、现在看来又是很普通的治校措施。当然,这些都不是竞争的结果,因为只要主动一点,用不着与别人争来抢去就能办到。可是我一心想把华工办出名气、一心想追求卓越,从不服输的性格使我并不满足于所取得的成绩,还想利用劫难之后的好时光进行人生最后冲刺,实现治校抱负,推动华工追求卓越。

虽然1978年之后,国家提倡改革开放,但是传统分配体制并没有发生实质性变化。作为一所新建院校,华工在行政上并不处于优势地位,在资源占有上就不会取得优势。对于已经尝到通过自己努力(竞争)改变了一些地位这种好处的我们来说,必须继续通过竞争,才能使华工获得继续发展。当然,这种竞争是建立在用自己实际行动所取得的实际效果之上。结果,才有了20世纪70年代末和80年代初华工轰轰烈烈的建设场面和有效突破。我在20世纪80年代初期提出敢于竞争的思想,既是治校实践的体会,也是现实前进的需要,更是大学校长治校的基本原则和高等教育发展的基本规律。

但是,体制的惯性太大,要打破"铁饭碗",建立竞争机制,实在太难。更主要是意识形态上的、观念上的禁锢,使得我们不能采用姓

[①] 李路路、李汉林:《中国的单位组织:资源、权力与交换》,浙江人民出版社,2000年,43页。

"资"的概念、办法。我在1980年"把敢于竞争、善于转化作为办好高等学校的一条原则提出来"的时候,居然战战兢兢。秘书根据我在这次会议上的讲话录音稿整理成文之后,我竟然还放在抽屉里继续思考和观察了长达两年之久,看这个提法到底对不对。为什么?因为我们过去

> 一谈到竞争,就有一种误解,好像竞争就是资本主义那一套。资本主义不是讲自由竞争吗,怎么在社会主义你也大谈竞争?!①

显然这是一个敏感的禁区,需要有理论创新的勇气。一旦把一种做法、一种观点上升到用政治立场、政治路线来看待、来分析的时候,那么措施、观点本身就不再重要,而是看"队"是否站对了、立场是否合意,也就是政治上是否正确。对此,我也不得不采取一种更加审慎的态度,而在具有普遍意义的竞争之前也要加上"社会主义"的定语,否则就不那么"革命"了。

我是这样解释的:

> 我们讲的是社会主义的竞争,是革命的竞争。不但不是资本主义的,而且是非常需要的一种有利于国家建设,有利于发展经济的革命的竞争。吃"大锅饭"就是不讲竞争。正因为不讲竞争,因此就不讲效益,不讲产品质量,不讲劳动生产率,一系列问题就出现了。我主张必须有革命的竞争。②

> 社会主义不但不排除竞争,而且非常需要革命的竞争。否则,就是吃"大锅饭"。当然这样做也必须在中央统一领导、统一计划之下去做。……如果吃"大锅饭",无所谓先进不先进,对我们的事业是非常有害的。我们的教育工作也应该敢于竞争。③

---

① 朱九思:《竞争与转化》,华中科技大学出版社,2001年,244页。
② 朱九思:《竞争与转化》,华中科技大学出版社,2001年,244页。
③ 朱九思:《竞争与转化》,华中科技大学出版社,2001年,257页。

正是因为要以积极的姿态对待竞争,所以,我曾积极建言:"重点大学也不能是'终身制'"①,坚持"重点"是在竞争中形成的基本观点。我认为,如果"重点"不是在竞争中形成的,就不利于调动各方面的积极性。我说:

> 采取竞争的办法,可以促进学校保持蓬勃的进取精神,瞄准国内外先进水平赶超,开辟新的研究领域,创建新的学科,提高教育的效益。

因此,

> 为开创高等教育的新局面,我们办学应该提倡社会主义的竞争。……任何一个学校都不必有自卑感,更不应自满。在马克思主义者看来,事物总是要转化的。只要我们方向对头,措施得当,通过竞争,就能发扬长处,克服短处,使高教战线呈现越来越兴旺的局面。

我还积极倡导"在教师中也要鼓励搞点竞争",我说:

> 我们要想办法,采取有效措施推动教师去掌握最新的科学知识。现在评定教师职称时,不少地方有条不成文的年限规定……这种做法不利于竞争。要冲破这种思想,有突出成绩的,为什么不可以破格提升?毫无长进的,为什么要滥竽充数?我们还要鼓励教师到社会上去竞争,勇于承担重大的科研项目,啃"硬骨头",开辟新领域。

这些意见既是对新中国高等教育管理机制的深入思考,也是我们在治校中采取的切实措施。1982年7月,在学校校内一次科研工作会议上,我对学校的历史和现状进行了系统分析和回顾之后,清醒地估计了华工的位次仍然处于教育部所属学校中等地位。我说:

> "人贵有自知之明"。我们应该有自知之明,千万不可以夸大。近两年,来自外界对我们评价的话中,好听的话多一

---

① 朱九思:《重点大学也不能是"终身制"》,载《文汇报》,1983年2月11日。

点。在这种情况下,我们要特别清醒,千万不可以夸大,不可以把自己所处的位置估计过高。但是,我们不甘于中等。因此,我们提出了"敢于竞争,敢于转化"。①

"敢于竞争,敢于转化",这是每一个革命者必须具有的精神状态。只有这样,才符合国家和人民对我们的要求。②

要发扬我们的优势,通过竞争,使处于劣势的专业和学科,转化为优势。③

正是因为有了这样的思想,就对维持现状的思想痛恨有加!对此,我说:

现状是维持不住的,无能为力更是懒汉思想。④

逆水行舟,不进则退。没有赶超的思想和勇气,现状也是保持不住的。⑤

同时,对高等学校引入竞争机制,我并不盲目地迷信,毕竟高等教育不同于商业市场,预感到竞争机制会给高等学校带来一些负面影响。我提醒:

在高等学校运用竞争机制是正确的,但又必须注意高等学校自身的特点。在高等学校运用竞争机制,说到底,是教育质量和学术水平的竞争。脱离了教育质量与学术水平的提高,就脱离了学校的实际。⑥

在这种"敢于竞争"的思想指导之下,华工获得了较快的发展,这

---

① 华中理工大学档案馆编:《华中理工大学建校以来文件选编(第二集)》,1998年,132页。
② 华中理工大学档案馆编:《华中理工大学建校以来文件选编(第二集)》,1998年,133页。
③ 华中理工大学档案馆编:《华中理工大学建校以来文件选编(第二集)》,1998年,126页。
④ 朱九思:《敢于竞争,善于竞争》,载《湖北高教研究》,1988年第2期。
⑤ 朱九思:《竞争与转化》,华中科技大学出版社,2001年,63-64页。
⑥ 朱九思:《重大的历史责任》,载《高等教育研究》,1989年第1期;朱九思:《竞争与转化》,华中科技大学出版社,2001年,188-189页。

也逐渐内化成为华工的一种进取基因,成为学校优良校风的重要方面。我对这种进取精神做了这样的阐释:

> 进取,也就是前面讲的要有竞争精神,要敢于争当先进。我们干社会主义,争当先进有什么不好?否则就是甘于落后。我们的国家现在还这样落后,非进取不行!非竞争不行!我们培养干部,培养学生,就要培养他们发扬这种进取精神。敢于竞争,他们在工作岗位上就朝气勃勃。有了这样的思想作风,学生毕业出去才能很好地发挥作用,更好地为国家作出贡献,从教育效益上来说,就是取得了很好的效果。到底我们培养的学生好不好,最终要到毕业后工作实践中去检验。①

所以,我们"要做'有为之人',不做'平庸之辈',更不能成为'昏聩之徒'"②。

敢于转化与求真务实

竞争不是目的,转化才是目的。

综观华工的发展,就是一个不断通过竞争,进而不断实现转化的艰难历程。华工由小转化为大,由弱转化为强,由单科转化为综合,由教学转化为研究,由默默无闻转化为声名远播。这种"敢于转化"的精神贯穿着学校发展的始终。

转化是矛盾同一性乃至整个唯物辩证法的

---

① 华中理工大学档案馆编:《华中理工大学建校以来文件选编(第二集)》,1998年,116-117页。
② 华中理工大学档案馆编:《华中理工大学建校以来文件选编(第二集)》,1998年,224页。

一个重要范畴,它是事物发生质变时矛盾运动的状态。① 在《矛盾论》中,毛泽东说:"第一、事物发展过程中的每一种矛盾的两个方面,各以和它对立着的方面为自己存在的前提,双方共处于一个统一体中;第二、矛盾着的双方,依据一定的条件,各向着其相反的方面转化。"② 而且,在这两方面中,"更重要的,还在于矛盾着的事物的互相转化"。③

我在年轻的时候阅读过大量经典著作,熟悉马克思主义、毛泽东思想,因此,我懂得矛盾双方之间的这种辩证关系。我说:

> 任何事物都在毫无休止地转化,既向好的方面转化,也可向不好的方面转化。④

同时,

> 通过竞争,就肯定会有转化。转化有两种:一种是从弱转化到强,从小转化到大,从非重点转化成重点;一种是相反,从重点学校转化成非重点学校。……所以,我们任何一个单位,都不能有丝毫的自卑思想。事物总是可以转化的,问题就在于你如何去转化。首先作为领导者,有没有敢于竞争、善于转化的思想。只要我们的方向对头,措施得当,思想积极,任何事物都是可以向好的方面转化的。……作为领导者,各级的领导者,都不要有任何的自卑或自满的心理。要下决心干,敢于竞争,善于向好的方面转化。为了事业,我们应该有这样一种精神。⑤

当然,仅有这种精神是不够的,

> 更重要的是要学会转化,今后要富有朝气和锐气,将当

---

① 郑谦:《毛泽东关于转化的哲学思想》,载《中共党史研究》,1990年第4期,47页。
② 《毛泽东选集(第一卷)》,人民出版社,1952年,301—302页。
③ 《毛泽东选集(第一卷)》,人民出版社,1952年,303页。
④ 朱九思:《谈转化》,载《华中理工大学校报》,1993年11月13日。
⑤ 朱九思:《竞争与转化》,华中科技大学出版社,2001年,245页。

前的困难转化为顺利,向好的方面转化。①

对于华工这样一所在高等教育系统的竞争格局上并不具有特殊优势的学校,必须不断地通过竞争,实现转化,才能实现我们追求卓越的抱负。对此,又必须有一种开拓精神。我说:

> 中国有一句老话:"有志者,事竟成。"为了把我们国家建设得更好,我们应该立下实现四个现代化之志。有了这样的志,我们的事情就能办好。路是人走出来的,事情是人干出来的,一个美好的强盛的国家不会自然而然地产生,还得靠我们的双手和智慧来建设。②

矛盾的转化又是需要一定条件的。在具有敢于转化的精神状态之后,我又强调:

> 当然,我们也绝不是什么都能干,一要考虑国家的需要,二要考虑自己的可能。说敢闯,绝不是乱闯,乱闯是不对的,还是要根据科学规律办事。破除迷信和尊重科学是一致的。也就是说,在战略上,我们要藐视困难,敢于创新;在战术上,我们又要重视困难,脚踏实地。总之,要迎接这场挑战,首先要破除迷信,敢于创新。没有一个敢于创新的精神状态,怎么能够开拓前进,怎么能够站到最前沿?③

有了敢闯、敢干的精神,还得有求真务实的精神,按照客观规律、以脚踏实地的作风扎扎实实地做好每一次转化工作。所以,我在总结这种精神时说:

> 求实,就是从实际出发、实事求是的意思,也包括做工作要扎扎实实的意思。回顾三十年来,我们工作中的问题还是很多的,但是我们一直比较注意实事求是。特别是打倒"四

---

① 朱九思:《谈转化》,载《华中理工大学校报》,1993年11月13日。
② 华中理工大学档案馆编:《华中理工大学建校以来文件选编(第二集)》,1998年,134页。
③ 华中理工大学档案馆编:《华中理工大学建校以来文件选编(第二集)》,1998年,265页。

人帮"之后，这几年我们的工作也还有问题，但是对一些事情经过研究以后，如果认为是应该做的，我们就甩开膀子干，不是左顾右盼，等待观望。按照实际情况，该怎么办就怎么办，这也是实事求是的精神。这一点很重要。因为求实的问题，归根到底也就是能否按照客观规律办事，也就是我在前面讲的，要注意不断研究新情况，解决新问题。①

敢于探索与勇担风险

要打破原有竞争格局，取得竞争优势，就必须有创新精神。创新的精神缘于探索的勇气。敢于探索，才能锐意改革。敢于探索，必须勇担风险。创新精神自然就成了这一思想的有机组成部分。所以，我强调：

要开创学校工作的新局面，必须有锐气。所谓锐气，就是要有理想、有目标、有开创新局面的雄心壮志；就是议事多谋善断，办事雷厉风行、讲求效率；就是要敢于硬碰硬，有知难而进的胆略和气魄。②

我还引用当时《人民日报》社论的话说：

时不待我，我们要放开眼光，拿出魄力，以最佳的竞技状态，进行创造性的工作，在祖国的辽阔大地上，干一番前人从来没有做过的伟大事业。③

---

① 华中理工大学档案馆编：《华中理工大学建校以来文件选编（第二集）》，1998年，116页。
② 华中理工大学档案馆编：《华中理工大学建校以来文件选编（第二集）》，1998年，224页。
③ 华中理工大学档案馆编：《华中理工大学建校以来文件选编（第二集）》，1998年，204页。

因此,我们必须反对因循守旧。要敢于改革,就必须

> 抓住机会,迎接挑战,要有新的精神风貌、新的姿态。一个学校要办得有生气,要能够适应现代化的要求,不断地有所发展、有所突破,一定要克服保守思想,要有敢闯新路的精神。①

比如,我们创办生物工程系本身就是一种敢于探索与创新的必然结果。

当时,我只是在和美国加州大学伯克利分校田长霖校长等著名专家的交谈过程中,觉察到这个学科的重要性,具有广阔的发展前景。于是,我就打消顾虑,立即请出尚处于担惊受怕状态的王君健等老师,请他们积极去查阅国外资料、了解相关动态。然后,又积极创造条件,派教师出国学习、举办讲习班、召开学术会议,并推动与武汉医学院(现为华中科技大学同济医学院)间的学术合作等超常措施,在短短两三年时间里,建立起了学科专业和实验室,并获得了该学科的博士授予权。这就为华工后来新学科的发展探了路、奠了基。

在当时同时受到来自体制和观念上的束缚的这个特殊的转折时期,应该客观地总结新中国自己多年的办学经验和教训,真正按中国的实际情况办事,完全没有理由抓住过去那一套老框框不放。认真总结经验,关键在于真正从实际出发,不带任何框框。我认为:

> 要善于开动机器。如果不动脑筋,不想办法,即使工作辛辛苦苦,效果也不会好。作为一个领导人,毫无疑问必须坚决执行上级的指示,问题在于如何去执行。邓小平同志用最通俗的语言讲不要当"收发室"。就是说,不要简单地将上级的指示原封不动地往下照转,而要结合自己工作具体情况去执行。陈云同志也讲过三句话:"不唯上,不唯书,要

---

① 华中理工大学档案馆编:《华中理工大学建校以来文件选编(第二集)》,1998年,264页。

唯实。"①

回顾在学校所推动的一些重大改革，无不是这种"唯实"的创新精神的具体体现。在原有框框之下，工科院校就不用举办理科和文科；按照通行惯例，职称就应该有一个年限的标准；照搬上级要求，就不用在上级没有要求的时候恢复教学计划中的"三层楼"，把基本分散下去的基础课教师很快集中，很早就狠抓师资业务上的培养……突破框框就是创新嘛！

在刚刚从"左"的禁锢中跳出来的时代，人们仍然深受极左思潮的负面影响，要改革、要实现创新，必然会遇到很大的阻力。对此，我说：

> 当然，我们也要防止瞎指挥，乱改，但是现在（注：1982年）主要不是这个问题。尽管30年来有几次大起大落，应该引以为戒。但我们毕竟正反两个方面经验都有了，现在并没有哪一个人头脑发热到40℃，在那里瞎胡闹。"文化大革命"的苦头大家吃够了，1958年的教训记忆犹新，1978年的新冒进也有教训。我们都有经验了，一般不会瞎指挥。缺点总会有，但不会乱搞一气。……现在的主要倾向是因循守旧、不敢改革。

为什么不敢改革？阻力又从何而来？

> 一是"文化大革命"的影响，这也是不以人们的意志而转移的，搞怕了；二是习惯势力。……但是时代在发展，党的要求非常明确。因循守旧，不敢改革，能够实现那宏伟的战略目标吗？！根本不可能。②

对此，我深有感触地说：

> 高教战线要大长敢于竞争、敢于争先之风，关键在于领

---

① 朱九思：《竞争与转化》，华中科技大学出版社，2001年，257页。
② 朱九思：《竞争与转化》，华中科技大学出版社，2001年，252-253页。

导班子的精神面貌。要反对因循守旧,要敢于改革……作为教育战线的领导,要放开眼光,拿出魄力,以最佳的竞技状态,进行创造性的工作。①

既然有这些阻力的客观存在,要前进就必须铲除来自各方面阻力的羁绊,就必须勇于担当风险。对于大学这样一个天生具有保守特征的大型复杂组织来说,这是任何时代、任何大学校长进行改革都必须具有的一种精神。我历经多年实践,切身体会到改革之艰辛,创新之艰巨。我说过:

> 大凡改革,没有不与一定的风险联系在一起的。改革的目标愈大,风险也必然愈大。真正有志于改革和不甘做平庸之辈者,都必须有敢于担当风险的勇气。②

针对在改革面前缩手缩脚、瞻前顾后的普遍现象,我强调:

> 重大的决策往往带有一定的风险,这是正常现象,要敢于承担风险。即使是重大的决策,只要有70%的把握,就完全可以下决心。③

也就是必须有敢于担当风险的勇气。这是改革家、创新者必备的良好品质。体现最明显的是我们在对待一些综合性强、难度很高的重大科研课题上,我们敢于啃硬骨头,勇于承担。对此,前面已有回顾。

事实上,我们的各项改革无不是在克服阻力中前进,在承担巨大风险中坚决实施。在仍然处于极左思潮笼罩之下的时候,能够实事求是地总结1958—1960年三年工作中存在的主要问题,不承担政治风险吗?在学习毛泽东著作处于高潮的时候,"武断"地决定把毛泽东像章和大幅标语从墙壁上取下,没有被扣上"反革命分子"的风险吗?在"两个估计"精神枷锁压迫之下,要大量收罗"牛鬼蛇神"不承担政治风险吗?在对教学与科研的关系长期争论不休的情况之下,

---

① 朱九思:《重点大学也不能是"终身制"》,载《文汇报》,1983年2月11日。
② 朱九思:《"教是为了不需要教"》,载《高等教育研究》,1984年第1期,6-7页。
③ 朱九思:《竞争与转化》,华中科技大学出版社,2001年,64页。

要大抓当时认为是走"白专道路""业务至上"的科学研究不冒风险吗?在仍然处于"两个凡是"笼罩之下的徘徊时期,要赶快抓教师的外语培训、立即恢复基础课部不冒被污蔑为"崇洋媚外""复辟回潮"典型的风险?等等,诸多事例都是在这种思想的指导之下一一展开而已。

敢于斗争与务实行动

在处于新旧体制转换的特殊时期,由于思想认识水平上的差异,利益调整上的区别,要竞争以实现转化,就必须创新;而创新的过程中,必然会碰到各种阻力,出现偏离正确改革轨道的思想和行为。对于出现的问题,甚至是歪风邪气,是否敢于斗争,是否敢于克服前进道路上的困难、敢于解决遇到的问题,这是大学校长管理大学中必然面对的实际情形。为了实现改革的预期目标,必须有敢于斗争、敢于解决问题的负责精神。

我一贯以为,要重视矛盾,万万不可回避矛盾;注意找差距、找问题、找矛盾,这是我们领导干部的工作。

矛盾、问题既然是客观存在,我们就不能回避。①

作为领导而不敢负责,碰到矛盾都是躲躲闪闪的,不敢解决问题;工作布置以后不督促不检查,听之任之,没有什么要求,更谈不上严格要求,你能把工作做好吗?②

---

① 朱九思:《高等学校领导干部素质的几个问题》,载《高等教育研究》,1984年第4期,2页。

② 朱九思:《竞争与转化》,华中科技大学出版社,2001年,251页。

如不扶正祛邪,必然是邪气压正。①

对这种歪风邪气,领导干部要有点勇气,要敢于挺身而出,而切不可一事当前先替自己打算,把自己的余地留得大大的,这是"文化大革命"给我们的创伤。②

如何衡量一个干部是否有朝气、是否有高度的责任感和强烈的事业心? 我明确:

就是要敢于负责、敢于解决问题。是不是可以这样说,不解决问题的领导,就是失职,就不成其为领导。

而且

工作布置以后,必须督促检查,如发生不良现象,要敢于纠正,乃至于斗争,也就是陈云同志讲的,"要讲真理,不要讲面子"。③

这还不够,还

要树立良好的风气,向一切歪风邪气作斗争。要敢于做中流砥柱,决不随波逐流,更不能同流合污。④

针对一些人在实际工作中谋而不断,不能比较迅速地做出决断的情况,我强调:

要敢于解决问题。工作不能推来推去,商量来商量去,不敢作决定,该决定的要决定,要拿出权威来,否则对工作不利。⑤

要正确处理"谋"和"断"的关系,要敢于负责,敢于解决问题,敢于严格要求。⑥

---

① 朱九思:《竞争与转化》,华中科技大学出版社,2001年,196页。
② 朱九思:《高等学校领导干部素质的几个问题》,载《高等教育研究》,1984年第4期,2页。
③ 朱九思:《竞争与转化》,华中科技大学出版社,2001年,257页。
④ 朱九思:《竞争与转化》,华中科技大学出版社,2001年,464页。
⑤ 《朱九思同志在院临时党委扩大会议上的讲话》(根据记录整理),1979年2月10日,华工档案号:[79Ⅰ党1-1,A1]。
⑥ 朱九思:《竞争与转化》,华中科技大学出版社,2001年,251页。

我主张，领导一定要多谋善断，切不要左顾右盼，等待观望。事情决定以后就要抓紧去落实，踏踏实实地工作，反对说空话，反对说废话，坚决纠正一切不讲实际效果、实际效率、实际速度的形式主义。

对于"谋"和"断"的关系，我的看法是：

> 为什么把"谋"放在"断"的前面呢？确实要"多谋"才能"善断"。……应该说，对于"多谋"这个"多"字，要求也不要太高。只要经过认真的考虑，或者经过集体研究，情况弄清了，就要决定，解决问题。有些具体事情，各人按照分工，该决定的就决定了。能够做到这样，我看在一定程度上就是"多谋善断"了。当然也可能还有不谋而武断的，没有经过认真研究，没有多方面听取意见，主观决定，把事情搞错了。但这只是个别的，就目前情况来说，由于"文化大革命"留下来的消极东西还存在，现在主要是有不少同志"多谋不断"。碰到问题，也不是看不出来，他头脑是清楚的，能够看出问题，但总是说"研究研究"，就是"不断"。其实他也不是真正在那里"多谋"，而是回避矛盾，不敢解决问题。对下面的干部不严格要求，工作布置了就算了，不督促，不检查；工作中出了问题也不敢批评。为什么会这样呢？主要是怕担风险，思想上有顾虑。也还有一种人，既不谋也不断，像这样那就糟糕了。党把一所高等学校交给你办，你既不谋也不断，那就有负于党的希望，有负于党的重托。①

有人认为，敢于解决问题、敢于负责是因为一个人有魄力所致。对于领导、干部的魄力问题，我个人的理解是：

> 人们常常讲，某某人有魄力，某某人没有魄力。我看不要把"魄力"这两个字看得那样神秘，好像是天赋的。我觉得所谓有没有魄力，就在于敢不敢负责。又谋又断，敢于解决

---

① 朱九思：《竞争与转化》，华中科技大学出版社，2001年，251-252页。

问题,这就是有魄力。从实质上说,有魄力和敢于负责是同义语。……工作就是要敢抓,要敢讲话。……工作中的权威固然和职位有关系,但这不是主要的。权威是在实践中形成的。有些人有职位,但不一定有权威,因为他怕负责,因此他讲话下面不一定听。作为一个领导人,不敢负责,你能叫下面的干部负责吗?所以就是有了职位,由于不敢负责,也谈不上权威。相反,职位虽然不高,但只要敢于负责,是正派人,兢兢业业地工作,采取的办法又不错,大家就信服他。有没有权威,归根结底是在实践中形成的;或者说,权威是在斗争中形成的。因此,作为领导人,必须敢于负责,敢于解决问题,敢于严格要求。如果错了就改,不要怕。有什么可怕的呢?无非是得罪几个人,开党代会时多提几条意见,意见对的就接受嘛!无非是选举时少几张选票,少几张就少几张吧,没有什么了不得,归根结底是把工作搞好。①

我把魄力看作是敢于负责、勇于负责这一良好精神状态的具体表现,或者说是一种高度负责的革命风格。这种看法,实际上也是我在长期治校实践中的体会,也是敢于抓、敢于抵制一切歪风邪气的必然要求。

我一贯强调的工作作风就是要雷厉风行,反对拖拖沓沓;强调要高速度前进,就必须有时间观念,就必须敢于与前进方向不一致的不和谐音做坚决的斗争,就必须对各种歪风邪气绝不手软,而且顽强地、持久地抓下去,就必须不到正气树立之时绝不罢休。

在刚刚开放的 20 世纪 80 年代初期,各种思潮蜂拥而至,加之经过"文革"后我们原有主流统治思想受到了怀疑,加之大学生的思想又特别活跃,他们对来自主渠道的政治思想教育有一种抵触心理,政治思想工作非常难做。即使学校做了思想工作之后,经过一些报刊、

---

① 朱九思:《竞争与转化》,华中科技大学出版社,2001 年,252 页。

文学作品的不正当宣传,工作效果一下子就被冲刷掉了。对此,我一方面严肃地向进行不正确宣传的有关主管部门提出意见,同时,在校内坚决地采取各种措施,抵制大学生中的不良行为,纠正学生的错误意识,树立正气。

例如,1981年至1982年青年报刊关于潘晓"人生的路为什么越走越窄"问题的讨论,在青年学生中引起了极大的思想混乱。青年报刊组织这场讨论,本来是想引导青年正确对待人生,但却又组织一些"名人"发表了很具煽动性的文章,攻击党、攻击社会主义制度。为了引导学生分清是非,学校党委在开展大学生的人生观教育时,就公开批判了这些言论,鲜明地指出了组织这场讨论的错误,并将青年报刊组织的这场"讨论"在青年学生中引起的不良后果,书面向党中央反映。党中央总书记胡耀邦同志看了报告后,批示要求青年报刊注意吸取历史教训。[1]

这既是作为一名老党员应有的情怀,也是在对年轻一代教育问题上应该履行的责任。当然,也需要敢于与一切歪风邪气作斗争的勇气和胆识。

---

[1] 校史编写组:《缩影:华中理工大学的四十年》,华中理工大学出版社,1993年,221页。

第五章

研究大学

　　大学校长处在推动大学发展与改革的最前沿,理应是高等教育的研究者、创新者,先进思想的缔造人与实践检验的行动派。

　　创新的源泉哪里来?先进思想在哪里产生?绝不是凭空臆想,而是来源于学习继承前人基础上的火热的治校实践。实践中的问题、实践中的经验、实践中的启迪又不能自动生成源于实践但更高于实践的思想和理论,只有靠大学校长在治校实践中,时刻以一种好奇的心态、学习的态度、思索的习惯等研究者的基本素养,随时学习吸收前人、他人的有益营养,不断归纳实践的成果,深入思考实践中解决问题的措施,悉心演绎实践中的认识,高度抽象实践中获得的可贵经验,进而上升为自己的治校思想。

　　只有有了这种"研究+实践"的治校姿态,大学校长的治校才有无尽的思想动力、理论源泉,才能始终按照教育规律推进治校进程,才能取得也许比别人更多的成就。所以,中外许多杰出的大学校长,既是杰出的高等教育实践家,也是出色的高等教育研究者,他们的很多思想至今闪烁着智者的熠熠光辉。阿什比、赫钦斯、克拉克·科尔、博克、蔡元培、张伯苓、欧内斯·博耶、曲钦岳、理查德·列文等大学校长,他们都是高等教育研究的榜样、大学治理实践的先锋,都凝结出了重要的治校思想,有颇丰的著述,都探索出了成功的办学路子,有显著的成就。

学科开拓:鼓呼与躬行做表率

新中国大学校长在特殊的背景下,对于开展高等教育研究的认识较晚,重视也不够。我也是直到1979年,从总结自己二三十年的工作中,深深感到教育科学的重要性,感到懂与不懂教育科学很不一样。①

这是由于"文革"之后,国门打开了,我们自己的问题也逐渐暴露了,再按原来的路子走下去只会走进死胡同,我才延续1970年之后的思考,总结我国过去违反教育规律走的弯路、吃的苦头,才悟出了办教育不能只靠经验、治校不能只靠摸着石头过河,还要有理论的学习、经验的借鉴、研究的思索。所以,我们才积极倡导、大力支持开展高等教育领域的研究。

正是在反思苏联模式、率先推进高等教育改革的过程中,我认识到研究高等教育的重要性,极力主张、大力倡导、亲自开展高等教育研究,发展高等教育学科。我认为:

目前,我国的普通教育和高等教育还存在许多问题,原因固然很多,从根本上说,就是搞教育的不懂教育科学,或者懂得不多,因而在某些方面未能按教育规律办事,只凭经验办事,而经验并不都是符合客观规律的。

---

① 朱九思:《历史的回顾——关于华中工学院的办学历程》,载《高等教育研究》,1992年第4期,1-13页。

前面所谈及的内容都是我专心实践与潜心研究所取得的具体成果，这里主要谈谈我对我国以及华工高等教育研究与高等教育学科建设所做的思考与推动。

在我国，我比较早就关注了高等教育的科学研究。1979年，即在校内成立了高教研究组，这是我国高校在"文革"之后最早建立的少数几家高等教育研究机构之一。机构的建立，大力推动着高等教育理论的学习与研究。1980年6月，我亲自推动创办了现在有广泛影响的学科性学术刊物——《高等教育研究》。10月，在高等教育研究组的基础之上，正式成立了高等教育研究室——作为高等教育研究和学科建设的组织机构。现在，该机构已经发展成为我国有重要影响的教育科学研究机构。

1982年，我又组织编写出版了我国最早的两本高等教育研究专著——《高等学校管理》《高等教育简史》①。1983年，我担任了潘懋元教授主编的我国第一部学科性专著——《高等教育学》的审稿和鉴定组组长，主持审定了该著作。所以，后来潘先生说：我"为高等教育学科的建立做了开拓性的工作"②，"是我国高等教育学科的开拓人之一"。③

在我国，高等教育学是一门新兴学科，潘懋元教授在20世纪50年代中期就有建立高等教育学科的动议和实践，但高等教育学的真正建立和发展是在改革开放之后。

大家知道，新兴学科的建立面临着学科内部和外部的巨大阻力。首先是普通教育学领域的专家学者的认识阻力。传统上，普通教育学很少对高等教育进行系统的研究，教育学的研究领域主要集中于

---

① 蔡克勇：《高等教育简史》，华中工学院出版社，1982年。此书是我国第一本专门论述高等教育发展历史的专著。
② 高等教育学研究专家潘懋元教授的评语。见：潘懋元《坚持办好一份高水平的高教刊物》，载《高等教育研究》，2000年第6期，27页。
③ 张应强：《谈谈朱九思对我国高等教育学科的历史性贡献》，载《华中科技大学周报》，2016年3月7日。

朱九思先生与潘懋元先生在武汉同济医院合影

基础教育阶段。即使后来,教育学学者一般也认为高等教育只是一个研究领域,不太同意把高等教育学作为一门新学科。

同时,国家教育管理部门对于一个不太成熟的研究领域也不一定有充分的认识与接纳,需要做细致的沟通工作。我就注意利用自己的影响,在这两方面开展工作。一方面,认真推动高等教育学的系统研究工作,包括建立研究队伍、创办学术刊物、出版学科著述、注重成果运用等方面,用研究的需要与取得的成就等事实来证明,以事实为证,以理服人;另一方面,不断地做好说明与说服工作,对那些有不同认识的学者和领导,做好沟通工作,以理服人。

我也注意在全国积极倡导开展高等教育领域的学习与研究,推动高等教育学学科的建立,使得大家对高等教育研究逐步加深认识,逐渐地,高等教育研究受到广泛重视。无论是队伍建设与人才培养,还是学术成果与应用服务都有了非常可喜的进步。

作为实践者,我也认真致力于华工的改革实践与探索的研究,以鲜活的案例与高等教育思想促进全国高等教育的开展,推动高等教育学学科地位的确立与强化。

后来，有同志说："朱九思以他的战略性思维和敏锐的学科眼光，特别是他在高等教育改革方面所取得的重要影响和声望，突破了这些阻力，直接推动了我国高等教育学科的建立和发展。一方面，他和我国高等教育学的其他发起者和创始者一起，在教育学界极力呼吁建立高等教育学科，向国家学科管理部门呼吁建立高等教育学科的重要性和紧迫性；另一方面又以身作则，以自身的高校管理实践和高等教育研究成果支持高等教育学学科建设。……为高等教育学1983年列入国家学科专业目录作出了重大贡献，发挥了巨大作用。今天的高等教育学不仅在教育学科中取得了独立的学科建制，而且成为教育学科中最具生气、最具活力的学科。"①

我与潘懋元先生认识多年，而且我们交流很多、合作很好，也结下了深厚友谊，他曾有这样的评语："许多有远见卓识的大学校长，纷纷提倡与支持开展高等教育研究。其中认识最早，感受最深，提倡最力，并亲自介入研究工作的，是原华中工学院院长朱九思教授和他的几位同事。一般认为，工科院校的教学、科研范围，就是自然科学和工程技术，朱老却率先提出要像美国麻省理工学院那样，学科交叉、文理渗透，在工学院中，延聘文科人才，办起哲学、社会科学的专业。尤其是一下子组织编写了两本研究高等教育的专著（《高等教育管理》和《中外高等教育简史》②），办起了两份研究高等教育的专刊（《高等教育研究》和《高等工程教育研究》），并和湖南大学、南京航天航空大学三所工科院校联合召开'大学教育思想研讨会'（今年即将召开第八届研讨会）。为高等教育学科的建立做了开拓性的工作。"③

---

① 张应强：《谈谈朱九思对我国高等教育学科的历史性贡献》，载《华中科技大学周报》，2016年3月7日。
② 准确的书名应是《高等教育简史》。——整理者注
③ 潘懋元：《坚持办好一份高水平的高教刊物》，载《高等教育研究》，2000年第6期，27页。

学术研究：理论与实践求结合

我以为，大学校长研究大学以及高等教育主要应该是实践导向，也就是以实践中存在的问题为研究对象，以实践反思为主要方法，把理论运用与理论升华相结合。

因此，我研究大学所涉猎的领域主要有以下的三个方面。

一是治校实践中的问题研究，包括问题的价值理念、理论分析、解决路径，诸如大学发展战略、规划方案、学科架构与建设、人才培养体系与模式、教师队伍建设，等等。二是实践的理性反思，包括经验总结与理论抽象，诸如办学方向、学术治理、高等教育学科建立与建设，等等。三是公共政策研究，包括宏观教育尤其是高等教育政策反思与建议、知识分子政策、人才培养顶层设计。

我重点关注的是前两个方面，因为处于治校办学一线嘛，碰到问题就不能装糊涂、绕道走啊！只能想办法一个一个攻克，这样才能前进啊！这是任何时代、任何大学校长都无法回避的，带有共性的。因此，我们就要去研究、就要去思考。实践、学习、借鉴、再学习、再实践、反思、升华就成为大学校长的必修课啦。至于说对于宏观的公共政策研究，还主要是因为教育以及高等教育是一个大系统，大学以及大学校长不能够解决系统的全域问题，但是大学及其校长处于一线位置，对于系统优化与否、合适与否，是有切肤之痛的，也最能发现痛点，最可能提出优化设计的方案建议。因此，我也对宏观方面常常有思考和谏言。在我出版的三套文集中，上述三方面研究都有反映，这里就不展开了。

在30年的办学实践中,尤其是在1979年之前,我研究大学是一种自发性的经验总结与行动反思,是从高等教育常识出发,从摔跤之后的醒悟开始,立足于实践的改造。而之后,我研究大学则是一种自觉的经验升华与理论建构,是从认识高等教育规律出发,从主动学习借鉴高等教育强国举办现代大学的成功经验与研究成果开始,立足于实践的反思与抽象,以及推动我国高等教育学学科体系建设,立足华工推动高等教育研究的开展,从而使华工的改革与发展沿着正确的方向不断前进。

几十年来,我的高等教育研究,始终把锐意实践与潜心研究有机结合起来,实践与研究相伴相生,理论与实践互相促进,从而在实践中尽可能做到按照高等教育发展规律治校。我以为,应有两个十分可贵的品质贯穿于实践与理论探索的始终,这就是,对教育事业倾心热爱所表现出的高度事业心和责任感,以及一切从实际出发、按客观规律办事的实事求是的思想作风。

实践中,我在历次教育革命、政治运动等"左"的时代、"文革"以及结束后的那几年,也并未受到当时普遍存在的"怕犯错误,左顾右盼,遇事不表态"和"工作松懈,怕得罪人,因循守旧"等心态的影响。我认为,作为领导人,必须敢于负责,敢于解决问题,敢于严格要求。如果错了就改正,不要怕。而要做到这一点,就必须将个人利益得失置之脑后,时刻把工作放在第一位。因此,在实践中应不断学习、总结和思考,按照高等教育的一些常识以及对已有规律的把握,实事求是地对待历次政治运动中的不切合实际的提法、做法,合情合理地对待上级组织与领导的指示和要求,尽可能减少"左"的政治跟风和超越发展阶段的浮夸对高等教育发展导致的不利影响,全力推动华工向正确的方向发展,避免出现战略方向上的偏差。

在理论探究方面,我养成了在实践中研究思考的习惯。对实践中碰到的问题注重从理论上去思考,善于将学习与升华的理论原则应用于实践予以检验和总结。因此,我带头开展高等教育研究,深刻总结过去几十年我们所走过的治校历程。我的研究又主要是以华工工作为研究与实践的对象,以国际高等教育发展为大视野,从国家改革和发展需要的大局出发,认真地思考治理大学所涉及的方方面面,系统地研究教育的改革改造,不断提出切合解决实际问题的新观点、新思想和新举措,活跃我国高等教育学术研究,形成自己的思想理论体系,指导和推动我国高等教育的改革实践。

在开展和倡导高等教育研究的过程中,我坚决反对"屠龙术",竭力主张理论与实际相结合,反对"两张皮""放空炮"。我常说,从实际问题而不是本本原理出发,这是通过1942年整风运动获得的宝贵财富。在实际工作中,我总是认真地研究本单位的具体问题,结合实际情况有针对性地执行上级指示。我的研究也因此主要是以实践为维度、以问题为导向,特别是以我在华工长期的治校实践为研究客体,研究成果为实践所用、实践成果为研究素材,真正做到不放空炮、"将两张皮变成一张皮"①。

正是由于有了对我国高等教育事业发展所走过道路的反复总结与不断思索,我们才能够抢先一步地提出引领时代潮流的教育思想和战略性举措,在治校中才能比别人看得远一点、知道得多一点、主动权大一点、启动得早一点、跑得快一点、走得远一点。

正是由于有了对高等教育理论的认真研究,我们才可能努力按照高等教育自身发展的基本规律治校,而不是盲从于政治的需要、经济的诱惑;才可能用理论的武装,引导华工在实践中沿着正确的轨道不断前行。

正是有了理论上探索带来的实践成果,我们才那么积极地在校内加强对管理干部理论的培训,那么坚定地支持我国建立和发展高等教育学科。

---

① 朱九思:《将两张皮真正变成一张皮》,载《高等教育研究》,2000年第6期,28页。

结语

大学校长要努力成为政治家与教育家
——朱九思的实践探索[①]

经过百年探索,尤其是新中国高等教育的艰难发展,在颇具得失的经验中,我们越来越感到,对于大学发展来说,政治家与教育家型的大学校长是稀缺的宝贵资源——要实现大学的可持续发展一定离不开大学校长的独特远见、坚毅胆魄与务实作为。因此,研究那些取得突出成绩并得到实践检验的大学校长的治校方略,对于大学的发展以及整个高等教育的发展具有重要价值。

新中国诞生后,20世纪50年代的院校调整改变了大学以及不少革命者的人生轨迹。举办高等教育的重担,历史地落在了包括朱九思先生在内的一批经历血与火考验的革命家知识分子的身上。他们为我国高等教育的发展奠定了重要基础,他们的实践探索成为我们今天的宝贵财富。研究他们治校办学的成功经验、研究大学校长的成长,对于新中国的高等教育具有原点式启发价值。

---

① 谨以整理者在先生去世后撰写的纪念性拙文作为本书结语。全文发表于《山东高等教育》,2016年第6期,81-86页。本书做了适当修改。

1953年，朱九思受命筹组华中工学院，从此，他的一生便与新中国的高等教育紧密黏合在了一起。他在华中工学院的主要领导岗位上任职31年，长期致力于新中国高等教育的办学实践与研究并取得了显著的治校成就。"为大学的建设和发展做出了特别重大贡献，其教育思想和办学实践对我国高等教育改革与发展产生了重要影响，实现了华中工学院发展的重大战略转变，使这所在新中国旗帜下成长的大学迅速崛起，发展成为国内一流、国际知名的综合性、研究型大学，被誉为'新中国高等教育的缩影'。"① 他赢得了海内外校友和师生的爱戴、全社会尤其是高等教育界的尊重，成为新中国高等教育锐意改革的先锋与卓绝探索的代表，给我们面向未来的办学留下极其宝贵的精神财富，给高等教育研究留下极其重要的成功案例。

◆ 一、在中国建设社会主义大学应该始终坚持正确的政治方向，大学校长应努力成为政治家

大学是历史与文化的产物，而历史与文化总是地域的，地域的又总是政治的。地域是大学的基因，不管我们愿意不愿意，大学的发生与发展是不能超越政治而存在的，总是受制于举办地的体制与举办者的意识导向——意识形态的决定力量。无论是意大利、法国与英国，还是德国、美国与苏联，他们的大学都打上了他们的烙印，政治体制与意识形态既给大学插上了发展的翅膀，又给大学拴上了历史的枷锁。大学校长的治校办学必须首先适应、然后引导大学在政治约束与思想自由的关系中获得空间，向前跋涉。

中国共产党领导中国人民通过卓绝的革命斗争取得胜利并建立新中国。中国的高等教育必然会刻上中国共产党的烙印，新中国的大学必然不能超越政治体制的规制。新中国的大学校长必须遵从意识形态与教育规律的制约。能把二者有机融合者，便能取得治校的

---

① 华中科技大学党委宣传部：《各界人士深情送别朱九思同志》，http://news.hustonline.net/article/94409.htm，2015-06-17 18:26:49。

成效；反之，便可能顾此失彼，得不偿失。举凡新中国的优秀大学校长无一例外，这是他们的共同特征。因此，在中国建设社会主义大学应该始终坚持正确的政治方向，大学校长应努力成为政治家。

政治家并不总是政治、政党人士的专利。凡是在一定政治体制下，有所作为的事业家都须努力成为熟悉政治、理解政治并能娴熟运用政治力量的政治家。大学校长作为工作于具有较强政治色彩之大学的领导者，要实现治校理想，只有努力成为政治家才有可能。

自然，大学校长成为政治家与政治等方面的领导人成为政治家既有联系也有区别。其共性是都必须研习政治规律，善于运用政党力量推动事业发展，建立并探索不断完善的政治体制与机制。但是，大学校长成为政治家总体上还是处于执行层次，且重在能够于熟悉的政治构架下，自如地运用政治方针与有效策略，拓展办学空间，获得治校自主权；重在运用有效的政治机制与手段，推行办学主张，实现治校目标。同时，还必须结合高等教育规律，在适应中发展、在发展中完善政治对高等教育的规约，并通过政治在高等教育中的运用对政治以适时反馈，通过推动高等教育的改革与发展来推动政治的变革与发展。因此，大学校长成为政治家必须遵循政党政治的体制，熟悉并熟练运用政治运行机制与优势力量推动大学的发展，把意识形态的规约转化为治校办学的积极要素，并在治校实践中予以贯彻和落实，运用政治的力量，获得政体的支持，为大学发展提供政治导航与和谐环境。

朱九思作为大学校长，30余年的时间一直致力于在新中国举办高等教育的伟大实践探索。他在办学实践过程中，经历了新中国全面苏化、"文化大革命"、拨乱反正和改革开放等不同阶段。但是，无论在任何时期，先生始终以革命家的胸怀和政治家的气魄，坚持党对高等教育的领导不动摇，始终坚持社会主义核心价值观必须在意识形态领域占领主导地位，旗帜鲜明地反对资产阶级自由化，丝毫不动摇"四项基本原则"，努力培养"四有新人"、培养社会主义的建设者与可靠接班人,保证了正确的办学方向,保证了政党意志在办学与人才培养实践中的切实贯彻与落实。

与此同时,得益于对中国共产党及其体制机制的洞悉,即使在全国大学几乎停办、最难以看到希望的阶段,先生依然在毛泽东一句"大学还是要办的,我这里主要说的是理工科大学还要办"①的昭示下,看到了曙光与希望。因此,在"文革"仍在大江南北轰轰烈烈展开的情况下,先生漫步于偌大而空荡荡校园里,主动思考如何办好大学,毅然推动相关部委,筹划新办包括激光、通信、计算机等一批新技术工科类专业,使得华中工学院的专业不像其他大学那样急剧减少甚至被肢解、撤销,反而由"文革"前的18个增加到"文革"结束后的36个。与此同时,他大胆地从全国各地大量罗致被政治遣散的"臭老九"充实师资,教职工人数也由1970年的3249名(其中教师1138名)增加到1977年的4419名(其中教师2005名)。② 这为华中工学院在"文革"后的迅速崛起以及后来的发展搭建了理工学科框架、奠定了发展的人才基础。获得这样的办学空间,既是朱九思主动运用政治智慧进行综合判断的结果,也是他因多年革命锻炼所铸就的政治胆略而采取的先手举措。

在中国举办社会主义大学还必须是中国的大学,必须打上中国的烙印,具有中国特征的情愫,而不能简单照搬西方大学的模式。大学校长成为政治家就是要在面向世界的同时,探索中国的创新元素,力推中国的大学出特色、上水平。如何实现在中国共产党领导下的大学治理?如何在绝对执行与主动作为间寻找平衡?如何把政治意识形态化为治校办学的创举?如何协同不同学科、不同工作性质人员的行动与利益?如何在借鉴他人、继承传统中创新思路、超前发展?

---

① 1968年7月21日,毛泽东对《从上海机床厂看培养工程技术人员的道路》的调查报告做出批示:"大学还是要办的,我这里主要说的是理工科大学还要办……"

② 陈运超:《大学校长治校之道:一个个案的分析》,华中科技大学博士学位论文,2002年,52页。

这既是中国大学校长对政治的重要贡献,也是对世界高等教育的有力丰富。

朱九思先生他们那一代大学校长注定要在学习中借鉴,在选择中探索,在扬弃中建构。新中国成立之时,苏联模式成为大一统之后,如何突破?改革开放之时,美国经验成为新宠之后,如何实践?这些既是大政治,又是大教育,难免忽左忽右,考验着他们的政治智慧。不过,改革开放营造的大空间为他们提供了大机遇。先生在搬用苏联体制下的执行与反思,在借鉴美国体制下的学习与探索,都反映出大学校长要努力成为政治家与教育家的实践理性。无论是他突破体制与思想禁锢举办新专业,实现学科综合化与研究型的转型,还是大举收罗与培养、重用"老九",寻找并奠基大学发展的人才支撑,无一不是政治探索,无一不是治校智慧,无一不是对中国共产党领导大学、对中国大学实现政治与教育有机统一的丰富与实践。他在长期的治校期间,先后分别担任书记、校长,并曾书记、校长一身兼任,也为我国大学书记、校长间的分工、分设,合作、合并,以及党委与校长间的关系,书记与校长任期与考核等方面,提供了值得研究的实践案例。

中国大学应该是中国的大学。中国的大学须有中国传统与文化的印记,这是基本的政治要求。先生接受的是传统教育,对中国传统文化有很好的理解,对近现代中国发展建设所走过的曲折道路有切身的体会。因此,他始终强调在虚心学习和借鉴外国先进办学经验的同时,必须强化中国特质,要有鲜明的中国文化烙印,要与中国问题和学校、学生的具体实际相结合,实事求是,而不是从本本出发。他倡导和研究、推动文化素质教育,重视举办哲学、文学、经济学等文科、社会科学专业,并开设中国传统文化相关课程和讲座,培养有中国心的中国人。

◆ 二、大学的建设与发展应该始终遵循高等教育办学规律,大学校长应努力成为教育家

大学校长应成为教育家乃天经地义,没有争议。我们之所以一直在研究并呼吁大学校长要成为教育家,乃因为我们的时代不幸地缺乏这样的大学校长,我们现有的许多大学校长不幸地缺乏教育家治校的创新精神与实践能力。

关于教育家方面的研究,文献丰富,本文不再赘述,想强调的是,大学校长成为教育家必须遵循教育规律、学术规律,还要具备以下两种素质:第一,在既有传统与体制下,善于发现并捕捉机会;第二,在学习借鉴的基础上,善于面向未来并有开创未来的胆魄与能力。

一方面是大学校长如何运用现有体制的力量,活化办学机制,在规束的框架下,发现机会,获得别人没有的资源。这是教育家的胆识与机敏。另一方面,大学校长须保持开放的学习心态,借鉴他校、他人的经验,综合判断未来走向,按照规律,突破现实的桎梏,探索新的模式,开创新的路径,实现新的目标。这又是教育家的谦恭与自信。

回顾起来,无论是意大利、法国,还是英国的古典大学,其校长无不是在有效利用并大胆突破宗教的禁锢、国家的管束、传统的制约,从而实现大学的生存、发展与转型。现代大学之所以能够在德国开花,得益于洪堡运用国家力量举办大学,并根据教育与研究的发展走向,适时推动大学自治与学术自由在大学落地生根,建构教学与研究有机结合的现代大学制度。同样,吉尔曼作为美国19世纪中后期杰出的教育家,他学习并借鉴德国大学的先进办学经验,在大胆探索的基础上,于1876年成功创立了霍普金斯大学,创办起美国第一所研究生院,开创了研究生教育的新纪元,并坚持以人为本、科研为首、学术自由的办学原则,很快成为众多高校学习的榜样,开创并带动了美

国研究型大学体系逐渐形成。① 1904 年,范·海斯(Charles R. van Hise)出任美国威斯康星大学校长。在担任威斯康星大学校长的 15 年间,他把英国住宿学院和德国研究型大学的所有优点结合在一起,把大学直接为社会服务的理念发扬光大,并使威斯康星大学的办学模式的影响扩展到全国甚至国外②,直接运用大学的资源和能力解决公共问题,直接为社会服务的"威斯康星理念"因此逐渐发展成为大学的三大职能之一,推动并丰富了美国赠地大学的发展。作为教育家,他们无一例外地都在大学的发展史上写下精彩的乐章,为大学校长的研究留下宝贵的案例与实践借鉴经验。他们都是运用体制、变革体制的高手。

回到新中国高等教育的发展,一方面我们无不为政治体制的约束而感叹,另一方面又无不为政党推动大学实现大发展而兴奋。作为新中国的大学校长,他们经历了新中国建立初期的高歌猛进,以及极左路线的一统天下、政治运动的反复冲击、改革开放的大快人心。但无论何时,他们都始终注意思索和探究大学的特点,按照高等教育的基本规律治校办学,从而使新中国的大学能够经风雨、见彩虹,奠基并成就了今天的大学。

同样,朱九思先生在华中工学院的实践就是体制动力与自身竞争力相激荡的结晶。他在当时的时局下,能够敏锐发现与捕捉发展机会,认识到并坚持人才是大学第一资源的基本规律,即使是在知识分子被视为"牛鬼蛇神"的背景下,也对知识分子作用的认识始终清醒一贯。无论是在反"右倾"运动期间,还是在"文革"期间,他都不遗余力地保护他们,收留他们,支持他们。先生成为我们党正确对待知识分子并正确执行知识分子政策的先进代表和基层实践的化身。"深挖洞、广积人"成为九思的一大标识。在那一段极其特殊的动荡时

---

① 黄镇:《吉尔曼的办学理念与约翰·霍普金斯大学的成长》,载《继续教育研究》,2006 年第 6 期,57 页。

② 刘宝存:《威斯康星理念与大学的社会服务职能》,载《理工高教研究》,2003 年第 5 期,17 页。

期,他毅然甘冒极大的政治风险,从全国网罗各类受到不公正待遇的知识分子到学校工作,诚聘知名学者来校讲学、著述、担任学科负责人,为学校在改革开放后迅速崛起奠定了最重要的师资支撑,留下了最重要的崛起财富。

认识到现代科学的综合化趋势,以及高等教育教学与研究相结合的规律之后,即使在苏联式专业化办学思想处于统治地位的背景下,朱九思先生也坚持建立良好的学术生态,推进学科综合化。新中国成立后,在全面苏化的影响下,我国高等教育以专业化办学为指导思想,纷纷建立起了像华中工学院这类学科单一的一批专业性、专科性大学。这种办学思想指导下的人才培养直接与职业需要对口,好处是人才培养的效率很高、实用性强。但是,先生认识到这不符合高速变化的时代需求,也不符合高等教育的发展规律。专业面向太窄、发展性不足,不适应现代社会变化、综合的需要。同时,大学学科单一也不能适应现代科学综合、交叉的发展。因此,先生大胆冲击苏联模式的禁锢,克服重重体制的阻力,在考察美国、加拿大、日本等现代西方高等教育强国的基础上,在深入思考和研究他们的办学经验与规律的基础上,学习借鉴现代大学治校路径,变革并突破体制的规约,运用行政的强力,大力推动学术生态的优化,在全国率先提出并推动大学学科综合化,为今天的华中科技大学奠定了良好的学科架构,也为后来我国高等教育一系列改革提供了鲜活的实践探索。学科综合化成为第二个"九思标识"。

认识到现代大学必须发挥研究职能,大力推动学术发展这一规律之后,即使在大学只是教学机构这种狭隘认识的历史背景下,朱九思先生也要推动高校的科研发展。在大学职能的认识和把握上,多年来,我国学者是有分歧的。但是,先生通过不断反思与研究现代大学的发展历程,认识到研究工作在大学发展中的重要性。无论是在建校初期、"'文革'放大假"的阶段,还是在改革开放初期,高校只开展单一教学的现象比较普遍的情况下,他却艰难地推动研究工作的开展,并在实践中大胆提出了科研要走在教学的前面、科研也是大学的基本职能、科研与教学之间是源流的关系等思想。"科研走在教学的前面"这一实践理念成为九思的第三大标识。主张研究走在教学之前,既是对洪堡思想的继承,也是对该思想的大胆突破。因此,在改革开放初期,在"科学的春天"到来的时候,他才能在人民大会堂代表学校接过少数几张来自国家的表彰奖牌。

认识到尊重学术、尊重学术自由这一现代大学特征之后,即使是在行政至上的体制下和从严治校的背景下,先生也要倡导和坚持学术自由。他以治校严格而著称,"从严治校"是九思治校的又一标识。这主要是指他对行政管理的严格。虽然,他并无力改变现有体制下的大学行政管理架构,但他却认识并积极运用了行政体制的集中力量与效率,坚持治校要严的理念,强调行政的运行活力与效能。他治下的学校办事效率很高,无论是在推进突破政治性、体制性障碍诸如广纳人才这样的难事大事,还是直接指挥诸如植树等具体而细微的易事小事,都能说了就办,并尽可能办成办好。对行政管理队伍的严格要求成了华中工学院的习惯。但是,先生并没有因此推行大学的行政化,而是减少官僚主义,减少行政对学术的干预,学术上的事情交给老师,行政只是服务于学术的工具罢了。所以,在对待教师时,给予的是尊重和信任;在对待学术时,鼓励学术上的自由讨论和争辩,营造浓厚的学术氛围,坚持对真理的探究学风,主张"学术自由,追求真理"是大学生命的真谛[①],凡是学术上的事情由教师主导,行政只是提供条件的支持和宽松的舞台。

◆ 三、中国大学校长急需成为政治家和教育家,大学校长须具有政治胆识与教育风范

大学校长成为政治家主要是基于现实的发展,成为教育家则主要

---

① 朱九思:《大学生命的真谛》,载《高等教育研究》,2000年第5期,1-3页。

是源于内在的动力。然而，检验二者是否有机融合、是否相得益彰，只能是经过大学校长治校实践检验并给大学留下具有历史价值的、激励后人继续前行的精神财富，以及得到历史检验的、可实现持续发展的办学业绩。这是精神与思想化为传统与实践的结晶。历史上，凡是受到尊崇的大学校长无不如此。蔡元培留下的兼容并包思想依然启迪着我们，办学业绩仍然让我们称道。

同样，朱九思先生在建设新中国的大背景下，始终以政治家和教育家的责职为己任，努力践行，始终体现出革命家治校的胆识、教育家办学的风范，为大学校长以及高等教育工作者流传下宝贵的精神财富，给大学校长治校办学以重要启示，给华中科技大学留下"敢于竞争、善于转化"这一宝贵精神财富，推动着大学的不断变革与快速发展。

这样的大学校长体现出高超的政治胆识与治校风范，具体体现在以下三个方面。

敢。这是尊重规律的政治胆识，也是办学治校始终如一的精神状态。在我们今天看来，前人所取得的成绩、留下的思想已经显得不那么让人印象深刻。但是，如果回到这些大学校长治校的历史背景，我们看到的是艰难而有力的突破，体会到的是敢于变革的超人胆识。能不能先人一步看到别人没有看到的希望，能不能捕捉到见微知著的机会，敢不敢在微弱曙光的引导下抓住机会并大胆付诸实践，成为大学校长是否可以铸就政治家与教育家的分野。

今天看来，朱九思先生过去所探索并实践的很多事情都已经变得很平常，比如揽人才、建学科、搞科研、筑围墙、育树荫等等都是今天的办学常识。但是，回到当时浓烈的政治氛围、僵化的思想观念、严重的体制束缚、过弱的办学自主权和过少的办学资源，没有"敢于竞争"当先的胆魄、"善于转化"担当的能力，是不可能去冲击苏联体制的桎梏、冲击一统天下的计划体制牢笼的；没有放下自我一切利益的大无畏的政治家与教育家胸襟是不可能违上地去设计、去推动大学校长必须推动的现代大学综合改革和治理能力现代化探索的。

是。这是认识规律、把握规律、运用规律的能力,也是办学治校始终如一的精神力量。举凡成为政治家与教育家的大学校长,无不潜心于政治规律与教育规律的认识与研究,无不是把握并运用这些规律为实现治校目标服务的高手。毕竟,"不失其所者久",违反规律的时代、违反规律的事情总是短暂的,都不可持续、都不可长久。

认识规律难,按照规律办事更难!实事求是难,在极左路线浓厚氛围的笼罩下、在集中统一的体制下,坚持实事求是就更难!中国大学校长面临的一个重要挑战就是能否从本国、本校的实际出发,实事求是地按照高等教育的自身规律办学,而不是唯书唯上、急功近利地搞教条主义和本本主义,也不是千篇一律、崇洋媚外地搞拿来主义和形式主义。办出中国特色和学校优势永远是大学校长的治校追求。

朱九思先生善于思考和研究政治与教育的规律,并能够把两种规律融合于一起加以有效运用。他在"文革"的空闲时间里,就在思考、总结新中国高等教育的得失;在改革开放一开始,就利用出国访问、跟老师交流得到的信息,阅读翻译有限的文献,研究高等教育发展的规律。有了对规律的把握,才能在极左思想的禁锢下看到曙光。当政治强制地胁迫教育规律时,也能迂回地从教育规律出发,判断未来走向,并大胆出手办专业、搞研究、引人才;有了对规律的认识,才能在改革开放的大环境下,迅速出击,培养人才、搞学科综合化。因为这才符合规律,符合规律才能持续。

爱。这是大学校长成就事业的内在支撑,也是办学治校始终如一的精神源泉。凡是成功者无不热爱自己的事业,无不把事业作为毕生的追求。如果大学校长有了对教育的热爱、有了对大学的挚爱,就会潜心于高等教育的研究与发展,就可能全身心而不是三心二意地办学治校。只有有了对教育的真诚热爱,才能不顾一切地献身教育,热爱学生,尊重教师;才能不顾利益的诱惑和权力的吸引,专心办学,潜心治校。

大学是一个需要沉心静气、慢工出细活的地方。凡是有所成就的大学校长，无不任职时间长、醉心研究多、痴心实践好。朱九思先生从进入大学开始，一辈子没有离开，也不愿意离开他心爱的大学，一生沉醉于高等教育的实践探索和理论研究，把爱教育、爱华工融入了自己的血液直至天堂。

谨以此文悼念恩师。

附录

访谈一览

1. 访谈01,著名经济学家张培刚,时间:2000/9/19下午3:00—4:15,地点:华工招待所1号楼201房。张培刚,1934年毕业于国立武汉大学经济系,1945年获美国哈佛大学经济学博士学位。回国后历任国立武汉大学经济系教授兼系主任、联合国亚洲及远东经济委员会顾问及研究员、华中工学院建院筹备委员会委员兼基建办公室主任、华中科技大学社会科学部主任等职。

2. 访谈02,马毓义,时间:2000/9/22上午9:00—11:30,地点:华工东一区59号301。马毓义,浙江大学毕业,1955—1957年去莫斯科动力学院进修热能动力专业。曾经担任华工教研室主任、研究所所长、动力系主任,于1979—1984年担任华工副院长。长期致力于煤燃烧的研究和教学,是华工在1961年首批招收研究生的12位导师之一。

3. 访谈03,钟伟芳,时间:2000/9/23下午4:00—6:10,地点:华工西一区29号401。钟伟芳,1954—1958年华工机械工程专业,毕业留校。1964—1965年到大连理工大学进修,1981—1983年到美国做访问学者。1973—1978年任教研室主任、机械系主任,由于机械系分开成立机械系、力学系、光学系(把系分开这是朱九思的主意,他看到的需要,也是他眼光长远的表现),之后就任力学系主任。1984年12月—1991年任副校长,1991—1996年9月任常务副校长,力学系博导。

4. 访谈04,梅世炎,时间:2000/9/24上午8:30—12:10,地点:华工招待所1号楼203室。梅世炎,1957—1962年从华工机械制造专业毕业留校,1962—1969年在教研室,1969—1970年带教育革命小分队到襄樊拖拉机厂劳动,1970年后一直从事教务处的领导工作,分管师资培养和研究生教育,1984—1991年任第一任研究生院常务副院长,1990—1996年任校副书记,1990—1991年同时兼任研究生院常务副院长。

5. 访谈05,潘昌治,时间:2000/9/26下午2:30—5:10,地点:华工老干部活动中心办公室。潘昌治,1954—1958年在华工学习文化,后因为"大跃进"终止继续上大学。1960年在无线电系任总支副书记,1961年到工程力学系,该系下马后,又回到无线电系;1965年到机械厂任总支书记,1971年又到无线电系,1976年到电力系任总支书记,1980—1985年任总务处处长兼总支书记,1985—1991年任膳食处处长。担任湖北高校后勤研究理事,全国高校伙食专业委员会主任及后勤研究会理事多年。

6. 访谈06,朱德培,时间:2000/10/28上午9:00—11:50,地点:华工西二区8-401。朱德培,1926年出生,1945年参加革命,不久被组织送入东北局党校学习,1952年毕业分配到一个中专学校任政治经济学教员,开始进入教育界,任教一年之后,担任过教研室主任、教务主任、副校长、校办工厂厂长。1965年调至武汉机械学院任校办工厂厂长、宣传部部长。1970年武汉机械学院被合并到华中工学院,自己创办一个制冷压缩机械厂,朱九思很支持。1973或1974年朱九思大抓科研时被调到学校管科研,1978年底担任副院长,主管科研,1986年6月左右退下来,担任两年顾问后离休。

7. 访谈07,王君健,时间:2000/11/5上午9:00—11:50,地点:

华工西一区 29-302。王君健,1953 年从武汉大学机械系毕业分配到刚成立的华中工学院工作,一直担任普通教师;1961 年被补提为讲师,1978 年提升为副教授,1979 年 7—9 月作为华中工学院改革开放之后第一个派出国的访问学者在加州大学圣地亚哥分校著名生物力学专家冯元桢教授处进修,1980 年提升为教授,1983 年被国务院学位委员会评为博士生导师,1981—1994 担任生物工程系首任系主任。

8. 访谈 08,刘崑山、程远,时间:2000/11/18 上午 8:30—11:30,地点:刘崑山家,武汉空军干休所。刘崑山,1926 年 12 月出生于山东,1935—1937 年在山东一所师范学校上学。毕业后,于 1938 年下半年参军,参加过无数次的战斗,在解放南京时任陆军副团长,1950 年入贵州接管空军,在设立的空军接待站任站长兼政委,后调西南空军,1955 年到武汉空军任空军司令部作战处处长(副师)。1969 年被派往华中工学院,担任工人、解放军毛泽东思想宣传队指挥长,1973 年从华工撤回武汉空军机关,在武汉空军文教办公室负责部队内部有关"文革"方面的事务,后任武汉空军司令部顾问(副军),1980 年离休。程远,1926 年 8 月出生于江苏,在上海读完小学、初中后,1941 年随家流亡到桂林完成高中学业。1944 年到重庆。1945 年被选送到在重庆北碚的复旦大学学习,并参加中共南方局青年组办的一种报纸的发行工作。1946 年 3 月因国共合作急需一批翻译,被选送到华北根据地张家口临时组成的一个外语学校,主要是学习政治,也学习一点与军事有关的英语术语。到 7、8 月时,内战全面爆发,翻译用不上了,就留在部队,历任参谋、干事、文工团副团长、宣传科科长。1957 年被调到武汉空军机关担任秘书科科长、秘书处处长(副师),长达 22 年,一直围着部队首长转,写了大量自己认为"一点没有用处"的稿子,因此,患了两个职业病:神经衰弱和气管炎(写作时大量抽烟引起)。1971 年底被派往华工,任副指挥长,1976 年作为最后一个军宣队成员离开华工,被派往国防大学短期学习,之后继续担任武空秘书处处长,后又担任武汉空军雷达学院顾问。九思听说他要到武汉空军雷达学院,曾把程远的档案提到华工,希望程远到华工工作,后因陈丕显未批,未果。1983年师职离休。

9. 访谈09,钱伟长,时间:2000/11/26上午8:55—10:10,地点:上海大学延长路149号乐乎楼二楼钱伟长办公室。钱伟长,全国政协副主席、院士、上海大学校长、著名力学专家。

10. 访谈10,何云贵,时间:2000/12/2上午8:30—11:30,地点:华工激光公司何云贵办公室。何云贵,1970年华工机械系毕业后不久就被分配筹建激光专业,曾任过激光研究所支部书记、激光公司总经理等职。

11. 访谈11,陈珽,时间:2000/12/25下午2:30—4:00,地点:华工东一区51-301。陈珽,上海交大电信系毕业。华工成立后从湖南大学抽调过来,在电工教研室担任"电工基础"课程教师、自动控制系主任、系统工程研究所所长、副教务长、副院长等职。

12. 访谈12,文挽强,时间:2000/12/23下午2:30—5:00,地点:华工西一区31-201。文挽强,筹备建校时就到校工作,1953年2月4号报到,曾任华中理工大学校长办公室主任、副研究员等职务,目睹了喻家山变为绿荫如盖、四季常青、鸟语花香、桃李争艳的大学城的全过程。

13. 访谈13,胡伏秋,时间:2000/12/28下午2:30—4:40,地点:华工西一区35-402。胡伏秋,1960年毕业于华工五年制铸造专业(在她之前是四年制)。毕业留校后不久因教育部成立政治部把其丈夫调去,她就随丈夫到北京教育部的高教二司工作(1964—1972年),其间在1966年下放到孝感劳动1年。1972回到华工,先在人事处工作了很短一段时间,然后到教务处师资科工作,当过师资科科长;1985年初回到系工作。

14. 访谈14,魏祥云,时间:2001/1/2下午2:30—4:10,地点:华工东三区8-601。魏祥云:系统工程研究所教授,1967年华工自动控制专业本科毕业,毕业以后先到内蒙古,又到二汽,还到天津塘沽去搞唐山地震救灾,后从十堰考研到华工。是1978年系统工程专业首届硕士研究生,1981年1月留校任教,后任支部书记。

15. 访谈15,崔崑,时间:2001/3/3下午4:00—5:10,地点:华工院士楼二栋201。崔崑,1948年毕业于武汉大学,1958—1960年到苏联莫斯科钢铁学院留学,担任过机械二系教研室主任、系副主任、主任,1986年卸任。1997年当选工程院院士。

16. 访谈16,姚启和,时间:2001/3/23下午3:00—5:30,地点:华工西一区34-301。姚启和,我国著名高等教育学家,长期与朱九思共事并对朱九思的思想与实践有深入观察与研究。曾任华中工学院副院长,华中理工大学党委副书记、高等教育研究所所长、《高等教育研究》杂志主编等职。

17. 访谈17,曾得光,时间:2001/3/31下午2:30—5:30,地点:华工西二区31-101。曾得光,1958年提前毕业留校,担任过教师、团委干部、系总支副书记、总支书记、人事处处长并兼任图像科研组书记、自控与计算机系总支书记等职务。

18. 访谈18,王家金,时间:2001/4/7上午8:30—10:15,地点:华工西二区7-302。王家金,1954年从湖南大学来到华工,曾经在教务处当过教务员、科长、副处长,同时兼任教学任务;长期从事科研管理,任科研处副处长,负责科研处工作。

19. 访谈19,纪增爵,时间:2001/4/10下午4:30—6:10,地点:武汉测绘大学校内纪增爵家。纪增爵,担任武汉测绘学院院长多年,曾经于1970—1973年武汉测绘学院撤销并入华工期间担任华中工学院副院长。

20. 访谈20,章冠芳,时间:2001/4/14上午9:00—10:30,地点:华工东二区89-502。章冠芳,1970年机械学院合并到华工的时候就在办事组工作,后来在学校党办工作,负责朱九思先生的文件传递,处理来信来访,很多朱九思先生的信件由她处理。

21. 访谈21,李再光,时间:2001/4/23上午9:00—10:30,地点:

华工西一区35-302。李再光,1953年从武汉大学毕业到华工电机系,1958年到工程物理系,1963年到苏联留学,参加过451项目的研究,1978年开始气体激光器的研究,1979—1981年到美国做访问学者,后来长期从事激光的研究和领导工作。

22. 访谈22,易元祥,时间:2001/4/12下午4:20—5:00,地点:华工成人教育学院易元祥办公室。易元祥,时任华中科技大学成人教育学院副院长。

23. 访谈23,洪德铭,时间:2001/4/25下午3:00—5:30,地点:中南政法财经大学27-1-302。洪德铭,1925年进私塾就读。1936年初,考入湖南省立长沙高级中学,暑期后,他开始投身革命。1944年5月,考取国立西南联合大学。1947年12月,任中共杭州工作委员会书记,直接领导杭州学生运动方面的工作。1948年1月,上海局调他去四川工作;2月,任中共成都市委书记。1949年8月,湖南解放后,他先后任中共湖南省委青委、共青团湖南省工委副书记,中南大区共青团工委宣传部副部长兼学校工作部代部长,中南团校教育长、党组书记、校务委员会主任,中南大区团委常委,并当选为团中央委员。尔后,任华中工学院党组成员、党委教学工作委员会主任、副教务长、院务委员会秘书长。1976年,担任湖北财经学院第一副院长兼党委副书记、院长。1984年,改任中南财经大学顾问。1986年12月,经组织批准离职休养。兼任中共湖北省委党史委员会委员,湖北省委组织史编纂领导小组成员,湖北省党史丛书副主编,新四军研究会湖北分会副会长,中共党史人物湖北研究会副会长,全国高等学校设置评议委员会委员、湖北省高等教育咨询委员会副主任,湖北省高校老年协会常务副会长等职。

24. 访谈24,邱玉瑶,时间:2001/4/25下午3:00—5:30,地点:华工西一区24-302。邱玉瑶,1956年从中南区青年团到华工财务科工作,历任科长和财务处处长,1986年正式退休。

25. 访谈25,刘贤德,时间:2001/6/7下午3:00—5:30,地点:华

工西二区30-501。刘贤德,1957年到华工读书,1960年提前毕业,但仍然到1962年才正式毕业。参加过20世纪60年代国家指令性卫星上使用的通信部件的研究,该项目获得华工第一个科技奖励和5000元奖金,并在毕业的时候就被破格提升为讲师(华工当时只有两人被破格提升)。毕业留校后曾任固体电子学系主任,是一位在九思狠抓科研中的重要人物,尤其是在激光项目的启动中,发挥了华工与四机部之间联系人的作用。

26. 访谈26,朱小庆,时间:2001/6/6上午9:30—11:0,地点:武汉大学中南医院。朱小庆,1963年出生,是朱九思先生最小的儿子。原来在省讲师团工作,后因讲师团在机构改革中撤销,在新闻出版管理局负责打击非法出版物的工作。

27. 访谈27,邹时炎,时间:2001/6/14上午10:00—10:15,地点:国家教育部306办公室。邹时炎,1956年入华中师范学院。担任过中学校长,1965年到湖北省高教厅工作,历任教育局副主任、主任,1985年调国家教育委员会任副主任,时任国家政协委员。

28. 访谈28,王小娅,时间:2001/6/14上午11:20—12:00,地点:国家教育部二楼办公室。王小娅,1972年入华工学习,毕业后留校任教,曾任学校办公室秘书一年,1986年调教育部工作,时任国家教育部政策与法规司司长。

29. 访谈29,张秀梅,时间:2001/6/17上午12:00—13:30,地点:北京芳星园一区10-1504。张秀梅,长期在华工学习和工作,曾经担任教师工作组(部)的领导、物理系总支书记,后调教育部科技司工作。是当时九思重用的几大女将之一。

30. 访谈30,文辅相,时间:2001/6/21下午4:40—5:40,地点:华工西二区附33-502。文辅相,在华工电力系学习工作多年,曾任教务处教研科副科长、副处长、处长,高教所所长,高等教育学博导。

31. 访谈31,徐则琨,时间:2001/6/26上午8:30—9:30,地点:华工西一区37-401。徐则琨,1951年入哈尔滨工业大学,1956年被选为 5 位攻读计算机的研究生之一,是我国最早从事计算机研究的人员之一,参加过我国最早的计算机的研制,编写了我国第一本计算机教材。1975 年,哈尔滨工业大学的一部分迁到重庆成立的重庆工业大学撤销,大多数人员决定回哈尔滨。徐则琨等因气候等原因不愿意回去,随十几位同仁一起来到华工。到华工后曾任教研室主任、计算机系副主任(分管科研和研究生教学),是华工 5 个最早到美国进修的教师之一,进修 1 年以后回到学校。

32. 访谈 32,康文斌,时间:2001/6/28 上午 9:00—10:00,地点:华工老干部活动中心办公室。康文斌,1956 年 12 月从湖北省公安厅调到华工工作,担任保卫科科长,后来担任过电二系(固体电子学系)副主任、1978 年后任院办公室副主任。

33. 访谈 33,蔡克勇,时间:2002/3/5,地点:华工招待所 8 号楼。蔡克勇,1959 年提前毕业于华中工学院动力工程系,留校从事管理和教学工作,先后担任校团委副书记、党委宣传部副部长、部长兼高等教育研究所所长、《高等教育研究》主编,以及哲学教授。1985 年调到国家教委工作,担任国家教育发展研究中心副主任,中国高等教育管理研究会副理事长,全国教育科学规划领导小组高等教育学科组成员等职。

34. 访谈 34,李汉育。时间:2002/3/21。地点:华工《高等工程教育》李老师办公室。李汉育,《高等工程教育》常务副主编、教授。

35. 访谈 33,张碧辉,时间:2002/4/11 晚 9:00,地点:华工西五楼 117。张碧辉,1958 年考入华工机械二系,20 世纪 60 年代在上海交大读研究生,1979 年从江西调回华工从事自然辩证法研究,后来担任华中工学院党委副书记、武汉市科委主任、番禺职业技术学院院长。

后 记

一直以来,总被恩师九思老先生在新中国曲折发展的艰难进程中,为高等教育事业建设与发展所展现出的无畏胆识与治校智慧而折服、而感动,并成为我心中永远的丰碑。

自己出身工科,1989年硕士毕业后担任大学教员。从教约两年之后就被组织安排从事高校的教学管理工作。完美主义的癖好,以及干一行爱一行的组织教导和干一行就要尽最大努力去干好一行的习性,促使我思考和研究大学和高等教育。逐渐地,深感放下一切去进一步系统学习高等教育的必要。自然,九思先生就成为我心仪的导师。

天赐之缘,经考试如愿成为先生的博士生。有幸能有全职三年半的时间在先生左右,近距离聆听他真切而睿智的教诲,凝思他娓娓道来的治校历程,览阅记录他治校的厚重文献,理解他思行合一而成的深邃而朴实的治校思想,这些都进一步增加了我对先生的崇敬与爱戴。

之后,一直在考虑系统整理出版先生历经的我国高等教育事业火热的实践,以及所做出的历史性贡献,期待能全视角地展开他推动母校快速发展的画卷,以及对我国高等教育的改革探索和高等教育学学科的建立开拓,给我们这些后辈提供历史之给养、思想之启迪、精神之激励、创新之动力、改革之胆识、发展之智慧。

因为我相信,虽然时代在发展,高等教育本身也在深刻变化,大学亦千姿百态,但是大学校长治校所秉持的精神与思想仍多共通,仍需学习借鉴、传承创新。大学校长治校始终需要站在巨人的肩上,才有可能成为下一位巨人。

今天,高等教育又站在了新的起点,又需要重新出发。

从这个意义上说，今天的高等教育又与改革开放初期一样，如何放下包袱，鼓起刀刃向内的改革勇气？如何面对进入深水区的各种利益牵扯，吸取文明给予的智慧？我们的发展如何从学习借鉴的跟随转换到改革创新的引领？如何从一个模子的同一到万紫千红的个性？等等。在实践中回答这些问题，都需要我们学习包括像九思老先生那样的大学校长们的胆识与智慧，都需要进行深入研究，力求理论与实践相结合。

因此，很有必要梳理先生们的治校思与行，以启迪来者。

我一直觉得自己缺乏足够的理论储备与丰富的实践历练，缺乏准确把握先生励精图治推动大学改革与发展的充足信心。直到2015年6月、7月间，两件事情的出现：一是先生愕然离世；二是母校出版社筹划出版这套丛书。

感谢母校师友和出版社周晓方等老师的反复推动以及家人的支持，我决心试笔。

于是，在原有基础上，按口述史的统一体例，整编内容，撰成此稿，并按口述史的写作要求，把我这位实际"作者"变成了"整理者"。但，本人依然对本书的内容和观点负责，也期待您的批判（电子邮件：davidcyc@263.net；davidcyc@ctbu.edu.cn 微信公众号：苦思瓜）。

谢谢！

以此追忆恩师。

2017年6月19日于重庆南山翠湖